Onze heilige waarheden hebben we de laatste eeuwen zien verdampen. Zelfs onze identiteit zijn we in de loop der tijd kwijtgeraakt. Hulpeloos dobberen we rond op een zee van informatie, nieuws en meningen, op zoek naar iets wat ons weer ankers geeft. De moderne journalistiek is ons daar niet erg behulpzaam bij: hypes dicteren de berichtgeving, lichtzinnigheid en entertainment de toon. Wat vandaag de opening van de voorpagina of het journaal is, is morgen alweer achterhaald en vergeten. Kan de filosofie ons uitkomst bieden?

Aan de hand van klassieke grootmeesters als Plato en Kant en moderne denkers als Fish en Rorty beantwoordt Rob Wijnberg in *Nietzsche & Kant lezen de krant* de meest prangende vragen uit de actualiteit. Het resultaat: journalistiek met diepgang en filosofie met dagwaarde.

Rob Wijnberg (1982) studeerde filosofie aan de Universiteit van Amsterdam. Hij is essayist en columnist van *nrc.next* en *NRC Handelsblad*. Hij publiceerde in 2007 het pamflet *Boeiuh! – Het stille protest van de jeugd* en in 2008 *In Dubio – Vrijheid van meningsuiting als het recht om te twijfelen*.

'De kwaliteit van Wijnberg is dat hij niet bang is grote actuele thema's aan te snijden, zonder meteen in heftige opinies te vervallen. Fris en vlot geschreven.' – *Het Parool*

'Wijnberg heeft het in zich een Nederlandse Alain de Botton te worden.' – *de Volkskrant*

D1674449

Amsterdam
24 juni 2010

Lieve Bernard

Van harte gefelici
teerd met je 26 jaa

Veel leesplezie

En vooral
Een mooi volgend
jaar.

[handtekening]

Rob Wijnberg

Nietzsche & Kant
lezen de krant

Denkers van vroeger over dilemma's van nu

2010
DE BEZIGE BIJ
AMSTERDAM

Deze uitgave kwam tot stand door bemiddeling van
Sebes & Van Gelderen Literair Agentschap te Amsterdam.
Zie ook www.BoekEenSchrijver.nl

Copyright © 2009 Rob Wijnberg
Eerste druk maart 2009
Tiende druk maart 2010
Omslagontwerp Dog and Pony
Auteursfoto Keke Keukelaar
Vormgeving binnenwerk Peter Verwey, Heemstede
Druk Bariet, Ruinen
ISBN 978 90 234 5455 7
NUR 730

www.debezigebij.nl

PROLOOG

Op 8 augustus 2007 verscheen in *de Volkskrant* een opiniestuk van PVV-leider Geert Wilders, waarin hij pleitte voor een verbod op het voor moslims heilige boek de Koran. Het artikel veroorzaakte onmiddellijk een golf van media-aandacht. Enkele minuten na publicatie stond de oproep al prominent op teletekst; een paar uur later was het bericht de opening van alle journaals. 's Avonds was het ook tot alle actualiteitenrubrieken en talkshows doorgedrongen en de volgende dag pakten de ochtendkranten er nog eens groot mee uit op hun voorpagina. Avondkrant *NRC Handelsblad* had het diezelfde dag nog op de voorpagina overgenomen.

Wat veel mensen niet weten, is dat Wilders het stuk een dag eerder al aan *NRC Handelsblad* zélf had gestuurd. Ik werkte destijds op de opinieredactie en kan me nog goed herinneren wat ik dacht toen een collega mij het stuk in handen gaf en op een voor hem ongewoon onrustige toon zei: 'Lees *dit* eens. Wat vind *jij* hiervan?' Ik vatte de toon op als enthousiasme: het was al een tijdje komkommertijd, dus het aanbod aan interessante, controversiële en scherp geformuleerde opiniestukken was niet bepaald ruim. Een pittig betoog van Wilders kwam dus als geroepen. Maar toen ik het eenmaal begon te lezen, maakte mijn aanvankelijke enthousiasme al gauw plaats voor teleurstelling: dit stuk was onplaatsbaar.

Niet vanwege morele bezwaren; dat een artikel misschien gevoelens zou kunnen kwetsen, is nooit en mag ook nooit een reden zijn om het niet te plaatsen. Dat een groep mensen in een kwaad daglicht wordt gesteld, is in een kritische beschouwing over een gevoelig onderwerp als religie bovendien vaak onvermijdelijk, dus ook dat kan nauwelijks een relevante afweging worden genoemd. Nee, Wilders' betoog voldeed inhoudelijk simpelweg niet aan de eisen van publicatie. Sterker nog, Wilders riep eigenlijk maar wat. Een echte analyse van de vermeende fascistische elementen in de islam werd in het stuk niet gegeven. De stelling dat er 'geen gematigde islam bestaat' werd niet onderbouwd. De vergelijking met Adolf Hitlers *Mein Kampf* – dat in Nederland wél verboden is – werd niet uitgewerkt. De werkelijke krachten achter het islamitisch radicalisme in het Midden-Oosten, zoals de oliedollars uit het Westen, werden niet eens genoemd. Hoe een verbod op een boek, dat in miljarden exemplaren over de hele wereld is verspreid, in praktijk moest worden gebracht, werd niet uitgelegd. En hoe zo'n verbod zich verhield tot de door Wilders zelf vaak bejubelde Nederlandse rechtsstaat en de in de Grondwet vastgelegde vrijheid van meningsuiting, godsdienst en drukpers, bleef ook al in nevelen gehuld. Eigenlijk was de argumentatie van de pvv-leider treffend samengevat in de kop boven het stuk: 'Genoeg is genoeg: verbied de Koran'. Veel verder reikte het niet.

Plaatsen was dus geen optie, vonden ook de andere opinieredacteuren. Maar dat stelde de krant voor een groot dilemma. Want Wilders' betoog verdiende dan wel niet het kwaliteitsstempel dat plaatsing op de opiniepagina eraan zou hebben gegeven, maar het feit dat een Nederlands parlementariër met honderdduizenden voorkeursstemmen een boek wilde verbieden, was wel nieuws. Groot nieuws zelfs, waar de burger over geïnformeerd diende te worden. Daarom belde de opinieredactie een medewerker van Wilders op met de vraag of hij zijn opiniestuk beter wilde onderbouwen. Als alternatief boden wij aan om zijn stuk sterk ingekort te publiceren, als statement in de brievenrubriek. Beide opties wees de pvv-leider via zijn medewerker vriendelijk doch resoluut af. Logisch: Wilders' bedoeling was om in een nieuwsluwe tijd met een groot opiniestuk extra aandacht voor de pvv te genereren, niet om inhoudelijk verantwoording af te leggen voor een voorstel dat praktisch toch onhaalbaar was. De medewerker zei dat het stuk naar een andere krant zou gaan. Vervolgens heeft de politieke redactie van *NRC Handelsblad* nog met Wilders' medewerker gebeld met het voorstel een interview over het Koranverbod af te nemen, voor publicatie op diezelfde dag. Nee, zei de PVV: het opiniestuk was elders al ondergebracht. Bovendien weigerde Wilders zijn standpunt nog langer te bevestigen, waardoor de krant niet alleen het stuk, maar ook het nieuws niet meer kon brengen – er was immers geen officiële bron meer. De krant was op slinkse wijze door de politicus buitenspel gezet.

Nog geen vijf minuten later lag het stuk in de burelen van de concurrent. De redactie van *de Volkskrant* gaf, anders dan wij, nieuwswaarde wel voorrang boven inhoudelijke kwaliteit en besloot het artikel integraal op de opiniepagina af te drukken – praktisch ongeredigeerd zelfs, op een paar komma's na. Voor die afweging valt veel te zeggen. Er waren ook genoeg redacteuren bij *NRC Handelsblad* – buiten de opinieredactie – voorstander van. Maar er schuilt tegelijkertijd een behoorlijke dosis opportunisme in. Dat opportunisme werd ironisch genoeg het treffendst verwoord door *de Volkskrant* zelf: in het hoofdredactioneel commentaar, dat nota bene naast het artikel stond, stelde de redactie namelijk dat Wilders' opiniestuk de vraag opwierp 'in hoeverre de fractievoorzitter van de Partij voor de Vrijheid nog toerekeningsvatbaar is'. Dat moet de lezer toch te denken hebben gegeven: plaatst de krant dus stukken waarvan ze zelf vindt dat de auteur niet helemaal bij zinnen is?

Natuurlijk gaat het hier niet om zomaar iemand. Wilders is een volksvertegenwoordiger met negen zetels in de Tweede Kamer. Maar ontslaat dat hem van de plicht om zijn standpunten te beargumenteren? Zou *de Volkskrant* ook zonder meer een opiniestuk hebben geplaatst waarin Jacqueline Cramer pleit voor een kerncentrale op de maan, alleen omdat zij de minister van Milieu is? Uiteraard niet, want dan zou de opiniepagina al gauw gedegradeerd worden tot een propagandamuur voor aandachtsbeluste politici in plaats van een podium voor serieuze standpunten en argumenten. Toch werd voor Wilders de inhoudelijke lat lager gelegd, en niet zonder gevolgen: weken, zo niet maanden lang, werd het debat gedomineerd door een voorstel dat slecht beredeneerd, nauwelijks onderbouwd en praktisch onhaalbaar was. Wilders zelf was al die tijd niet bereikbaar voor commentaar. Nu schets ik de aanloop naar deze mediahype niet om *de Volkskrant* in een kwaad daglicht te stellen. Integendeel, dit voorbeeld illustreert juist eerder de *onmacht* van de journalistiek om inhoudelijke eisen te stellen dan de *onwil*. Want net als voor *NRC Handelsblad* geldt voor *de Volkskrant*: als wij het artikel niet plaatsen, doet een ander het wel. De concurrentie van andere media dringt dus een zeker opportunisme op. Commerciële belangen maken inhoud soms minder belangrijk dan elkaar de loef afsteken met hypegevoelig materiaal. Want kranten, tijdschriften, omroepen, nieuwssites en andere mediakanalen zijn geen non-profitorganisaties die als enig doel hebben om het publiek zo goed mogelijk te informeren; nee, het zijn ook gewoon bedrijven die net als iedere reguliere onderneming geld moeten verdienen. En een controversiële primeur verkoopt nu eenmaal meer kranten dan een doorwrochte analyse achteraf. Bovendien, wie zulk controversieel nieuws brengt, is zelf ook nieuws: iedere keer als het betoog van Wilders ergens wordt aangehaald, komt ook *de Volkskrant* weer ter sprake.

Economisch gezien hebben media dus meer baat bij oppervlakkige controverse dan bij diepgravende discussie. En naarmate de concurrentie toeneemt, wordt die commerciële kant alleen maar zwaarwegender. De afgelopen negen jaar zijn er in Nederland drie gratis kranten bij gekomen met een gezamenlijke oplage van maar liefst anderhalf miljoen exemplaren per dag – bijna evenveel als de tien betaalde landelijke dagbladen bij elkaar. Om op de advertentiemarkt te kunnen concurreren met gratis verspreide bladen als *Metro* (553.000 ex.), *Sp!ts* (457.000 ex.) of *De Pers* (440.000 ex.) worden ook serieuzere media steeds meer verleid om te scoren; adverteerders zijn immers primair geïnteresseerd in het aantal mensen dat een medium bereikt. Dus wordt sneller gekozen voor vorm boven inhoud, intrige boven analyse en controverse boven debat. Niet eens omdat journalisten dat zo graag willen of omdat het publiek er baat bij heeft, maar vooral omdat de wetten van de markt het dicteren: daar verkoop je de meeste advertenties mee. Het is niet voor niets dat een van de hoogwaardigste journalistieke tijdschriften van Nederland, *De Groene Amsterdammer,* de lezers iedere Kerst weer met een bedelbrief moet vragen om een vrijwillige bijdrage – met advertentie-inkomsten alleen redt *De Groene* het niet.

Natuurlijk is het onjuist en onheus om 'de media' voor te stellen als één grote, commercieel gedreven hypemachine. *De Volkskrant* is *Metro* niet, *nu.nl* is geen *nrc.nl* en *De Groene Amsterdammer* is iets anders dan de *Panorama.* Toch zijn er in alle media tendensen zichtbaar die een toenemende macht van commerciële belangen verraden. Zo wordt de journalistiek, uit angst om de aandacht van het snel afgeleide publiek kwijt te raken, over de gehele linie steeds korter van stof. Artikelen van meer dan duizend woorden zijn in kranten tegenwoordig steeds meer uitzondering dan regel; in treinkranten staan überhaupt nauwelijks artikelen. Alleen de maandelijkse bijlage *M* van *NRC Handelsblad* publiceert nog reportages van meer dan zesduizend woorden, maar dat blad is dan ook bijna ter ziele; de krant verdient meer aan de wijn die ze via internet verkoopt dan aan de advertenties in *M.*

Ook in Hilversum is kort en bondig de absolute norm geworden. De metingen van het Centrum voor Kijk- en Luisteronderzoek, waar op de seconde nauwkeurig het kijkgedrag van het televisiepubliek wordt geregistreerd, vormen sinds enkele jaren het belangrijkste uitgangspunt voor de vormgeving en programmering van de publieke zenders. En de gemiddelde Nederlandse tv-kijker blijkt een onrustig type: een pauze of stilte langer dan een paar seconden doet hem al naar een andere zender zappen, evenals een muzikaal intermezzo van meer dan een minuut. Te lang stilstaan bij hetzelfde onderwerp verdraagt de snel verveelde televisieconsument evenmin. Dus duren reportages in het *Journaal* en in de meeste actualiteitenrubrieken ook niet veel langer dan twee minuten. Het *Journaal op 3* – dat speciaal op jongeren is gericht – beslaat *in totaal* zelfs nog geen vijf minuten; alle belangrijke nieuwsfeiten van die dag zijn daarin tot een schamele zestig seconden teruggebracht.

Interviews in praatprogramma's worden eveneens niet langer gemaakt dan strikt noodzakelijk. Gesprekken bij *Pauw & Witteman,* de belangrijkste serieuze, dagelijkse talkshow van de publieke omroep, duren gemiddeld zo'n twaalf minuten per gast. Wie dat nog te lang vindt, kan het hele programma in 'vodcasts' van vijf minuten terugkijken op internet; daarin zijn de vier gesprekken ieder gecomprimeerd tot iets meer dan een minuut. Nog even en het programma zélf is straks een fragmentje in de Zapservice. En wat voor de uitzondering in krantenland geldt, met de gestage teloorgang van *M,* gaat ook op voor de uitzondering op televisie: de zender *Het Gesprek,* waar interviews van een uur of langer te zien waren, ging na een jaar alweer failliet en kon begin 2009 ternauwernood een doorstart maken.

Het moordende tempo dat op televisie de norm is, heeft als gevolg dat het publieke debat sterk bepaald wordt door mensen die in staat en bereid zijn om uitsluitend in soundbytes te redeneren. Deze zogenoemde *talking heads* worden niet in praatprogramma's uitgenodigd vanwege hun diepgravende analyses en deskundigheid, maar vanwege hun simpele boodschap en vlotte babbel. Mediapersoonlijkheden als Jort Kelder en Jan Mulder komen in één week vaker aan het woord dan de meeste hoogleraren, academici en wetenschappers in hun hele carrière, simpelweg omdat zij meer gewend zijn aan de camera en niet beginnen te stotteren als buiten beeld het teken wordt gegeven dat er moet worden afgerond. Deze bn'ers zijn 'veilige' gasten voor programmamakers: je weet tenminste zeker dat het geen 'saaie' of 'langzame' televisie wordt. Intellectuelen die de wetten van de media wel beheersen, zijn bovendien op de vingers van twee handen te tellen: Maarten van Rossem, Willem Post (historici), Hans Jansen (arabist), Afshin Ellian (rechtsgeleerde), Ronald Plasterk (oud-wetenschapper), Harry Mulisch en Adriaan van Dis (schrijvers) vormen de harde kern van die groep. Zij verschijnen weliswaar met enige regelmaat in diverse tv-programma's, maar toch zeker niet vaker dan redactielievelingen als Sophie Hilbrand of Hugo Borst. Welsprekendheid én intellectueel vermogen genieten dus nog steeds niet de voorkeur boven een leuke babbel of een cameragenieke uitstraling alleen.

Ook eenduidige, stellige politici worden beduidend vaker gevraagd dan hun intellectuelere en genuanceerdere collega's. Dat bleek althans uit een kleinschalig onderzoek naar de samenstelling van het opiniekorps door Hans Beerekamp, die begin 2008 drie maanden lang alle gasten turfde die door de zeven belangrijkste nieuwsrubrieken – *EénVandaag*, *Netwerk*, NOVA, *De Wereld Draait Door*, *Pauw & Witteman*, *Buitenhof* en *Het Elfde Uur* – werden uitgenodigd. De onbetwiste winnaar met negentien optredens was Rita Verdonk, de enige politica van Nederland zónder partijprogramma, maar met het ongeëvenaarde talent om zich in oneliners uit te drukken. Jan Marijnissen, de inmiddels gepensioneerde 'stem des volks' van de SP, werd met vijftien verschijningen vierde. Populist Geert Wilders werd met negen uitzendingen 'slechts' hekkensluiter van de top-10, voornamelijk omdat hij de meeste verzoeken weigerde. Maar had hij vaker interviews toegezegd, dan was hij ongetwijfeld nummer één geworden: Wilders was ook al twee jaar op rij de meest geciteerde politicus en werd in 2008 door parlementair journalisten nog verkozen tot politicus van het jaar 'omdat hij zo vaak het nieuws wist te halen'.

De academici onder de politici, zoals minister van Justitie Ernst Hirsch Ballin (oud-hoogleraar staats- en bestuursrecht aan de Katholieke Universiteit Brabant) en minister van Sociale Zaken Piet

Hein Donner (jurist en oud-voorzitter van de Wetenschappelijke Raad voor het Regeringsbeleid) zie je daarentegen zelden op televisie aanschuiven. Ook zij weigeren, net als Wilders, de meeste verzoeken om commentaar, zij het om een heel andere reden: zij willen wel verantwoording afleggen, maar niet in vijf luttele minuten. Niet alle kwesties zijn immers zomaar tot televisiefähige proporties terug te brengen.

Bovendien loop je als serieus politicus met een iets minder rappe tong al gauw het gevaar te worden afgebekt door gasten die voornamelijk aan tafel zitten om controversiële uitspraken te doen. Dat overkwam bijvoorbeeld (de later gevallen) minister Vogelaar, toen haar in *Pauw & Witteman* door Jort Kelder een gebrek aan uitstraling werd verweten ('Volgens mij moet u eens een charismacursusje volgen'); dat overkwam ook premier Balkenende, die in hetzelfde programma door rapper Ali B. de hele uitzending lang op gênante wijze werd getutoyeerd. Arjen Berkvens, voormalig campagnemanager van de PvdA, biechtte al eens op dat een groeiend aantal politici niet meer in actualiteitenrubrieken wenst te verschijnen: 'Als je een inhoudelijk verhaal kwijt wilt, loop je een risico. Voor je het weet moet je in discussie met Joop Braakhekke', aldus Berkvens (*de Volkskrant*, 30 oktober 2008). Het mes van de huidige talkshowformats snijdt dus aan twee kanten. Niet alleen trekt het quasideskundigen aan, het schrikt tegelijk de intelligentsia af, constateert ook Beerekamp: 'Wat vooral ontbreekt [op televisie] zijn de originele denkers, de creatieve geesten, de eigenheimers, intellectuelen en non-conformisten.'

Het gebrek aan intellectuelen in het publieke debat komt echter niet alleen voort uit een commercieel gemotiveerde angst om kijkers (en dus adverteerders) kwijt te raken. Er ligt ook een diepere, filosofische oorzaak aan ten grondslag: de inflatie van het begrip 'deskundigheid'. Die inflatie is vooral te wijten aan het postmoderne denken, dat aan het eind van de negentiende en bijna de gehele twintigste eeuw in het Westen furore maakte. Onder invloed van sceptici als Søren Kierkegaard en Friedrich Nietzsche raakte het streven naar waarheid uit de gratie. Dé waarheid bestond helemaal niet, of was op z'n hoogst een door de mens gefabriceerde sociale constructie, zo luidde langzaam maar zeker de communis opinio – niet alleen in filosofische kring, maar ook daarbuiten. 'Er zijn geen feiten, slechts interpretaties', stelde Nietzsche met enige retorische overdrijving vast. De gedachte dat het zoeken naar 'de waarheid', lange tijd toch de speerpunt van de filosofie én de journalistiek, een nutteloze onderneming was, werd later verder gepopulariseerd en voor een groot publiek toegankelijk gemaakt door de Amerikaanse filosoof Richard Rorty. 'Over de waarheid valt niks te zeggen, omdat ze nergens relatief aan is', was Rorty's stelling, doelend op het intrinsiek subjectieve karakter van menselijke oordelen. 'Geen enkele interpretatie van de werkelijkheid benadert de realiteit meer dan een andere.' Zo werd iedere opvatting min of meer gereduceerd tot 'slechts' een mening: niemand had de definitieve of ware visie op de wereld in pacht.

Dit relativistische uitgangspunt raakte de afgelopen vijf decennia diep geworteld in de westerse cultuur. Sterker nog, bijna ieder filosofisch fundament dat grofweg sinds 1950 onder onze samenleving is gelegd, is in de kern een ontkenning van het bestaan van 'de waarheid'. Vrijheid, democratie, tolerantie, de scheiding tussen kerk en staat en de autonomie van het individu – alle beginselen die wij in marmer hebben gebeiteld, hebben één ding gemeen, namelijk dat ze als beginsel waarheidsloos zijn. Zo is vrijheid als doel op zich een richtingloos principe; het vertelt ons niets over waartoe of waarheen de vrijheid ons moet leiden. De democratie heeft in beginsel evenmin een doel voor ogen; haar richting staat per definitie niet vast. Tolerantie, op haar beurt, is ook al niets meer dan een vorm van relativisme: tolereren is immers accepteren van wat daarvoor nog verwerpelijk was. De scheiding tussen kerk en staat heeft van 'de waarheid' zelfs staatsrechtelijk een no-go-area gemaakt; de macht moest neutraal zijn, ze had zich niet te bemoeien met onze persoonlijke defin盆ities van goed en kwaad. En ten slotte komt ook de autonomie van het individu uiteindelijk daarop neer: de verschrompeling van 'de waarheid' tot iets wat strikt persoonlijk is. Goed en kwaad als het *subjectieve privébezit* van het individu werd langzaam maar zeker het weinig dwingende fundament van ons gezamenlijke wereldbeeld. Daarmee kwam ook het begrip deskundigheid op losse schroeven te staan. Er was immers geen criterium meer voorhanden om te beoordelen of een bepaalde opvatting gezaghebbender of waardevoller was dan een andere. De waarheid – voor zover daarvan werd gesproken – was eerder een kwestie van optellen geworden: alle meningen bij elkaar benaderden 'het juiste' misschien nog wel het meest. *Wisdom of the crowd* heette dit postmoderne uitgangspunt; een gedachte waar ook de immens populaire internetencyclopedie Wikipedia op gebaseerd is. En veel journalistieke redacties lijken zich evenzeer aan die gedachte te hebben overgeleverd. Je zou het de 'wikipediasering' van de journalistiek kunnen noemen: de websites van bijna alle kranten in Nederland worden tegenwoordig volgeschreven door anonieme internetgebruikers, die op discussiefora en onder ieder nieuwsbericht hun mening mogen geven (of beter gezegd: hun grieven mogen uiten). Ook worden er iedere dag weer stellingen aan het publiek voorgelegd, waarvan de uitslag een paar uur later zelf tot nieuws wordt verheven. '62 procent vindt dat Iran geen kernwapen mag hebben' kopt de nieuwssite dan, alsof er nieuwswaarde zit in het vinden zelf in plaats van in wie iets vindt en waarom. Recht *op* spreken is als het ware gelijkgesteld aan recht *van* spreken: een mening hébben is voldoende. In de televisiejournalistiek klinkt de vox populi (stem van de 'gewone man') eveneens steeds luider – een tendens die volgens recensent Beerekamp niet alleen te maken heeft met de hoge werk- en kijkcijferdruk, maar ook 'met koudwatervrees om kijkers lastig te vallen met het verschil tussen gezaghebbende en willekeurige opinies en duidingen. Die worden veelal overgelaten aan "deskundigen" van wie het soortelijke gewicht soms moeilijk vast te stellen valt'.

Om misverstanden te voorkomen: ik ben zelf een postmodernist in hart en nieren. De koudwatervrees om onderscheid te maken tussen gezaghebbende en willekeurige meningen acht ik *filosofisch* dan ook volstrekt legitiem. Een alomvattend wereldbeeld is per definitie onmogelijk; niemand heeft, in metafysische zin, meer recht van spreken dan een ander. Maar dat neemt niet weg dat dit uitgangspunt in de dagelijkse praktijk van een publiek debat wel degelijk nadelige effecten heeft. Voor het grootste nadelige effect waarschuwde Nietzsche zelf al toen hij God (oftewel de waarheid) 'dood' verklaarde: het gevaar van *nihilisme*. Want, als geen enkele opvatting gezaghebbender of waardevoller is dan enig andere, waarom dan überhaupt nog opvattingen huldigen? Waarom dan eigenlijk nog een publiek debat voeren? Nietzsches waarschuwing is geen lege huls gebleken. Het gevaar van nihilisme is aan de orde van de dag.

Desinteresse en cynisme kenmerken al jaren het publieke debat in Nederland – voor zover je al van een echt debat kunt spreken. Terwijl in Duitsland bijvoorbeeld al maandenlang een vurige discussie wordt gevoerd over de verhouding tussen de macht van de staat en de privacy van burgers, wordt de privacykwestie in Nederland afgedaan met een apathisch 'ach, wie niks te verbergen heeft, heeft ook niks te vrezen'. En dat komt niet doordat de Nederlander zich geen zorgen hoeft te maken: een elektronisch kinddossier dat gegevens bevat over de 'wijze van opvoeden', een elektronisch patiëntendossier dat gevoelige medische gegevens digitaal beschikbaar maakt, toenemend cameratoezicht op straat, de identificatieplicht, een recordaantal telefoontaps, belgegevens met een bewaarplicht van twee jaar, de groeiende macht van Google – het is slechts een willekeurige greep uit de voorbeelden die toch een stevig debat zouden rechtvaardigen.

Een andere treffende illustratie van de sluimerende desinteresse is het debat – of liever gezegd: het gebrek daaraan – over de eenwording van de Europese Unie. In 2005 werd de nieuwe Europese Grondwet nog door een grote meerderheid van de bevolking afgewezen. Maar toen een slechts cosmetisch herziene versie – met een beetje minder symboliek en een andere naam – alsnog via de parlementaire achterdeur werd goedgekeurd, bleef het stil. *Fait accompli*, luidde de cynische conclusie; over Europa is daarna geen substantiële discussie meer van de grond gekomen. En het meest prangende voorbeeld van apathie moet toch wel het jarenlang vermeden debat over de Nederlandse steun aan de oorlog in Irak zijn. De reden voor die steun bleek een leugen: Saddam Hoessein had geen massavernietigingswapens. De PvdA eiste op hoge toon een parlementair onderzoek, maar liet die eis varen zodra regeringsdeelname lonkte. Het kabinet-Balkenende IV stopte de zaak-Irak in de doofpot. Publiek protest werd nauwelijks aangetekend; van veel ophef was eigenlijk geen sprake. 'Gedane zaken nemen geen keer' dacht de goegemeente – en haalde haar schouders op. Pas in 2009 belandde de zaak na enkele onthullingen in de media alsnog op de politieke agenda en kondigde premier Balkenende een onderzoek aan.

Deze naar nihilisme neigende desinteresse ('wat maakt het allemaal uit') heeft niet alleen te maken met de befaamde kloof tussen burger en politiek, maar ook met een diep wantrouwen jegens de bemiddelaar: de media. Hoe diep dat wantrouwen zit, blijkt wel uit het ongekende succes van het journalistieke verslag *Het zijn net mensen* van Joris Luyendijk, waarvan in twee jaar tijd meer dan tweehonderdduizend exemplaren werden verkocht – een voor non-fictie ongekend aantal. In zijn bijna pamflettistische boek betoogt Luyendijk kort samengevat dat 'objectieve verslaggeving' niet bestaat. Journalisten zijn immers 'net mensen': niets meer dan interpreterende subjecten die gevangenzitten in hun eigen perspectief en daardoor ook nooit 'neutraal' kunnen zijn. Dit nietzscheaanse journalistieke zelfbeklag ('er zijn geen feiten, slechts interpretaties') sloeg bij een groot publiek in als een bom en dat is niet verwonderlijk: de klacht dat journalistiek geen weergave, maar slechts een interpretatie van de werkelijkheid is, raakt een bekende en gevoelige postmoderne snaar. En ook hier heeft dat besef van subjectiviteit dezelfde nihilistische consequentie: het nieuws interesseert ons steeds minder ('het is maar een beeld'), we vertrouwen de bron niet langer ('de media manipuleren') en we zijn bovendien cynisch over wat we eraan kunnen doen ('het is nu eenmaal zo').

We geloven kortom niet meer in de voorstelling van zaken zoals 'het nieuws' ons die voorschotelt, en verliezen daardoor iedere reden om ons erdoor aangesproken te voelen, ons er druk om te maken of er zelfs maar aandacht aan te schenken.

De ironie van deze desinteresse in het nieuws is dat ze ook nog eens zelfversterkend is. Want aan de ene kant zet die desinteresse het journaille ertoe aan om met allerlei niet-inhoudelijke kunstgrepen de aandacht van het snel verveelde publiek vast te houden: het nieuws wordt teruggebracht tot zestig seconden, afgewisseld met kolderieke YouTube-filmpjes, opgeleukt met BN'ers uit de showbizz, of op andere wijze versimpeld en opgeblazen. Maar juist die hijgerige, op de waan van de dag gerichte, weinig diepgravende infotainment-journalistiek *veroorzaakt* ook precies die desinteresse en het cynisme waar ze tegen moet vechten. Want hoe kan iemand werkelijk geïnteresseerd raken in zoiets complex als mensenrechtenschendingen in Tibet, als hij weet dat tien minuten later het gespreksonderwerp alweer verandert in de nieuwste cd van Lee Towers? Hoe kan iemand ooit zijn aandacht bij zoiets abstracts als de kredietcrisis houden als Georgina Verbaan er iedere twee minuten doorheen giechelt? Hoe kan iemand echt iets begrijpen van het radicale islamisme in het Midden-Oosten, als de discussie na twaalf minuten al wordt onderbroken door de Zapservice? De nieuwsconsument wordt dus niet alleen als inherent ongeïnteresseerd beschouwd, maar tegelijkertijd ook *geconditioneerd* tot desinteresse. De boodschap is immers: omdat het nieuws op zichzelf niet belangrijk en interessant genoeg is, hebben we het maar voor u gecomprimeerd en tot vermaak verheven.

Geen wonder dus dat de animo voor serieuze, diepgravende verslaggeving – en daarmee voor belangrijke maatschappelijke kwesties als privacy, de Europese Unie of Irak – zo minimaal is. De burger is het simpelweg niet meer gewend. Of zoals Hans Beerekamp schrijft: 'De televisie denkt dat de kijker korte, flitsende interacties wil [...] maar het is de vraag of dat waar is; we worden in ieder geval op die voorkeur afgericht.'

Interessant om op te merken is dat dezelfde selffulfilling prophecy – een groeiende desinteresse leidend tot een steeds spectaculairdere, inhoudslozere toon en vice versa – zich de afgelopen jaren ook op politiek terrein heeft voltrokken. Sinds het einde van de Koude Oorlog in 1989 raakte het begrip 'waarheid' eveneens *politiek* uit de gratie – een proces dat in Nederland uiteindelijk uitmondde in het volstrekt ideologieloze Paars van Wim Kok. Polderen werd de oplossing voor alles, gedogen was een wondermedicijn. Niemand had het gelijk aan zijn zijde, dus waarom er dan ook in politieke zin nog langer om vechten? Zo stak het 'Joris Luyendijk-effect' als het ware maatschappijbreed de kop op: een sluier van gepolitiseerde desinteresse kwam over ons heen. En met die sluier viel, zolang het economisch, sociaal en geopolitiek voorspoedig ging, prima te leven. Lange tijd was er maar weinig mis met het liberale, intrinsiek apathische uitgangspunt 'bemoei jij je niet met mij, dan bemoei ik me niet met jou'.

Maar tegelijkertijd werd het, parallel aan de journalistiek, ook vruchtbare bodem voor een radicaler en luidruchtiger soort politiek. Die stak al langzaam de kop op in de zomer van 2001, toen Pim Fortuyn zijn politieke ambities bekendmaakte, en kwam tot een definitieve uitbarsting toen de radicale islam zich in het Westen aandiende – eerst op 11 september 2001 in New York, en later op 11 maart 2004 in Madrid. Na deze aanslagen veranderden subiet al onze relativistische verworvenheden in een probleem. Cultuurrelativistisch denken werd synoniem aan 'je naar de slachtbank van

Allah laten leiden', compromissen sluiten betekende 'slappe knieën hebben' en de bereidheid om te twijfelen werd als 'zwakte' gezien. Echte leiders waren niet te vermurwen persoonlijkheden – wie van mening of inzicht veranderde, 'draaide'. Zelfs het ooit bejubelde polderen had afgedaan: compromisloze daadkracht was waar de burger om vroeg. Achter ons sluimerende nihilisme bleken talloze maatschappelijke problemen schuil te gaan. Integratieprobleem? Een kwestie van veertig jaar lang apathie jegens 'de ander'. Kloof tussen burger en politiek? Desinteresse met een vleugje cynisme. Xenofobie en gevoelens van onveiligheid? Wederzijds wantrouwen. Drinkende hangjeugd? Nihilistische doelloosheid. Radicalisering? Een diep gevoel van ontworteling, waarvoor het ideologieloze Nederland geen alternatief voorhanden had.

Dit gebrek aan eigen waarheden verklaart deels waarom het islamdebat als een van de weinige debatten de afgelopen jaren wél in alle hevigheid is losgebarsten: het raakt aan de kern van ons nihilistische probleem. Want waarom zijn we wel bezorgd over niet-geïntegreerde moslims, terwijl we tegelijkertijd moeiteloos duizenden Poolse loodgieters binnenhalen en niet eens omkijken naar die tienduizenden Chinezen in ons land die net zo min Nederlands spreken, die de wijken 'overspoelen' met Chinese toko's en het liefst illegale casinootjes runnen in de kelder van hun restaurant? Het antwoord is vrij eenvoudig: geloof. Moslims hebben *een geloof*. En de kwestie is niet eens zozeer of dat geloof nu wel of niet verenigbaar is met de westerse beschaving – het uitgangspunt van onze beschaving bestond er de laatste decennia immers uit dat ieder gedachtegoed hier zijn plekje wel kon krijgen. Nee, het probleem is juist dát uitgangspunt geworden. Op het geloof in 'de waarheid' van moslims hebben wij geen eigen antwoord meer, sinds wij, na ons laatste ideologische project genaamd Verlichting, collectief besloten dat 'de waarheid' niet bestaat en dat alles uiteindelijk neerkomt op interpretatie en cultuur. Vooral dat maakt de islam – een religie die vaak nog vrij dogmatisch wordt beleden, met name door eerstegen-eratie-immigranten – bedreigend: welke dogma's kunnen wij daar tegenoverstellen, behalve dan tot niets verplichtende principes als vrijheid en tolerantie? Niet voor niets breekt men zich het hoofd over wat eigenlijk onze identiteit is; die hebben we lang geleden op-gegeven, ten behoeve van een wereld zonder waarheid, met dogma-tiek als enige vijand.

Politici als Rita Verdonk en Geert Wilders hebben als geen ander begrepen dat, vooral na de moord op Theo van Gogh, de behoefte aan een eigen, 'westerse', waarheid gigantisch is toegenomen. De meest succesvolle politici van dit tijdsgewricht doen dus ook niet langer aan interpretatie. Regels zijn regels, punt, zegt de een. De Ko-ran is 'een fascistisch boek', welke lezing je er ook op nahoudt, zegt de ander. 'De Nederlander' is geen sociologische exercitie, maar een normatief, moreel concept. En de wereld is geen oceaan van onein-dige grijstinten waar je gemakkelijk in kunt verzuipen, maar een zee waar je 'recht doorheen' moet zwemmen – op weg naar de waarheid die aan de overkant ligt. De aantrekkingskracht van dit soort stel-ligheid is dat het een gevoel van duidelijkheid verschaft. De wereld ingedeeld in goed en kwaad – dat neemt een enorme last van onze schouders. Geconfronteerd met complexe vraagstukken als terro-risme, migratiestromen en een uitdijend Europa verlangt de bur-ger naar antwoorden die niet aan relativering onderhevig zijn. Het groeiende gebrek aan aanknopingspunten in de oneindige informa-tiestroom waar we in een mediacratie mee te kampen hebben, wak-kert bovendien constant het gevoel aan 'verloren' te zijn. Dat maakt ons extra gevoelig voor simplistische visies op de veel ingewikkelder werkelijkheid.

Politiek en journalistiek ontmoeten elkaar helaas te vaak in die behoefte aan simplisme. Ze hebben er immers, zoals het Koran-verbod van Wilders al illustreerde, beide voordeel bij. Voor de een betekent het hogere kijkcijfers of een grotere lezersschare; voor de ander meer aandacht en meer stemmen. Het jammerlijke gevolg is dat daardoor de neiging om te reflecteren bij *iedereen* afneemt.

Bij de journalist, omdat hij denkt: met diepgang bereik ik het publiek niet; bij de politicus, omdat hij weet: met diepgang haal ik het nieuws niet; en ten slotte bij het publiek of electoraat zelf, dat zich afvraagt: waarom nadenken over iets wat morgen toch alweer plaats heeft moeten maken voor de volgende rel? Natuurlijk, er zijn uitzonderingen. Ik noemde *De Groene Amsterdammer* al, een weekblad met consequent diepgaande en heldere analyses van de actualiteit; en ook *NRC Handelsblad*, *nrc.next* en *de Volkskrant* blijven kwaliteitskranten. Op televisie zijn programma's als *In Europa* van Geert Mak, VPRO's *Import* en *Tegenlicht* prettige afwijkingen van de norm; de makers daarvan nemen nog de tijd, plaatsen gebeurtenissen in hun historische context, interviewen echte deskundigen en stellen de vragen waar de dagelijkse rubrieken niet aan toekomen. Maar het bereik van deze media blijft wel beperkt: *De Groene* heeft nog geen dertienduizend abonnees en *Tegenlicht* komt meestal niet verder dan honderdduizend kijkers. Hun invloed op het publieke debat is dan ook bijna nihil; echt doordringen tot het collectieve bewustzijn doen de artikelen of uitzendingen zelden.

Dit boek is een bescheiden protest tegen deze ontwikkeling. In de filosofische essays die ik de afgelopen anderhalf jaar voor de zinpagina van *nrc.next* heb geschreven, heb ik geprobeerd de vragen te onderzoeken die de berichtgeving doorlopend bij mij opriep, maar nooit echt probeerde te beantwoorden. Vragen als: discrimineert Geert Wilders moslims als hij kritiek heeft op hun religie, en zo ja, heeft hij het recht om dat te doen? Is het rookverbod inderdaad paternalistisch, en wat betekent 'paternalisme' dan precies? Moeten dieren rechten krijgen, zoals Marianne Thieme wil, en zo ja, welke praktische gevolgen hebben zulke rechten dan? Zijn mensenrechten universele waarheden, of slechts westerse morele concepten – en als ze universeel zijn, mogen we ze dan aan anderen opleggen? Creëert het woord allochtoon inderdaad 'een kunstmatige tegenstelling tussen mensen', zoals minister Hirsch Ballin ooit stelde? En waarom voelt een religieuze persoon zich eigenlijk zoveel sneller gekwetst dan iemand die geen religie aanhangt? Deze vragen vloeien direct voort uit de actualiteit, maar blijven er tegelijkertijd ook achter verscholen, omdat ze meer betrekking hebben op de filosofische aannames achter het publieke discours dan op dat discours zelf. Ze blijven daarom ook vaak ongesteld: de taak van journalisten is om betrokkenen uit het nieuws naar hun opvattingen te vragen, niet naar waar die opvattingen vandaan komen.

Filosofen doen dat wel. Zij denken na over de oorsprong van onze opvattingen en stellen ze op het meest fundamentele niveau ter discussie. Filosofie is dan ook het middel bij uitstek om de journalistiek de diepgang te geven die ze vaak mist. Nu wordt over filosofie nog wel eens beweerd dat het een echte 'studeerkamerwetenschap' is, die door haar neiging tot abstractie en ingewikkeld taalgebruik weinig tot niets met de alledaagse werkelijkheid van doen heeft. Maar die aantijging is volstrekt onterecht. De invloed van filosofen op ons dagelijkse leven – in persoonlijke, politieke en maatschappelijke zin – is enorm. Sterker nog, de filosofie is eigenlijk *overal*. Ze bepaalt wat mensen goed of slecht vinden, mooi of lelijk, rechtvaardig of oneerlijk; ze bepaalt, met andere woorden, hoe mensen denken en dus hoe mensen doen. Weinig vakgebieden zijn dan ook behulpzamer bij het doorgronden van het nieuws dan de filosofie. Dat er in Nederland grote aversie bestaat tegen het vaststellen van quota voor vrouwen en allochtonen in bestuursfuncties, heeft bijvoorbeeld direct te maken met onze meritocratische opvatting van rechtvaardigheid, die we voor een groot deel te danken hebben aan de Britse filosoof John Locke. Dat veel mensen zo geïnspireerd zijn geraakt door de speeches van Barack Obama is te herleiden tot het feit dat wij sterk beïnvloed zijn door Verlichtingsdenkers als Immanuel Kant en John Stuart Mill, die ons deden geloven in het begrip vooruitgang.

En dat in China de mensenrechten nauwelijks van de grond komen, is niet alleen te wijten aan het regime, maar ook aan de invloedrijke Chinese filosoof Confucius, die eerder in termen van plichten dan van rechten dacht. De filosofie geeft niet alleen inzicht in de vragen die het nieuws oproept, maar is ook in staat de samenhang tussen ogenschijnlijk losstaande gebeurtenissen in de actualiteit te tonen. Dat Rita Verdonk bijvoorbeeld ooit pleitte voor de opheffing van de Commissie Gelijke Behandeling, kwam niet alleen doordat zij het oneens was met de beslissing van die commissie om moslims de hand van vrouwen te laten weigeren, maar vloeit logisch voort uit haar filosofische opvatting over rechtvaardigheid – een opvatting die ook in haar slogan 'regels zijn regels' tot uiting komt. En dat de PvdA het lange tijd zo slecht heeft gedaan in de peilingen, is niet alleen te wijten aan gebroken verkiezingsbeloften, maar ook aan het pragmatische wereldbeeld van partijleider Wouter Bos – een wereldbeeld dat de pragmatist Richard Rorty niet voor niets 'politiek onbruikbaar' noemde. Om deze samenhang te benadrukken heb ik de essays onderverdeeld in zes klassieke filosofische thema's: Vrijheid, Waarheid en Macht, God en Geloof, Seks en Liefde, Identiteit, Gelijkheid en De Staat. Ieder essay behandelt dus weliswaar een op zichzelf staande vraag uit de actualiteit, maar is tegelijkertijd met andere vragen verenigd onder een thema. Zo wordt duidelijk dat veel maatschappelijke gebeurtenissen en ontwikkelingen in filosofische zin met elkaar te maken hebben.

Hoe ze precies verbonden zijn, laat ik daarentegen liever aan de verbeelding van de lezer over; ik heb de stukken dan ook met opzet niet aan elkaar geschreven. Want ik noemde dit boek niet voor niets 'bescheiden': ik koester geenszins de pretentie om definitieve antwoorden te geven op de vragen die ik stel. Ten eerste omdat definitieve antwoorden in de filosofie niet bestaan, en ten tweede omdat ze mijn voornaamste doelstelling zouden ondergraven, namelijk tot denken stemmen. Richard Rorty zei ooit dat 'zekerheid geen doel mag zijn van het intellectuele leven', en daar sluit ik me van harte bij aan. Als dit boek dus meer vragen oproept dan beantwoordt, des te beter: dan heeft het namelijk nieuwsgierigheid gewekt. En daar is het mij eigenlijk om te doen. Want de paradox van de informatie-maatschappij waarin wij leven en waarin nieuws alomtegenwoordig is, blijft toch wel dat onze *nieuws*gierigheid er een beetje door is verstomd. En dat is jammer.

Rob Wijnberg
Amsterdam, maart 2009

Over vrijheid

Waarom meer keuze tot minder keuzevrijheid leidt

De een noemt het een quarterlifecrisis, de ander een dertigersdilemma, een derde vindt het niet meer dan een luxeprobleem. Maar aanstellerij of niet, veel mensen ervaren 'keuzestress' tegenwoordig als een reëel ongemak in hun dagelijkse leven. Vooral jongeren hebben soms grote moeite met kiezen: welke studie wil ik volgen, welke baan ga ik nemen, welke carrière streef ik na? Koop ik direct een huis of ga ik eerst op wereldreis? Wil ik nu een vaste partner of blijf ik liever nog vrijgezel? Neem ik vroeg kinderen of juist later? De vrijheid om te doen wat we willen is enorm, en het aantal mogelijkheden vaak nog groter. Zo groot dat velen zich er niet vrijer, maar juist *onvrijer* door voelen. De ruime keuze wordt niet als een verrijking ervaren, maar eerder als een last.

De vraag is: hoe kan dat? Hoe kan de gevoelde keuzevrijheid *afnemen* naarmate het aantal keuzemogelijkheden *groter* wordt? Ondanks de vele boeken die inmiddels zijn verschenen over dit paradoxale fenomeen, wordt die vraag zelden gesteld. De meeste auteurs constateren weliswaar dat twintigers en dertigers lijden onder een 'teveel aan keuze', maar verklaren meestal niet hoe zo'n 'teveel' eigenlijk ontstaat. Dat is jammer, want er bestaat een goede filosofische verklaring voor, waar pathologische twijfelaars wellicht nog geruststelling uit kunnen destilleren. Voor die verklaring moeten we eerst te rade gaan bij de Britse filosoof Isaiah Berlin (1907-1997), die in zijn beroemde essay *Two Concepts of Liberty* (1958) – ontleend aan de filosofie van Verlichtingsdenker Immanuel Kant (1724-1804) – een verhelderend onderscheid maakt tussen twee 'concepten' van vrijheid: positieve en negatieve vrijheid. Negatieve vrijheid, stelt Berlin, is het 'ontbreken van externe belemmeringen of obstakels'. Negatief betekent hier dus niet 'slecht' of 'verkeerd', maar 'afwezig': hoe minder belemmeringen, hoe groter de vrijheid. Dit is een gangbare manier waarop keuzevrijheid vaak wordt begrepen: hoe groter het aantal keuzes – bijvoorbeeld het aantal beschikbare plaatsen in een vliegtuig – des te meer keuzevrijheid men geniet. Groeit het aantal obstakels – steeds meer plaatsen zijn bezet – dan neemt ook de keuzevrijheid evenredig af. In de 'negatieve' zin van het woord correleren vrijheid en het aantal opties dus *lineair* met elkaar: hoe meer onbezette stoelen, hoe vrijer de keuze.

Definieert men keuzevrijheid daarentegen als een positieve vrijheid, dan gaat dit verband echter niet langer op. Met positieve vrijheid doelt Berlin op de vrijheid 'om autonoom te handelen'. Anders dan bij de vorige definitie, wordt de mate van vrijheid hier niet negatief bepaald, door te kijken naar het ontbreken van externe obstakels, maar positief – door te kijken naar de *aanwezigheid* van interne motieven. Want, zo luidt een aloud kantiaans inzicht, de mens is vrij 'voor zover hij zichzelf zijn eigen wil op kan leggen'. Dat betekent: om autonoom te kunnen handelen heeft een mens *beweegredenen* nodig. Wat een handeling namelijk autonoom maakt – en geen impuls of reflex – is dat ze bewust is: ze wordt voorafgegaan door een reden. En hier geldt: hoe sterker iemands reden om iets te doen (of te laten), hoe autonomer en dus hoe vrijer hij is.

Dit positieve vrijheidsconcept maakt duidelijk waarom mensen zich onvrijer kunnen voelen naarmate het aantal keuzes steeds verder toeneemt. Want hoe groter het aantal keuzes, hoe kleiner het verschil tussen die keuzes. En hoe kleiner het verschil tussen de keuzes, hoe minder *redenen* er overblijven om het ene boven het andere te verkiezen. Hoe dat komt, is misschien het beste te illustreren aan de hand van de (denkbeeldige) situatie waarin iemand een *oneindig* aantal keuzes heeft.

Stel, je staat in de supermarkt voor een schap met een oneindig aantal soorten jam. Het verschil tussen al die soorten jam is dan niet langer waarneembaar. Want tussen alle potjes staan ook nog *alle andere* jamsoorten die je maar kunt bedenken – *ad infinitum*. De potjes zijn daardoor niet van elkaar te onderscheiden. En omdat het verschil tussen de jampotjes niet te zien is, is ertussen kiezen ook onmogelijk geworden. Natuurlijk heb je nog wel de vrijheid om een willekeurige greep uit het schap te doen, maar van *keuzevrijheid* is dan geen sprake. Een willekeurige greep is immers geen keuze – er gaat geen reden aan vooraf. Doordat het aantal keuzes oneindig groot is geworden, is de keuzevrijheid gereduceerd tot nul: iedere reden om de ene jam boven de andere te verkiezen is verdwenen.

De grafiek van positieve keuzevrijheid verloopt dus niet lineair, maar parabolisch: op het moment dat het aantal keuzes te groot wordt, en de verschillen tussen de keuzes te klein, neemt het aantal beweegredenen af – en daarmee iemands autonomie. Daardoor vermindert ook de gevoelde vrijheid: je kunt moeilijker tot een keuze komen. En dat heeft – als je veel keuzes moet maken – 'stress' tot gevolg. Keuzestress wordt dus niet alleen (of niet zozeer) veroorzaakt door een overvloed aan keuzes, maar vooral door een gebrek aan *voorkeuren* die het hebben van te veel opties veroorzaakt. Daarom beschouwen sommige mensen het vooral als een luxeprobleem, of zelfs als aanstellerij: het verschil tussen nergens 'zin' in hebben en nergens 'redenen' voor hebben is vaak moeilijk te zien.

Overigens hoeft een groot aantal keuzes niet automatisch tot minder (sterke) beweegredenen te leiden. Wie een enorme passie voor geschiedenis of natuurkunde heeft, zal weinig moeite hebben met zijn studiekeuze – ongeacht de talloze studies waaruit hij kiezen kan. En andersom geldt ook: het hebben van weinig (sterke) beweegredenen hoeft niet per se het gevolg te zijn van het hebben van veel opties. Een gebrek aan beweegredenen kan ook voortkomen uit een zwakke identiteit. Een persoon met een zwakke identiteit heeft namelijk van zichzelf weinig voorkeuren en zal dus – ongeacht het aantal keuzes – moeilijker kunnen kiezen. Nu is de ontwikkeling van zo'n zwakke 'persoonlijkheid' per individu verschillend, en vooral afhankelijk van capaciteit, erkenning en zelfvertrouwen, maar er hebben zich de afgelopen zestig jaar ook enkele maatschappelijke processen voltrokken die kunnen hebben bijgedragen aan een minder sterke identiteit bij jongere generaties.

Het eerste proces is de ontkerkelijking en de daarmee samenhangende ontzuiling. Het geloof werd steeds minder (streng) beleden – en de bijbehorende overtuigingen werden dus zwakker. Tegelijkertijd werd ook de opvoeding langzaam maar zeker vrijer. Het was niet langer vanzelfsprekend om het eigen wereldbeeld over te dragen of op te leggen aan je kinderen; zij kregen de vrijheid om zelf hun opvattingen te kiezen. Het gevolg was een fragmentarischer, minder eenduidig en dus 'grijzer' wereldbeeld. Dat werd nog eens versterkt door de opkomst van een door massamedia beheerste informatiemaatschappij, waarin duizend-en-één 'waarheden' doorlopend om voorrang strijden. Het grijze wereldbeeld kreeg in de jaren negentig zelfs zijn weerslag in een ideologieloze politiek, toen het Paarse kabinet onder aanvoering van de PvdA van Wim Kok idealisme en principes verruilde voor pragmatisme en polderen. En net als veel adolescenten van nu hadden ook de politici van toen al moeite met kiezen: 'gedogen' werd niet voor niets een toverwoord.

Keuzestress is dus niet alleen een kwestie van luxe of overvloed, maar ook van opvoeding, technologie en tijdgeest. En eerlijk gezegd ben ik wel blij dat ik nu leef en niet zestig jaar geleden. Want als ik zou moeten kiezen tussen keuzestress of helemáál geen keuze, zou ik geen moment hoeven twijfelen.

Het liberalisme kwam, zag, overwon én verloor

De centrale gedachte van het liberalisme is, kort samengevat, dat de hoogste morele waarde – individuele vrijheid – het beste gedijt in een democratische samenleving gebaseerd op een vrijemarkteconomie. Het wekt dan ook geen verbazing dat deze drie ideeën – democratie, autonomie en vrijemarkteconomie – de spil vormen van de nieuwe liberale beginselverklaring van de VVD die partijleider Mark Rutte in de zomer van 2008 presenteerde. Maar de liberale voorman zal zich vlak na de publicatie van de verklaring wel eens achter de oren hebben gekrabd. Zijn pleidooi voor een 'kleine staat' komt op een uiterst ongelukkig moment, nu de wereldwijde kredietcrisis het vrijemarktdenken ernstig in diskrediet heeft gebracht.

Zelfs de vrijemarktfundamentalisten in de regering-Bush vielen destijds van hun geloof door in te grijpen in de financiële markt met een kapitaalinjectie van maar liefst 700 miljard dollar – de grootste staatsinterventie in de Amerikaanse geschiedenis. In Europa werd tegelijkertijd een aantal verzekeringsbanken (deels) genationaliseerd; zo namen de Nederlandse, Belgische en Luxemburgse overheid voor ruim 11 miljard euro een belang van 49 procent in de Fortis Bank, die in Nederland later fuseerde met een andere door de staat overgenomen kapitaalverstrekker – ABN Amro.

En niet alleen de vrije markt, ook de vrijheid van het individu als ultieme morele leidraad is de afgelopen jaren uit de gratie geraakt. In de meeste Europese landen, zeker in Nederland, is het gemeenschapsdenken weer sterk in opkomst. Pleidooien voor de rehabilitatie van gezamenlijke normen en waarden, zoals van het CDA en

– nationalistischer – Trots op Nederland, winnen aan populariteit. Individualisme wordt, vooral door de huidige krediet-, klimaat- en voedselcrises, in toenemende mate geassocieerd met egoïsme en hebzucht. Niet verwonderlijk dus dat liberalen bijna overal inmiddels een politieke minderheid vormen. De VVD houdt in sommige peilingen nog maar 12 van de huidige 22 zetels over; in andere Europese landen doen de liberalen het niet veel beter.

Het ironische is dat de neergang van het liberalisme vooral te wijten is aan het ongekende succes ervan. De meeste idealen van de grondleggers, onder wie met name John Stuart Mill (1806-1873) en Adam Smith (1723-1790), zijn in de afgelopen eeuw gerealiseerd. We weten onderhand eigenlijk niet beter dan dat vrijheid van meningsuiting, vrijheid van godsdienst, keuzevrijheid, de scheiding van kerk en staat en vrije kapitaalverwerving centrale waarden in de westerse samenleving zijn. Met een pleidooi voor individuele vrijheid kan een liberale partij zich nauwelijks nog onderscheiden: *alle* politieke partijen onderschrijven tegenwoordig die waarde. Ze compenseren weliswaar – anders dan een liberaal zou doen – de autonomie van het individu met andere waarden, zoals gelijkheid (SP, PvdA), gemeenschapszin (CDA, ChristenUnie), duurzaamheid (GroenLinks, Partij voor de Dieren) of de natie (PVV, ToN), maar aan de waarde zelf wordt nauwelijks getornd. En ook het ideaal van de vrije markt is ondanks de kredietcrisis nog altijd een breed gedragen principe. Zelfs de SP, toch de grootste pleitbezorger van planeconomisch beleid in Nederland, is niet per definitie tegen de vrije markt; ze wil hooguit de excessen corrigeren.

Maar juist de zegetocht van het liberale denken is zijn grootste tegenstander geworden. Voor veel maatschappelijke problemen wordt het liberalisme nu direct of indirect verantwoordelijk gesteld, in het bijzonder voor vier kwesties die het politieke debat al jaren domineren: het milieuprobleem, de economische ongelijkheid, het gebrek aan maatschappelijke samenhang en – in het verlengde daarvan –

het gebrek aan morele zingeving. Zo heeft de vrije markt, zeggen critici, de mens gereduceerd tot consument, die met zijn onstuitbare consumptiedrang het milieu ernstig schade toebrengt en in hoog tempo de natuurlijke hulpbronnen verbruikt. Ook heeft de vrije markt volgens hen geleid tot buitenproportionele salarissen voor topmanagers en topambtenaren, waardoor de kloof tussen arm en rijk wordt vergroot. De nadruk op individuele vrijheid heeft bovendien de maatschappelijke cohesie aangetast. Migranten, die voor de wederopbouw massaal naar ons land waren gehaald, mochten zich van de liberaal terugtrekken in hun eigen wereldbeeld, gemeenschap en kerk – en tegelijkertijd individualiseerde ook de autochtone bevolking. Uiteindelijk zorgden de ontzuiling en ontkerkelijking voor een sterk gevoeld gebrek aan morele zingeving, waar het liberalisme geen antwoord op had.

Als ideologie is het liberalisme namelijk een 'metavisie': het legt het morele primaat bij het kunnen maken van vrije keuzes, maar spreekt zich niet uit over de *inhoud* van die keuzes. De enige morele leidraad die het te bieden heeft, is het schadebeginsel van Mill: de vrijheid van het individu houdt op waar die een ander schade berokkent. Die leidraad is maar weinig dwingend; hij zegt niets over wat het inhoudt om een 'goed' leven te leiden. Zieke kinderen verzorgen in Afrika of de hele dag televisie kijken op de bank: het is de liberaal moreel gezien om het even. In een samenleving waarin het geloof en de gemeenschap een steeds bescheidener rol zijn gaan spelen, maar de behoefte aan een eigen identiteit juist weer sterk is toegenomen, is zo'n 'waardenloze' ideologie niet langer afdoende – de burger wil meer dan vrijheid alleen.

Moreel voldoet het schadebeginsel dus niet, en het is bovendien de vraag of het in een geglobaliseerde wereld ook als politiek uitgangspunt nog wel bruikbaar is. Menselijke activiteiten zijn immers steeds meer met elkaar verweven geraakt. De wereld is 'platter' geworden, zoals de Amerikaanse columnist Thomas Friedman het noemt; wat iemand hier doet, kan (onbedoeld) een negatief effect hebben op mensen duizenden kilometers hiervandaan. Wie in een energieverspillende suv rijdt, draagt bij aan het klimaatprobleem en is misschien wel medeveroorzaker van een overstroming in Bangladesh. Wie nog een oude koelkast heeft, vergroot het gat in de ozonlaag en is dus misschien wel medeverantwoordelijk voor de huidkanker van mensen in Ecuador. Of neem de kredietcrisis: dat Amerikaanse bankiers uit hebzucht ongedekte hypotheken hebben verstrekt, heeft uiteindelijk ook Nederlandse banken en beurzen in ernstige problemen gebracht. Het schadebeginsel biedt hier geen uitkomst meer: op wereldschaal kan alles onder het begrip schade worden geschaard. De globalisering dwingt daarom tot een 'ander soort ethiek', zegt de Australische filosoof Peter Singer (1946) in zijn boek *One World* (2002) – een ethiek die de morele verantwoordelijkheid voor het handelen niet langer bij het individu legt, maar bij de *wereldgemeenschap als geheel.*

Het is de vraag of Mark Rutte beseft dat dit de grote filosofische uitdaging is waar zijn partij voor staat. In de nieuwe beginselenverklaring geeft hij weliswaar te kennen dat het liberalisme aan herijking toe is, maar inhoudelijk blijkt er van die herijking nog weinig. Nog altijd beschouwt de vvd 'de individuele vrijheid, zowel in geestelijk als in materieel opzicht als hoogste goed'. Rutte voegt daaraan toe dat 'vrijheid en verantwoordelijkheid onlosmakelijk met elkaar verbonden zijn', maar die verantwoordelijkheid blijkt niet veel verder te strekken dan dat ieder mens 'rekening houdt met de vrijheid van anderen en met de vrije samenleving als geheel'. De vrijheid van de een houdt dus pas op waar de *vrijheid* van een ander wordt belemmerd. Maar wat betekent dat? Belemmert het rijden in een suv de vrijheid van een ander? Of het eten van vlees? Of het sluiten van slechte leningen?

In de achttiende en negentiende eeuw, toen de liberaal de mens wilde bevrijden van de tirannieke overheid en de allesoverheersende godsdienst, was meer vrijheid de magische formule waar de samenleving behoefte aan had. Maar nu die bevrijding grotendeels voltooid is, is ze eerder een probleem geworden. Op dat probleem zal de liberaal nodig een nieuw antwoord moeten vinden.

De dag dat het kabinet de vrije wil afschafte

Op 13 januari 2008 werden negen betogers, onder wie Tweede Kamerlid Tofik Dibi van GroenLinks, op de Dam in Amsterdam gearresteerd, omdat zij posters bij zich droegen waarop PVV-leider Geert Wilders een 'extremist' werd genoemd, die 'u en de samenleving ernstige schade' toe zou brengen. Justitie vond die uitlatingen te ver gaan.

Wilders zelf noemde de arrestaties daarentegen onterecht, omdat ze indruisten tegen de vrijheid van meningsuiting en betoging, maar vond wel dat de uitlatingen van de demonstranten 'een sfeer zouden kunnen creëren die tot geweld tegen hem zou kunnen leiden'.

Die reactie van Wilders doet denken aan het tijdperk-Fortuyn – waarin vaak werd gesproken van de 'demonisering' van de LPF-leider – maar past ook in een politieke tendens na Pim Fortuyn: steeds vaker wordt (potentieel) gewelddadig of andersoortig onacceptabel gedrag niet aan het autonoom handelende individu toegeschreven, maar aan factoren buiten hem, zoals 'het politieke klimaat' of 'de maatschappelijke sfeer'. Ook worden vaker oorzaken als provocerende films of gewelddadige computerspellen aangevoerd als bepalende factoren van het menselijk handelen. Zo wilde een Kamermeerderheid van SP, VVD, PvdA en SGP begin december 2007 nog een verbod op het 'gewelddadige computerspel' Manhunt 2. Het voorgenomen verbod werd kracht bijgezet door een verband te schetsen tussen het spelen van het spel en het plegen van geweld in het echte leven. De game zou 'aanzetten tot geweld'. Precies om die reden bepleitte Geert Wilders ook een verbod op de Koran; volgens hem zou er direct verband bestaan tussen het aanhangen (of lezen, dat is niet duidelijk) van dat 'fascistische boek' en geweldpleging. Hoe plausibel is dat eigenlijk? Getuige de twee kampen die in dit soort kwesties altijd lijnrecht tegenover elkaar staan, is dat uiterst moeilijk te bepalen. Het ene kamp stelt dat het verband tussen geweldpleging en gewelddadige of provocerende boeken, films, games, demonstraties of andere uitlatingen vaststaat of op z'n minst plausibel is. Het andere kamp ontkent dat verband in alle toonaarden, of noemt het 'niet aangetoond'. Nu is de vraag of dergelijke verbanden daadwerkelijk bestaan, praktisch niet te beantwoorden. Maar een beter begrip van de twee posities kan wel worden verkregen door de vraag te stellen: hoe vrij is de menselijke wil? Het gaat er immers om of bepaalde zaken een (negatieve) invloed uitoefenen op het menselijke handelen – dus de vraag is hoe autonoom de mens eigenlijk is. Geen kleine vraag, maar een minutieuze filosofische verkenning kan verhelderend zijn.

Twee uiterste antwoorden zijn mogelijk. Ofwel de mens is volledig vrij in zijn handelen – niets is van bepalende invloed, behalve zijn eigen wilsbesluit. Ofwel de mens is in zijn geheel niet vrij – het menselijk handelen is dan volledig gedetermineerd door invloeden van buitenaf. Welke positie de juiste is, daarover bestaat in de filosofie totaal geen consensus, hoewel – door voortschrijdende wetenschap – steeds meer denkers neigen naar de laatste: de wil is (deels) gedetermineerd. Dat was echter allerminst de opvatting van de Franse filosoof René Descartes (1596-1650). Zijn filosofie over de wilsvrijheid kan met recht worden omschreven als een soort 'fundamentalisme van de vrije wil'. 'De vrijheid van de wil is zo groot, dat het idee van iets groters voorbij mijn voorstellingsvermogen ligt', schreef Descartes reeds in 1641. De wil wordt 'op geen enkele manier beperkt' en is zelfs 'niet minder vrij, in formele zin' dan die van God, stelde hij. Het standpunt van Descartes klinkt radicaal, maar is best voorstelbaar. Zelfs als je met een pistool tegen je hoofd gedwongen wordt je pincode te geven, dan nog kun je zwijgen. Een mens heeft, fysieke dwang daargelaten, in zijn hoofd altijd de keuze om iets wel of niet te doen. Rationeel bekeken is onze keuzevrijheid onbeperkt groot. Althans, volgens Descartes.

Daar zijn de deterministen het echter niet mee eens. Zij stellen dat de menselijke wil – hoe mensen denken, zich voelen en dus handelen – volledig wordt bepaald door invloeden van buitenaf, zoals de natuur of de cultuur – en alle denkbare onderdelen daarvan, zoals opvoeding, taal en toevallige ervaringen. Of als je een theologisch determinist bent: God. Nu lijkt dat in het dagelijks leven niet het geval te zijn. De ervaring is dat je zelf bepaalt wat je doet. Maar het punt is hier niet of je zelf je 'eigen' beslissingen neemt. Nee, de vraag is of de redenen voor die beslissingen ook *uit jezelf* komen. De Duitse denker Arthur Schopenhauer (1788-1860) vatte dit probleem nog wel het treffendst samen toen hij stelde: 'Kun je willen wat je wil?'.

Of anders gezegd: wie of wat bepaalt wat ik wil? De games die ik speel? De boeken die ik lees? De God waarin ik geloof? De provocerende uitlatingen die ik hoor? Of toch alleen ik zelf en niets of niemand anders? Het is een ondoorgrondelijk vraagstuk. Toch blijft het constant in het politieke debat terugkeren. En het lijkt erop dat het deterministische denken aan terrein heeft gewonnen. Er worden de laatste tijd talloze 'verboden' voorgesteld met als onderliggende motivatie dat de mens een door externe invloeden bepaald wezen is. Dat is ook terug te zien in de discussie rondom de 'seksualisering' van de samenleving: feministische critici hebben groeiende aanhang in hun klacht dat vrouwen een seksueel 'ideaalbeeld' krijgen opgedrongen, waardoor ze, zonder het zelf eigenlijk te willen, hun toevlucht nemen tot dure make-up of plastische chirurgie.

Of dat klopt, daar geeft de filosofie geen uitsluitsel over. Maar de wilsvrijheid zal ook in de filosofie altijd wel een belangrijk onderwerp van discussie blijven, omdat wilsvrijheid een noodzakelijke voorwaarde voor moreel handelen is. Als onze wil niet vrij is, kunnen we ook niet 'goed' of 'fout' handelen: we kunnen dan niet verantwoordelijk worden gesteld voor onze daden. Daarom veronderstelt iedere wereldgodsdienst, naast de almacht van God, ook de vrije wil van de mens: anders is gehoorzaamheid aan Gods morele wetten onmogelijk. En precies dat maakt kwesties als het verbieden van 'provocerende' demonstraties, 'gewelddadige' games of 'fascistische' boeken op grond van hun vermeende negatieve invloed – of die nu bestaat of niet – ook altijd precair. De morele veronderstelling waarop ons rechtssysteem gebouwd is – de vrije wil – wordt dan namelijk aangetast. De oorzaken van ons handelen worden dan buiten de mens gelegd. Daarom zal geen rechter ooit een moordenaar vrijspreken omdat hij tot zijn wandaden werd 'aangezet' door een boek, een computerspel of een poster van GroenLinkser Tofik Dibi: dan kun je de hele rechtspraak wel opdoeken.

Maar deze absolute verantwoordelijkheid is politiek niet houdbaar. Want je zou dan ook kunnen concluderen dat zelfs een wapenverbod nergens op slaat: dat iemand een wapen heeft, maakt toch niet automatisch dat hij het gebruikt? Vanuit dat perspectief bezien is het dus ook weer niet totaal onlogisch dat bepaalde posters, games of boeken worden verboden omwille van de mogelijke consequenties. Daarom schipperen de meeste politici ook constant in hun standpunt. Een verbod op de Koran? Nee, want dat is een kwestie van 'interpretatie'. Een verbod op *Manhunt 2*? Ja, want dat 'zet aan' tot geweld. Geert Wilders is op dit gebied veruit de meest inconsistente van alle politici: het verband tussen geloven in de Koran en afkeurenswaardig gedrag is voor hem bijna een gegeven, maar hij toont zich tegelijkertijd een enorme protagonist van de vrije wil als het erom gaat van je geloof af te vallen. Ook verdedigt de pvv-leider het recht van demonstranten om tegen hem te betogen, terwijl hij wel van mening is dat het 'een sfeer van geweld' jegens hem creëert. Maar waarom zou 'provocerend' demonstreren wél mogen en een 'gewelddadige' religie belijden niet?

43

Uit het gedraai valt uiteindelijk meestal maar één ding op te maken: dat dit soort kwesties vooral gaat om het maken van politieke statements. Of de samenleving zonder bepaalde games, boeken, demonstraties of uitlatingen nu echt beter of veiliger wordt of niet, weet in ieder geval niemand. Zeker de politici in Den Haag niet.

Het vrije woord als het recht om te twijfelen

Mag je een politicus uitmaken voor extremist? Of de koningin voor hoer? Mag je een religie achterlijk noemen? En de aanhangers ervan geitenneukers? Mag je oproepen tot een verbod op een heilig boek? Of dat boek beschimpen in een film? En mag je homoseksualiteit een ziekte noemen? Of andersdenkenden afvallige varkens? Geen enkele vrijheid is de afgelopen jaren zo vaak ter discussie gesteld als de vrijheid van meningsuiting. Toch lijkt de vraag waar het allemaal om draait nog steeds niet beantwoord. Wat mag je nu zeggen en wat niet? Of formeler uitgedrukt: heeft de vrijheid van meningsuiting grenzen, en zo ja, waar liggen die dan? Die vraag is zo complex dat een eenduidig antwoord erop onmogelijk lijkt. Kúnnen de grenzen van het vrije woord eigenlijk wel 'objectief' vastgesteld worden? Nadere bestudering van de aard van vrije meningsuiting leert dat *die* vraag in feite het antwoord al verraadt.

Allereerst moet worden opgemerkt dat ieder soort vrijheid noodzakelijkerwijs grenzen veronderstelt. Zonder grenzen – dit mag wel en dit mag niet – is er geen sprake meer van vrijheid. Grenzeloze vrijheid is namelijk *doelloos*: ze dient nergens toe. Zo neemt de keuzevrijheid toe naarmate het aantal keuzes toeneemt, maar is de keuzevrijheid *verdwenen* zodra het aantal keuzemogelijkheden oneindig is. Er is dan namelijk geen (waarneembaar) verschil meer tussen de keuzes, en dus geen *reden* om het ene boven het andere te verkiezen.

Zo geldt ook voor de vrijheid van meningsuiting dat deze vrijheid 'niet bestaat' als *alles* gezegd mag worden. Want, zoals de Amerikaanse filosoof Stanley Fish (1938) opmerkt in zijn boek *There Is No Such Thing As Free Speech* (1994): 'Zonder restrictie, zonder een ingebouwd begrip van wat betekenisloos of verkeerd is om te zeggen, is er geen spreken mogelijk en geen reden meer om te spreken.' Daarmee bedoelt Fish: je mening kenbaar maken heeft alleen zin als je er iets mee beoogt; als de expressie een bepaald doel dient. Zou alles gezegd mogen worden, dan zou dat betekenen dat ieder doel even gerechtvaardigd is om na te streven, en dat is onmogelijk. Want het hebben van een doel betekent per definitie dat je een ander (tegengesteld) doel afwijst.

Daarom, stelt Fish, vereist meningsvrijheid grenzen op grond van een 'conceptie van het goede' – een idee van wat 'goed' is (nastrevenswaardig) en 'kwaad' (afkeurenswaardig). Zonder zo'n idee zou het vrije woord niets anders zijn dan het recht 'om geluid te maken', zegt Fish. En dat willen we niet, want dan zouden uitingen betekenisloos worden en zou spreken zinloos zijn. Maar nu komt het grote probleem: wat *is* 'goed' en 'kwaad'? Daarover heeft nog nooit enige consensus bestaan. Een conceptie van het goede betekent nog geen *definitie* van het goede. Dat iemand een bepaald idee heeft over wat goed is en wat niet, maakt nog niet dat zijn idee algemene geldigheid bezit. De grenzen van de vrijheid – en dus ook van meningsvrijheid – liggen daarom voor ieder mens ergens anders, afhankelijk van zijn wereldbeeld. En zolang een allesomvattende consensus ontbreekt, is het definitief vaststellen van die grenzen dus ook *onmogelijk* – want niemand heeft de waarheid over 'goed' en 'kwaad' in pacht.

Een filosofisch uitzichtloze situatie dus. Maar juist dat uitzichtloze biedt een onverwacht aanknopingspunt. Want dat een definitie van 'goed' en 'kwaad' niet voorhanden is, is precies de reden waarom we vrijheid van meningsuiting hebben. De *core rationale* van meningsvrijheid is immers: het waarborgen van een vrij en open debat over 'goed' en 'kwaad'. Het doel daarvan is niet om uiteindelijk vast te stellen wat de ware aard van 'goed' en 'kwaad' werkelijk is.

Integendeel, meningsvrijheid dient er, als principe, juist toe *nooit tot die vaststelling te komen*. Daarom heet het *menings*vrijheid: iedereen mag zijn persoonlijke idee van goed en kwaad uiten, omdat niemand de definitie ervan in pacht heeft. Het zijn meningen, geen waarheden.

De essentie van vrije meningsuiting is dus eigenlijk dat ze een 'absolute' morele waarheid principieel opschort. Dat maakt meningsvrijheid tot een *onmogelijke* vrijheid: ze vereist grenzen, gebaseerd op een idee van goed en kwaad, maar ze verwerpt zelf, als principe, de vaststelling *van dat idee* en dus *van haar eigen grenzen*. Zou de mens wel een morele waarheid tot zijn beschikking hebben, dan hoefde hij goed en kwaad niet langer te bediscussiëren en was er geen meningsvrijheid meer nodig. De constatering van Stanley Fish dat een grenzeloze meningsvrijheid 'niet bestaat', omdat ze doelloos is, klopt dus wel, maar dat is precies wat vrijheid van meningsuiting pleegt te zijn: een vrijheid die goed en kwaad *ter discussie stelt* en daarmee haar eigen 'verwezenlijking' oneindig uitstelt. Een paradox dus: we bediscussiëren goed en kwaad zonder ooit tot een conclusie te (mogen) komen.

Fish komt met een pragmatische oplossing voor deze tegenstrijdigheid. Hij vindt dat de grenzen op een 'antiprincipiële' manier moeten worden vastgesteld door 'iedere situatie afzonderlijk' op haar merites te beoordelen. Dat is echter weinig bevredigend. Het betekent namelijk dat de grenzen van het vrije woord bepaald worden door de toevallige opvattingen van diegene die de grenzen stelt. Dat zag men bijvoorbeeld bij de Wilders-demonstratie. Het Openbaar Ministerie *vond* de kwalificatie 'extremist' te ver gaan. Maar ja, dat *vonden* de betogers natuurlijk niet. En wie gelijk heeft, staat juist ter discussie.

De conclusie die ik uit de paradox heb getrokken, is dat meningsvrijheid een *absolute* vrijheid is. Uit het feit dat meningsvrijheid goed en kwaad niet als gegeven accepteert, en dat daardoor haar grenzen niet te bepalen zijn, volgt automatisch dat alles gezegd mag worden. *Niemand* heeft het recht om een ander op grond van zijn persoonlijke opvattingen het zwijgen op te leggen – want zou dat wel zo zijn, dan had *iedereen* dat recht. Deze patstelling kwam het mooist tot uiting toen Geert Wilders in 2007 pleitte voor een verbod op de Koran. 'De ironie wil', merkte de jurist Frank Kuitenbrouwer destijds scherp op, 'dat de bezwaren tegen Wilders' pleidooi voor een Koranverbod evenzeer opgaan voor de roep om een strafrechtelijke vervolging van de politicus vanwege dit pleidooi'.

Uit het voorgaande volgt, volgens mij, dat vrijheid van meningsuiting *het recht om te twijfelen* is; het recht om een eigen waarheid of wereldbeeld te uiten, maar vooral ook om waarheden en wereldbeelden te betwijfelen; om een definitieve vaststelling van 'goed en kwaad' op te schorten door onophoudelijk de ideeën van anderen te bediscussiëren. Anders gezegd, het vrije woord is het *moreelrelativistische* fundament onder onze samenleving. Het probleem is echter dat de maatschappelijke context hier volledig uit het oog is verloren. Ook een samenleving die niet onder het juk van een absolute morele waarheid (een staatsideologie) valt, heeft wel degelijk een gedeeld idee van goed en kwaad. We zijn niet allemaal morele relativisten. Maar *welk* idee moeten we dan als ons gedeeld idee van goed en kwaad beschouwen?

Het meest voor de hand liggende antwoord daarop is: *de wettelijke orde*. Ons wetboek is het – voorlopige – resultaat van de doorlopende discussie over wat goed is (toegestaan) en niet goed (verboden). Dus, de enige grens van de vrije expressie moet dus daar liggen waar iemand de intentie uitspreekt om een van de op dat moment geldende wetten te overtreden. Uitingen als 'ik ga Jan vermoorden' of 'ik ga het parlementsgebouw opblazen' zouden dus – mits op waarde geschat – tot vervolging moeten leiden. Daarbij moet wel worden aangetekend dat alle wetten in het wetboek die het vrije woord zelf beperken (smaad, godslastering, belediging) buiten beschouwing kunnen worden gelaten. Het vrije woord is immers *voorwaarde* voor democratisch verkregen wetten. Zonder publiek debat hebben we geen 'gedeeld idee van goed en kwaad', dus kan niet bij voorbaat in de wet worden vastgelegd waar het publieke debat wel of niet over mag gaan.

Pleiten voor afschaffing of verandering van de wet kan in een democratie dus ook nooit strafbaar zijn. Wilders mag in alle vrijheid zeggen dat hij artikel 1 (het recht op gelijke behandeling) wil afschaffen. En ook de Partij voor Naastenliefde, Vrijheid en Diversiteit (PNVD), beter bekend als de 'pedopartij', heeft het recht om legalisering van seks met minderjarigen te bepleiten. De partijleden uiten immers niet de intentie seks met kinderen te hebben. Ze stellen alleen dat de strafbaarstelling ervan moet worden opgeschort. En daar draait het uiteindelijk om: het vrije woord dient er toe onze opvattingen in beweging te houden. Meningsvrijheid is eigenlijk gebaseerd op de *feilbaarheid* van de mens: we weten niet wat 'goed' en 'kwaad' is, dus mogen we er oeverloos over van mening verschillen. Zo wordt voorkomen dat iemands mening een morele 'waarheid' wordt.

In de praktijk heeft dat als groot nadeel dat opvattingen die door bijna iedereen als fout worden beschouwd ook bestaansrecht krijgen. Maar het voordeel weegt daar dubbel en dwars tegen op: geen enkele opvatting kan, zolang er meningsvrijheid bestaat, ooit tot absolute waarheid worden verheven. Dus om de filosoof Ludwig Wittgenstein (1889-1951) te parafraseren: van dat waarover niet kan worden gezwegen, mag men spreken, zolang aan dat waarover wordt gesproken, mag worden getwijfeld.

Waarom de vrijheid van godsdienst moet worden afgeschaft

Het kabinet-Balkenende IV stelde in januari 2008 voor een 'beperkt boerkaverbod' in te voeren door het dragen van gezichtsbedekkende kleding 'op scholen en in ambtelijke functies' te verbieden. Onder dat verbod zouden, naast de islamitische sluiers, boerka en nikab, ook integraalhelmen, bivakmutsen en gezichtsbedekkende capuchons vallen. Het motief voor dit gedeeltelijke verbod was tweeledig: het verbod diende ter bevordering van de 'communicatie' en van de 'veiligheid' in de openbare ruimte.

Een algeheel boerkaverbod, waarmee het dragen van een sluier helemaal zou worden verboden, kwam er dus niet. De PVV had daartoe in 2005 al een initiatiefwet ingediend, die destijds ook door het CDA werd gesteund. Het kabinet is later echter van mening veranderd, omdat een dergelijk verbod 'in strijd zou zijn met de vrijheid van godsdienst' – een argument dat onmiddellijk terzijde werd geschoven door de VVD, die toen alsnog een motie indiende om alle gezichtsbedekkende kleding in de openbare ruimte te verbieden.

Op het eerste gezicht lijkt de redenering van het kabinet feilloos: in sommige situaties is een boerka of nikab op z'n minst onhandig, misschien zelfs gevaarlijk en in ieder geval niet wenselijk; in die gevallen moet de sluier in de ban worden gedaan. Maar de boerka en nikab zijn ondertussen wel uitingen van geloof: een algeheel verbod zou dus haaks staan op de grondwettelijk vastgelegde vrijheid van godsdienst enerzijds en de scheiding van kerk en staat anderzijds. Geen algeheel verbod dus.

Maar is die redenering wel zuiver? Een groot probleem is hier dat volstrekt onduidelijk is wat 'vrijheid van godsdienst' eigenlijk betekent. In formele zin verwijst dit begrip naar de vrijheid van burgers om een bepaald (religieus) wereldbeeld aan te hangen en te uiten – in woord en daad –, dus met bijbehorende rituelen zoals het dragen van sluier, kruisjes, of andere gewoontes. Maar in de praktijk blijkt keer op keer dat een dergelijke definitie van godsdienst zo vaag is, dat in feite alles onder de godsdienstvrijheid kan worden geschaard.

Dit probleem is al eerder gesignaleerd door Paul de Beer, filosoof en bijzonder hoogleraar Arbeidsverhoudingen aan de Universiteit van Amsterdam, in zijn essay 'Waarom vrijheid van godsdienst uit de grondwet kan' (*Socialisme & Democratie*, 2007). De Beer merkt op dat de term godsdienst (of religie) 'ondefinieerbaar' is. Op grond waarvan kun je eigenlijk bepalen wat een godsdienst is, vraagt hij zich af. Want 'waarom beschouwen we christendom, jodendom, islam, hindoeïsme en boeddhisme als godsdiensten, maar astrologie, new age, geloof in kabouters en de satanskerk niet? En hoe zit het eigenlijk met scientology, winti en holisme?' De Beer legt hier de vinger op de zere plek: *alle* overtuigingen die een mens kan hebben, zijn in zekere zin 'geloofsovertuigingen' – dat sommige van die overtuigingen onder de noemer van een bepaalde godsdienst of religie worden geschaard, is niets meer dan een toevallige, historische samenloop van omstandigheden. Dat wil zeggen: er is geen toetsbaar criterium voor. Je zou met enige fantasie ook de wetenschap een geloof kunnen noemen; een stelsel van overtuigingen met bijbehorende rituelen (proefjes) en geschriften (wetenschappelijke publicaties). Maar vallen dierproeven of genetische manipulatie daarmee dus automatisch onder vrijheid van godsdienst?

Dat klinkt absurd, maar zo onwaarschijnlijk is het niet. Paul de Beer roept in zijn interessante essay een mooi voorbeeld in herinnering dat illustreert hoe rekbaar het begrip godsdienstvrijheid is. Begin 2007 kreeg een man tegen alle regels in zijn identiteitsbewijs met een foto waarop hij als clown was geportretteerd; het werd toegestaan omdat de man claimde dat dat 'zijn levensovertuiging' was. En er zijn meer voorbeelden denkbaar. Zo staat godsdienstvrijheid ook op gespannen voet met drugsgebruik. Rastafari's – aanhangers van een religieuze beweging, begin jaren dertig begonnen in Jamaica – beschouwen het roken van cannabis als onderdeel van hun godsdienst. Zouden de Verenigde Staten dat dan niet moeten toelaten? De Amerikaanse rechtbank oordeelde in 1998 van niet, maar de motivatie daarvoor blijft onduidelijk. In Nederland haalde een vergelijkbaar voorbeeld het nieuws: ruim elfduizend orthodoxe christenen zijn ondanks de verzekeringsplicht niet verzekerd voor ziektekosten, omdat zij vinden dat verzekeringen 'een motie van wantrouwen zijn ten aanzien van God'. Deze redenatie hoeft maar iets verder te worden doorgetrokken en ook de belastingplicht kan worden opgedoekt, omdat 'alleen God recht heeft op onze middelen'.

Dat het dragen van een boerka of nikab niet verboden zou moeten worden omwille van de godsdienstvrijheid klinkt dus wel aannemelijk – het betreft zelfs een mensenrecht –, maar is zo evident nog niet. Sterker nog, Paul de Beer concludeert terecht dat de staat onvermijdelijk in een spagaat verkeert: zowel het verbieden als het toestaan van dit soort religieuze uitingen tast hoe dan ook de scheiding tussen kerk en staat aan, omdat het 'de staat dwingt een oordeel te vellen over het geloof'. Want, 'als de overheid positie kiest ten aanzien van een geloof, geeft ze per definitie een interpretatie aan dat geloof'.

De Beer stelt daarom dat de vrijheid van godsdienst 'uit de grondwet moet worden geschrapt'. Dat klinkt radicaal, maar is gezien het voorliggende dilemma een volstrekt juiste conclusie. Voor de belijders van godsdiensten verandert er namelijk niets: de vrije uitoefening van het geloof wordt nog altijd gegarandeerd door de vrijheden van meningsuiting, vergadering en vereniging. Maar met het verdwijnen van de godsdienstvrijheid verdwijnt wel het onheuse

en niet vast te stellen onderscheid tussen overtuigingen en praktijken die men toevallig 'religieus' heeft gedoopt, en overtuigingen
en praktijken die dat predicaat niet hebben gekregen. Dat biedt de
mogelijkheid om wereldbeelden en bijbehorende rituelen strikt te
beoordelen op enkel praktische gronden: de boerka hoeft dan niet
als religieuze uiting te worden beschouwd, maar kan gewoon als
kledingstuk gelden. Of het dragen ervan zou mogen of niet, is dan
afhankelijk van de mate van zelfbeschikking die burgers in zo'n geval toekomt, niet van de godsdienstvrijheid. Dat betekent overigens
niet dat de sluier dan maar moet worden toegestaan: ook naakt over
straat gaan is in Nederland verboden, op grond van verstoring van
de openbare orde. Getoetst zou dus moeten worden in hoeverre die
overweging ook voor de boerka of nikab opgaat. Maar, stelt De Beer,
het zou verder niet moeten uitmaken 'waarom iemand een boerka
draagt'.

Het grote voordeel van het schrappen van artikel 6 is dan ook dat
op die manier wordt voorkomen dat dit soort discussies zich richt
op de verkeerde vraag. Dat toenmalig minister Ella Vogelaar (Integratie, PvdA) het pleidooi van Geert Wilders voor een Koranverbod
verwierp omdat we in Nederland 'godsdienstvrijheid hebben', is daar
een goed voorbeeld van: de kwestie zou niet moeten zijn of hier de
godsdienstvrijheid in het geding is, maar of voor de Koran de vrijheid van drukpers geldt, stelt De Beer. Want wat maakt de Koran tot
een onaantastbaar, godsdienstig boek, terwijl bijvoorbeeld Hitlers
Mein Kampf verboden is? Zou je het laatste boek niet evengoed de
'Bijbel' van het nazisme kunnen noemen?

Een staat die de scheiding van kerk en staat hoog houdt – hetgeen
betekent dat hij zich principieel niet uitlaat over de waarde of waar-
achtigheid van de verschillende wereldbeelden en levensovertuigingen van burgers –, heeft dit soort oordelen dan ook niet te vellen. De
vraag of iets 'godsdienstig' is of niet, is aan burgers zelf en zou voor
de staat irrelevant moeten zijn. Daartoe zouden in de grondwet dus

alle wereldbeelden als gelijk moeten worden beschouwd. Het onderscheid tussen religieuze en andersoortige overtuigingen zou dan losgelaten moeten worden, door de vrijheid van godsdienst op te laten gaan in de vrijheid van meningsuiting, vergadering en vereniging. Dat voorkomt, zoals De Beer terecht stelt, de vraag 'welke rechten burgers op grond van hun godsdienst of hun levensovertuiging hebben die anderen niet hebben'.

Gelijke monniken, gelijke kappen dus. Of die kap nu een islamitisch kledingvoorschrift is of niet.

Het islamdebat of het verschil tussen mannen en vrouwen

Het islamdebat in Nederland, dat al sinds de opkomst van Pim Fortuyn in de landelijke politiek verwoed wordt gevoerd, kan grofweg worden opgedeeld in twee kampen. Aan de ene kant staan de zogenoemde 'toonmatigers', zoals journalist Sjoerd de Jong, columnist Frits Abrahams en de PvdA-fractie. Zij hebben herhaaldelijk hun beklag gedaan over de onfatsoenlijke of te harde toon van islamcritici. Vrijheid van gedachtegoed, prima, maar is het nodig om een gelovige bevolkingsgroep consequent weg te zetten als achterlijk en haar profeet als pedofiel of barbaar? Juist de vrijheid die de islamcritici zeggen voor te staan, wordt daarmee in een kwaad daglicht gesteld, menen de toonmatigers. En het beoogde doel – de emancipatie van moslims – blijft buiten bereik.

Aan de andere kant staan de principiële vrijdenkers, zoals Paul Cliteur, Afshin Ellian, Geert Wilders en de VVD-fractie. Zij noemen de toon van het debat irrelevant. Of eerder nog, de ophef over de toon is misschien wel het probleem. Vrijheid van gedachtegoed en meningsuiting staan boven gevoeligheden van mensen; het is het goed recht van bijvoorbeeld ex-moslim Ehsan Jami om God of een profeet een barbaar te noemen. De ophef die het teweegbrengt, bevestigt volgens de vrijdenkers juist het probleem met de islam, namelijk dat kritiek nauwelijks getolereerd wordt.

De grote vraag is natuurlijk: welk kamp heeft gelijk? Moet er meer rekening worden gehouden met de gevoelens van (gelovige) mensen? Of is een harde toon juist nodig om duidelijk te maken dat iedere overtuiging mag worden bekritiseerd, of dat nu als kwetsend wordt ervaren of niet? Het antwoord hangt af van uw politieke voorkeur, maar ook van het soort moraliteit dat u voorstaat. Is uw morele denken verwant met de empathische *ethics of care* of met de principiële *ethics of justice*? Het onderscheid tussen deze twee stromingen wordt nog niet zo lang gemaakt. Het kwam voor het eerst aan de orde in het boek *In A Different Voice* (1982) van de Amerikaanse feministe Carol Gilligan. Zij beschrijft daarin een psycho-ethisch experiment, waarin jongens en meisjes van rond de zes jaar een ethisch dilemma krijgen voorgelegd. Het dilemma is kort samengevat: een vrouw is dodelijk ziek; ze kan alleen gered worden door bepaalde medicijnen, die maar liefst 2000 dollar kosten. Haar man heeft niet genoeg geld om die medicijnen te kunnen betalen. De apotheker weigert zijn prijs te verlagen. Moet de man de medicijnen stelen?

Gilligan constateert een opvallend verschil tussen de antwoorden van de jongens en meisjes. De meerderheid van de jongens redeneert principieel. Hun antwoord varieert van: Ja, hij moet de medicijnen stelen, want het leven is meer waard dan geld, tot: Nee, hij moet de medicijnen niet stelen, want stelen is slecht. Dit duidt op een rationalistische moraal, waarbij negatieve consequenties – de apotheker wordt beroofd, de vrouw gaat dood – ondergeschikt worden gemaakt aan de gehanteerde principes – het leven is meer waard dan geld of stelen is slecht. De meisjes geven daarentegen blijk van een ander moreel bewustzijn. Zij trachten het ethische dilemma vaker dan de jongens op te lossen door hem te ontwijken. Zij zeggen: De man moet de apotheker het probleem voorleggen en de medicijnen gratis proberen te krijgen of: De man moet naar de bank gaan en een lening afsluiten. Dit morele denken staat haaks op dat van de jongens: het is niet principieel, maar empathisch. De consequenties – de moeder redden, de apotheker niet beroven – krijgen voorrang boven een of ander universalistisch principe.

Zo onderscheidde Gilligan twee soorten ethiek: de principiële, meer mannelijke *ethics of justice* en de empathische, meer vrouwelijke *ethics of care*. En precies deze twee denkwijzen zijn ook te onderscheiden in het islamdebat. De toonmatigers redeneren empathisch: de consequenties – het kwetsen óf emanciperen van moslims – zijn leidraad, niet het principe van de vrijheid van meningsuiting of godsdienst. De vrijdenkers redeneren daarentegen principieel: kwetsend of niet, de meningsvrijheid gaat voor. Met dit onderscheid is overigens nog geen inhoudelijk 'gelijk' aangetoond: dat is een politieke aangelegenheid. Sterker nog, je zou het onderscheid zelfs kunnen omdraaien door juist te stellen dat de toonmatigers principieel zijn; dat het rekening houden met (de gevoelens van) anderen een principe is – een principe van tolerantie, zoals Sjoerd de Jong ook heeft betoogd.

Gilligan zelf is hoe dan ook van mening dat principieel denken niet juister of beter is dan empathisch denken en vice versa. Beide denkwijzen schieten namelijk ieder op hun eigen manier tekort. Zo zullen de jongens zeggen: Wat nu als de apotheker voet bij stuk houdt en de bank geen lening geeft? Hun kritiek is: rekening houden met de mening van anderen maakt je moreel *afhankelijk* – en moraal behoort onafhankelijk te zijn. Immers, iets *is* gerechtvaardigd of niet. De jongens zijn ethische rationalisten: goed en kwaad bestaan los van de contingente werkelijkheid. De meisjes zullen het daar niet mee eens zijn. Zij zullen zeggen: Hoe kun je nu iets goed doen door iets fout te doen? of: Het dilemma heeft meer dan één oplossing. Hun kritiek is: principes zijn prima, zolang ze het gewenste effect maar hebben. De meisjes zijn ethische pragmatisten: goed en kwaad bestaan niet los van de contingente werkelijkheid.

Om te weten aan welke kant u in het islamdebat staat, hoeft u zich dus alleen af te vragen wat voor u belangrijker is: het principe of het effect? En geen angst: uw antwoord zegt niet per definitie iets over uw geslacht. Dat hebben de heren toonmatigers wel bewezen.

Zachte sprekers hoor je niet

Door de beslissing van museumdirecteur Wim van Krimpen om de omstreden foto's van kunstenares Soorah Hera van islamitische homoseksuelen niet tentoon te stellen in het Haags Gemeentemuseum, laaide de discussie over 'vrijheid' versus 'toonmatiging' na een periode van stilte eind 2007 wederom op. Hera zelf sloot zich, niet verwonderlijk, middels een open brief aan minister Plasterk (Onderwijs, PvdA) aan bij die principiële vrijdenkers: de vrijheid van meningsuiting staat hier op het spel, stelde zij. Maar ook voor directeur Van Krimpen was begrip: het recht op vrije meningsuiting betekent nog niet de plicht om te provoceren, of misschien zelfs te kwetsen. Voor de lieve vrede mag het soms ook wel een toontje lager, was het inmiddels bekende verweer van de toonmatigers.

Zelf heb ik langdurig over deze kwestie nagedacht. Van nature ben ik een principiële liberaal: geen hoger goed dan de vrijheid van meningsuiting, is mijn stellige overtuiging. Zelfs de opvatting van onder anderen Geert Wilders dat het er gewoon niet toe doet of iemand aanstoot neemt aan bepaalde uitingen, vind ik gevoelsmatig juist: in een samenleving waarin het vrije woord hoog in het vaandel staat, kun je maar beter tegen een (mentaal) stootje kunnen. Toch ben ik niet ongevoelig voor de argumenten van hen die pleiten voor een beetje rust in het openbare, maatschappelijke debat. Door het maatgevende, glasheldere betoog getiteld 'Wie de westerse cultuur wil verdedigen, matigt zijn toon – niet uit angst, maar uit fatsoen' van Sjoerd de Jong, begin september 2007 in *NRC Handelsblad*, ben ik zelfs bijna van mijn 'geloof' gevallen.

Met zijn standpunt dat een 'analyse van integratieproblemen en van het islamitisch terrorisme een rijker, en moderner, begrippenapparaat [vergt] dan het hopeloos afgetrapte duo "verlicht" en "achterlijk" aankan', kun je het haast niet oneens zijn. Ook zijn constatering dat er steeds een 'misvatting' in het spel is, namelijk dat 'de felste islamcritici de oproep om de toon van het debat te temperen bij voorkeur [opvatten] als een laffe poging om aardig te zijn voor gevaarlijke bullies, in de hoop dat ze je dan niet in elkaar slaan', klopt volledig. Zijn oproep tot toonmatiging om 'de meerderheid van niet-radicale moslims' voor de Nederlandse samenleving te winnen in plaats van hen ervan te vervreemden door steeds 'hun morele, religieuze, culturele en andere handicaps te blijven aanwijzen en aanklagen' is ook een schot in de roos. Want inderdaad, de verhitte toon ('liever polariseren dan islamiseren!') geeft de islamitische medeburger maar één signaal, zegt De Jong: dat we de moslims 'liever kwijt dan rijk' zijn.

En toch lijkt één aspect van het probleem in deze en andere pleidooien voor een empathischer houding en een gematigder toon, steeds over het hoofd te worden gezien. Dat aspect is dat aandringen op toonmatiging, retorische wervelwinden als Geert Wilders, die zich niets aantrekken van dit soort beroepen op fatsoen en redelijkheid, juist in de kaart speelt. Natuurlijk, iedere weldenkende burger of politicus zal de toonmatigers voetstoots gelijk geven. Bijna niemand vindt oprecht dat we ons collectief moeten verlagen tot het verbale geweld van Wilders en co. Maar het geval wil dat die gematigde houding twee kanten op werkt: in de richting van moslims, en dat is prima. Maar ook in de richting van wervelwind Wilders. En dat is het probleem.

De roep om een gematigde toon geeft Wilders een steeds groter politiek speelveld. Niemand aan de kant van het fatsoen durft zijn redelijkheid nog te verliezen – en dus is er geen enkele politicus die eens heel duidelijk maakt dat ook moslims 'godverdomme burgers van dit land zijn!' Nee, in plaats daarvan probeert het politieke establishment Wilders, net als de eigen toon, te sussen en te kalmeren: de Kamer is dan op z'n hoogst 'bezorgd' over zijn constante provocaties en zijn cinematografische aanklacht tegen de Koran. Maar dat is precies de houding die Wilders zijn tegenstanders graag ziet aannemen: daardoor krijgt hij keer op keer de gelegenheid om het establishment 'laf', 'slap', 'gek' of zelfs 'gevaarlijk' te noemen – en zetels te scoren. En iedere keer als er dan weer ergens in Iran een moslim uit zijn slof schiet, zegt hij: 'Zie je wel! En jullie doen niks!'

Begrijp me goed: ik heb alle begrip voor het *pragmatische* argument van de toonmatigers dat een beetje respectvolle toon zal bijdragen aan de integratie van nieuwkomers in onze maatschappij – en daarmee ook aan de verdediging van precies die waarden die we hoog willen houden. Wilders' retoriek werkt in de praktijk inderdaad volledig averechts: hij doet zelf de grootste afbreuk aan de waarden die hij zegt voor te staan. Maar dat pragmatische argument ondermijnt tegelijkertijd de positie van de 'fatsoenlijken': zolang Wilders zich niets aantrekt van de regels van een normaal, maatschappelijk debat, zet hij de toonmatigers – en zetten de toonmatigers zichzelf – steeds op een 3-0 achterstand in de polemiek. Niet voor niets moet men keer op keer toegeven dat Wilders weer eens 'het debat heeft gekaapt'. Zachte sprekers hoor je niet. Qua volume wint de ondubbelzinnige (ook de onzinnige) retoriek het altijd van de redelijkheid – in aandacht, en dus ook in stemmen. De toonmatigers schieten zichzelf met hun goedbedoelde overwegingen gewoon in de voet. Het is dan ook niet verwonderlijk dat er buiten de politieke arena al talloze stemmen opgaan om een 'tegenbeweging' op gang te brengen. Het lijkt namelijk alsof Wilders geen strobreed in de weg wordt gelegd.

En het ironische is dat de redelijke stem er ook hier als de kippen bij was om het initiatief van Doekle Terpstra in de kiem te smoren. Zo zei Alexander Pechtold (D66): 'Laat Wilders maar aan ons over.

Dit gevecht moet in de politiek worden gestreden.' Formeel gezien een juiste, maar in pragmatische zin, zoals het toonmatigers betaamt, een volstrekt zelfkastijdende kritiek. Want Wilders vecht 'dit gevecht' helemaal niet in die politieke arena waar Pechtold met zijn prachtige argumenten klaarstaat om terug te slaan. Nee, hij spreekt, over de hoofden van de Kamerleden die voor hem staan heen, rechtstreeks tot het volk. Hij argumenteert niet, maar oreert – het liefst in oneliners die het achtuurjournaal halen. Hij debatteert niet, maar leest de-islamiseringsplannetjes voor tijdens de Algemene Beschouwingen, als hij zeker weet dat het live op televisie komt. Hij bepleit niet, maar stuurt onhaalbare voorstellen naar de opiniepagina's van grote kranten, om zich daarna weken niet te laten horen in de media. Hij zit nooit bij *Pauw & Witteman*, waar hij kritische vragen kan verwachten (van Jort Kelder of Heleen van Royen), maar toont zich alleen voor de camera's van het NOS *Journaal*, zodat hij zeker weet: dit filmpje duurt toch niet langer dan twee minuten, dus veel weerwoord krijgen ze er niet in, met het resultaat dat de PVV virtueel op circa twintig zetels staat.

Dus even pragmatisch gesproken: meer redelijkheid en nuance, zoals Terpstra beoogt, of een 'rijker en moderner begrippenapparaat', zoals Sjoerd de Jong bepleit, het is prachtig, maar werkt met het oog op wat ze willen bereiken juist averechts. Doordachte analyses halen de krantenkoppen nu eenmaal niet, en al zouden de media de nuance wel goedgezind zijn, de aanhang van Wilders bereiken ze er niet mee. Dat soort redelijkheid en fatsoen zal vooral beklijven bij de mensen die het er toch al mee eens zijn. Anders had Wilders, na al zijn uitspattingen, in de peilingen toch allang op twee zetels gestaan in plaats van twintig? Een respectvolle toon heeft kortom alleen zin als alle spelers binnen de lijnen van dat veld lopen. Loopt er eentje structureel buiten en is er geen scheidsrechter om hem terug te fluiten, dan mondt het constante, met groot moreel besef wijzen op de regels van het spel al gauw uit in een geslaagde manier om jezelf buitenspel te zetten. De toonmatigers zeggen het zelf: wie klappen uitdeelt, kan ze terugverwachten. Waarom laten zij zich dan zo aftuigen in het politieke debat? Precies. Omdat het toonmatigers zijn.

Over waarheid en macht

De krant van Joris Luyendijk zou niemand lezen

Joris Luyendijk is een bejubeld journalist, schrijver en mediacriticus. Van zijn boek *Het zijn net mensen* zijn in krap twee jaar tijd meer dan tweehonderdduizend exemplaren verkocht. Er verscheen in 2008 zelfs een 'tegenboek' op zijn journalistieke pamflet getiteld *Het maakbare nieuws*. Daarin geven collega-journalisten hun visie op Luyendijks kritiek dat 'objectieve' journalistiek onmogelijk is en dat journalisten daarover eerlijk zouden moeten zijn. *nrc.next* wijdde er zelfs een compleet voorpaginaverhaal aan onder de kop 'Het (on)gelijk van Joris Luyendijk'.

De kritiek op Luyendijk die verwoord staat in *Het maakbare nieuws* is vooral van journalistieke aard; eerlijke verslaggeving is wél mogelijk, zegt bijvoorbeeld *NRC*-correspondent Bram Vermeulen – als journalisten hun werk tenminste serieus en goed uitvoeren. Hoofdredactrice Birgit Donker van *NRC* kaatste de bal op soortgelijke wijze naar Luyendijk terug: zijn eigen boek bewijst dat eerlijke journalistiek mogelijk is, aldus Donker. Maar er is nog een veel fundamenteler, filosofisch probleem met de gedachtegang van Luyendijk. Keer op keer laat hij blijken dat hij zijn eigen filosofische positie niet begrijpt. Dat wil zeggen, hij doorziet de *consequenties* van zijn eigen analyse niet. En wel hierom.

Luyendijks analyse van de journalistieke mechanismen berust bijna volledig op de filosofie van Friedrich Nietzsche (1844-1900) – een filosofie die bekendstaat als het *perspectivisme*. De centrale stelling daarvan is dat de wereld 'is' zoals de mens ernaar kijkt: al onze ideeën, observaties en oordelen worden bepaald door ons perspectief – en zijn dus nooit 'objectief', maar altijd 'subjectief' van aard.

In zijn essay *Over waarheid en leugen in buiten-morele zin* (1873) schrijft Nietzsche dan ook enigszins bombastisch: 'Er zijn geen feiten, slechts interpretaties.'

Het nietzscheaanse perspectivisme is ingewikkeld en behelst vele dimensies. Daarom is het inzichtelijker om het te illustreren aan de hand van een voorbeeld. Stel, je vraagt aan iemand uit het Westen hoe de wereld eruitziet. Grote kans dat hij zich dan de wereld voorstelt als onze westerse wereldkaart. Een Australiër zou die wereldkaart echter volledig omdraaien – voor hem is onder, wat voor ons boven is. Voor een Aziaat 'is' de wereld weer anders: hij ziet de wereld met Azië in het midden. Deze drie verschillende wereldbeelden zijn voor de westerling, de Aziaat en de Australiër afzonderlijk geen kwestie van smaak: de wereld is voor hen zoals zij zich die voorstellen. Een perspectief is voor de houder ervan altijd het 'juiste' perspectief. Dat is namelijk wat het tot iemands perspectief maakt: dat hij het voor 'waar' houdt.

Maar volgens Nietzsche bestaat een 'juist' wereldbeeld niet; waarheden zijn 'illusies waarvan men vergeten is dat het illusies zijn', schrijft hij. Een 'absoluut' perspectief is onmogelijk: alle observaties en oordelen zijn door de mens bemiddeld. Deze bemiddeling vindt volgens Nietzsche plaats op drie niveaus – niveaus die ook Luyendijk impliciet gebruikt in zijn kritiek op de journalistiek.

Ten eerste is *taal* niet objectief. Woorden zijn altijd abstracties en daardoor per definitie een incomplete afspiegeling van wat ze beschrijven. Zo noemen we iedere boom 'een boom', terwijl geen enkele boom hetzelfde is. Taal ontstaat zodoende 'door het gelijkstellen van het niet-gelijke', zegt Nietzsche. Iedere boom, ieder takje of blaadje apart benoemen is onmogelijk. Een beschrijving kan dus nooit 'volledig' zijn, tenzij we alles wat we in taal benoemen tot in het oneindige zouden specificeren – en dat kan niet.

Hierdoor zijn, ten tweede, ook de *oordelen* die wij in taal uitdrukken niet objectief. Want oordelen bestaan uit die generaliserende termen, die bovendien ook nog door onszelf bedachte betekenissen hebben. Zinnen als 'de aarde is rond' of 'de lucht is blauw' zeggen dus niet zozeer iets over de realiteit als wel over hoe mensen die realiteit zien, ervaren en omschrijven. Nietzsche zegt het zo: 'Als ik de definitie van een zoogdier opstel en vervolgens verklaar, na een kameel te hebben gezien: zie aan, een zoogdier, dan wordt daarmee weliswaar een "waarheid" aan het licht gebracht, maar die is van beperkte waarde. Ik bedoel, zij is door en door antropomorf, en behelst geen enkel punt dat los van de mens "waar op zich" of "algemeen geldig" is.'

Ten derde is dus ook ons (morele) *wereldbeeld* niet objectief. Onze opvattingen over wat goed en kwaad is, zijn persoonlijke voorkeuren die voortkomen uit ons metaforische wereldbeeld. Objectieve, morele waarheden bestaan volgens Nietzsche niet. Morele waarheden, zegt hij, zijn niets anders dan uitingen van een 'wil tot macht': pogingen om jouw persoonlijke opvattingen 'waar' te laten lijken om ze op die manier aan anderen op te dringen.

Deze drie niveaus van subjectiviteit komen allemaal voor in Joris Luyendijks media-analyse. Zo noemt hij journalistieke berichtgeving altijd 'incompleet', omdat er dingen 'buiten beeld blijven' (niveau 1: taal is een abstractie), 'partijdig' en 'niet neutraal' (niveau 2: oordelen zijn antropomorf) en onderhevig aan 'manipulatie' door 'strijdende partijen' (niveau 3: de wil tot macht). Tot zover zitten Nietzsche en Luyendijk dus op één lijn. Ze hebben zelfs dezelfde bedoeling met hun perspectivisme: ze willen laten zien dat waarheden, of ze nu filosofisch of journalistiek zijn, niet meer dan interpretaties zijn. De reden om dat te laten zien is simpel. Door de subjectiviteit van waarheden bloot te leggen, ontmantel je hun zeggingskracht en daarmee hun macht. Je zou kunnen stellen dat Luyendijk onder goede journalistiek verstaat wat Nietzsche als goede filosofie beschouwt: het ontmantelen van machthebbers door te laten zien dat ze de waarheid niet in pacht hebben.

Joris Luyendijk wil met zijn analyse namelijk tornen aan de 'macht van de beeldvorming'. Zo suggereert hij dat journalisten in hun verslaggeving over de Nederlandse missie in Uruzgan 'tegenwicht' moeten bieden aan 'de nieuwsstroom van Defensie en het kabinet'. Door te laten zien dat het beeld van een 'opbouwmissie' slechts 'een beeld' is, wordt dat beeld ontkracht, en daarmee ook de macht van de politici die over een dergelijke missie spreken. Maar Nietzsche begreep beter dan Luyendijk wat het gevolg van dit soort perspectivistische kritieken is. Door te laten zien dat alles 'een perspectief' is, dreigt het gevaar van nihilisme, stelt Nietzsche. Mensen zullen dan nergens meer in geloven. Dat is voor de machthebbers een probleem: macht wordt immers ontleend aan 'waarheden'. Wie macht wil hebben, zal de illusie in stand moeten houden dat hij de waarheid in pacht heeft. Zou hij eerlijk zijn en zeggen dat zijn beeld van de wereld ook maar 'een beeld' is, dan raakt hij zijn overtuigingskracht en dus zijn machtspositie kwijt.

Joris Luyendijk is zich van dit effect zeker bewust, wanneer hij spreekt over het ontmantelen van de beeldvorming door politici. Maar hij lijkt niet te beseffen dat hij zichzelf in de voet schiet door hetzelfde te doen bij de journalistiek. Door te laten zien dat nieuws maar subjectief en gemanipuleerd is, ontmantelt hij namelijk de macht van het medium; mensen geloven 'de journalistiek' dan niet meer. Niet voor niets zeggen veel lezers van *Het zijn net mensen*: 'Nu vertrouw ik niets meer van wat ik zie op tv, of lees in de kranten.'

Maar om machthebbers als het kabinet of het ministerie van Defensie van 'tegenwicht' te kunnen voorzien, zoals Luyendijk wil, moet de journalistiek zelf natuurlijk wel een *machtspositie* hebben. Worden de media niet geloofd, dan kunnen ze ook niet langer tornen aan de machthebbers die ze moeten controleren. Hiervan lijkt Luyendijk zich totaal niet bewust. Hij schrijft zonder gêne: 'Wij overzien niet de hele wereld, we weten niet zeker wat er allemaal gebeurt, en wij kunnen niet objectief zijn.' En stelt dan de vraag:

'Waarom bevrijden wij journalisten onszelf niet van die impliciete beloftes waarvan we zelf weten dat ze nergens op slaan?' Het antwoord daarop is eenvoudig: omdat de journalistiek die zich van die belofte bevrijdt, zichzelf buiten het machtsspel plaatst. Ze zou door niemand meer worden geloofd, zoals ook de politicus die zijn beperkingen opbiecht, maar weinig stemmen zou trekken.

De ideale krant van Joris Luyendijk zou dus weliswaar de *eerlijkste* en *waarachtigste* ter wereld zijn. Maar niemand zou die krant nog lezen.

Waarom Wouter Bos een film zou moeten maken

Van een crisis kon eigenlijk niet worden gesproken; daarvoor ging de neergang van de Partij van de Arbeid, voor haar grote opleving tijdens de kredietcrisis, veel te gestaag. Maar het was toch een pijnlijke sneer van Geert Wilders toen hij eind 2007 in het Verantwoordingsdebat in de Tweede Kamer opmerkte dat 'de benzineprijzen bijna even snel stijgen als de PvdA in de peilingen daalt'. Van de 33 zetels die de partij van vicepremier Wouter Bos tijdens de verkiezingen in 2006 behaalde, waren er in sommige prognoses nog maar 16 over – een historisch dieptepunt. Het contrast wordt nog schriller in vergelijking met het allereerste begin van de verkiezingscampagne, toen de PvdA op haar hoogtepunt meer dan 55 zetels in het vooruitzicht had.

Waarom gaat het sinds het desastreuze verlies van de partij in 2002, met korte oplevingen tussendoor, zo slecht met de PvdA? De nog altijd vaak gehoorde kritiek is vooral dat de partij geen duidelijk ideologisch profiel heeft, met name op het gebied van integratie, te vaak van standpunt verandert, bijvoorbeeld over de aanpak van de topinkomens, en te veel (cruciale) concessies doet, zoals afzien van een onderzoek naar de oorlog in Irak. Partijleider Bos wordt daarbij nog steeds vaak te weinig visie en leiderschap verweten, ook al herstelde hij zich wat dat betreft wel tijdens de kredietcrisis.

Maar de meeste bezwaren komen toch allemaal op hetzelfde neer, namelijk dat de PvdA nergens meer voor staat. Of, filosofischer uitgedrukt, de partij heeft een gebrek aan *waarheden*. Onder leiding van Wim Kok werden in de jaren negentig de 'ideologische veren' afgeworpen, en daar plukt de partij nu de zure vruchten van. De fractieleden – en ook aanvoerder Bos – lijken soms verlamd door hun zelfopgelegde postmodernistische houding: ze geloven niet meer in onwrikbare morele waarden en kunnen daardoor nauwelijks nog duidelijke standpunten innemen. Zo schippert de PvdA al maandenlang over thema's als gratis kinderopvang, gratis schoolboeken en de afschaffing van de ww-premie.

Ten grondslag aan bijna al deze twijfels ligt eigenlijk één simpele, maar moeilijk te beantwoorden vraag: hoe kan solidariteit worden gerechtvaardigd zonder een beroep te doen op een absolute morele waarheid? Precies deze vraag werpt ook de Amerikaanse filosoof Richard Rorty (1931-2007) op in een van de meest bediscussieerde filosofische werken van deze tijd: *Contingentie, ironie en solidariteit* (1984). De titel van het boek vat het probleem in drie kernwoorden samen. Eerst stelt Rorty vast dat morele waarheden niet bestaan; ethische opvattingen zijn 'historisch bepaald' en 'veranderlijk' (contingentie). Hierdoor komt het streven naar rechtvaardigheid (solidariteit) op losse schroeven te staan; wat rechtvaardig is kan niet definitief worden vastgesteld. De postmoderne mens is zich hiervan bewust en zit daardoor opgezadeld met de haast onbeantwoordbare vraag of en hoe hij het streven naar een betere samenleving nog kan motiveren (ironie).

Rorty voorzag twintig jaar geleden dat dit een van de meest prangende vraagstukken van de postmoderne samenleving zou worden, en de PvdA lijkt daar in Nederland af en toe de absolute verpersoonlijking te zijn. Voorman Bos is de postmoderne politicus *pur sang*: hij wil de samenleving wel 'een stukje beter maken', zoals hij het zelf formuleert, maar weigert zich daarbij te verbinden aan een ideologie. Daardoor twijfelt hij doorlopend en toont hij nauwelijks politieke daadkracht. Hoewel Bos bijvoorbeeld een verklaard voorstander van het aanpakken van topinkomens is, weigerde hij consequent belastingmaatregelen te treffen. Want 'het wenselijke is niet altijd wettelijk af te dwingen', stelde hij droogjes vast. Dat getuigt weliswaar van realiteitsbesef en bescheidenheid, maar komt ook heel machteloos over. Niet voor niets waarschuwt Rorty dat leven in de wetenschap dat solidariteit geen definitieve rechtvaardiging kent, 'politiek onbruikbaar' is – er valt geen gezag aan te ontlenen.

Helaas is tegen beter weten in toch maar kiezen voor een hogere 'morele waarheid' voor Bos eveneens onmogelijk – een atheïst kan ook niet zomaar in God gaan geloven. Toen Bos een keer wel krachtig stelling nam – in de kwestie over straatcoaches in Slotervaart die vrouwen geen hand wilden geven –, viel plots de halve PvdA over de 'te principiële' partijleider heen. Dat toont de geestelijke spagaat waarin de sociaaldemocraten verkeren: het anti-idealistische pragmatisme van de partij overtuigt niet, maar terugkeren naar een ideologie is nog ongeloofwaardiger. De PvdA zou dan pas echt 'draaien' in haar filosofische koers. Het probleem van Wouter Bos komt er dan ook op neer dat hij een manier zal moeten vinden om zijn antiprincipiële politiek geloofwaardiger te maken zonder plotseling principieel te worden.

Wellicht dat de filosofie van Richard Rorty daarvoor uitkomst biedt. In *Contingentie, ironie en solidariteit* betoogt Rorty namelijk dat de 'ironische mens', die weet dat zijn overtuigingen 'toevallig' zijn, toch pal kan staan voor solidariteit, ondanks het besef dat zijn streven 'niet theoretisch gesteund kan worden'. Wat daarvoor dan wel nodig is, stelt Rorty, is 'een wending van de theorie naar het verhaal'. Daarmee bedoelt hij dat solidariteit tussen mensen niet bewerkstelligd moet worden door middel van morele argumenten of ethische principes, maar door middel van 'de verbeelding'. Solidariteit wordt 'niet ontdekt door na te denken', zegt Rorty, maar 'gecreëerd door de gevoeligheid voor het lijden van anderen te vergroten'. Anders gezegd, een moreel appèl op topmanagers met een exorbitant salaris, zoals Wouter Bos onlangs deed, heeft de gewenste uitwerking niet meer. Vereist is om te verbeelden waarom een rechtvaardigere inkomensverdeling nodig is.

Voor een dergelijke verbeelding acht Rorty de roman het meest geschikte medium. Hij beschouwt literaire werken als *De negerhut van Oom Tom* van Harriet Beecher Stowe en *1984* van George Orwell dan ook als ultieme voorbeelden van zijn stelling dat overtuigingen niet voortvloeien uit rationele overwegingen. Deze boeken zijn volgens hem meer dan welke ethische theorie ook in staat gebleken mensen van nieuwe waarden te overtuigen – niet door er argumenten voor aan te dragen, maar door het 'vocabulaire' te veranderen: door de maatschappij in 'nieuwe termen te beschrijven'. Toen Rorty dit schreef – in de jaren tachtig – viel hem veel hoon en kritiek ten deel. Toch lijkt hij de laatste jaren in toenemende mate gelijk te krijgen. Want in de hedendaagse beeldcultuur wint de verbeelding het inderdaad steeds vaker van de argumenten, zoals Rorty betoogde. De meest succesvolle politici van nu bedienen zich niet zozeer van principes, als wel van verhalen. Alleen is het medium veranderd: de meest invloedrijke 'herbeschrijvingen van de maatschappij', zoals Rorty ze noemt, zijn niet langer literaire romans, maar politieke documentaires. Zo heeft Al Gore met zijn film *An Inconvenient Truth* grote invloed op ons morele vocabulaire gehad; termen als groen en duurzaam verwierven daarmee een hogere (morele) status. En ook in Nederland bedienen succesvolle politici zich van deze methode: Geert Wilders verfilmde zijn islamkritiek in *Fitna*, Marianne Thieme (PvdD) kwam met het filmpamflet *Meat The Truth* en de SP, toen nog onder leiding van Jan Marijnissen, scoorde een hit op internet met een confronterend filmpje over de Nederlandse ouderenzorg. Deze populaire politici doen precies wat Rorty adviseert: mensen voor hun overtuigingen winnen door een nieuw 'moreel sentiment' te scheppen; door anderen gevoelig te maken voor een bepaald lijden – het lijden van de aarde, van dieren, van ouderen of van onze 'bedreigde' cultuur.

Het klinkt misschien populistisch, maar dat is het niet: wat de PvdA eigenlijk zou moeten doen is het partijprogramma verfilmen.

Daarvoor hoeft de partij haar antiprincipiële pragmatisme niet te verraden: voor een sociaaldemocratisch 'verhaal' zijn geen ideologische vergezichten nodig. De partij hoeft slechts te verbeelden welke misstanden ze in de samenleving signaleert en welke praktische oplossingen ze daarvoor aandraagt. Een goed verfilmd inkijkje in het leven van een alleenstaande moeder met drie kinderen en een ww-uitkering zal in het huidige tijdsgewricht ontegenzeggelijk meer kiezers overtuigen dan alleen een partijprogramma onderbouwd met cijfers van het Sociaal en Cultureel Planbureau. Want, zoals Rorty zegt, 'de waarheid wordt niet langer gevonden, maar gemaakt'.

En met een goed script en een getalenteerde producer kun je daarin heel ver komen.

Waarom Joran van der Sloot geen leugenaar is

De kwestie rondom Joran van der Sloot kan met recht een media-hype worden genoemd. Ruim zeven miljoen mensen keken op 3 februari 2008 naar de uitzending van Peter R. de Vries, waarin Van der Sloot zijn 'bekentenis' deed. De dagen erna vulden de praatprogramma's en krantenkolommen zich met allerhande analyses van de zaak. Terwijl het publiek vooral vol afschuw napraatte over de stuitende onverschilligheid van Van der Sloot ('ik heb er geen nacht minder om geslapen'), boog het juridische bedrijf zich over de vraag of zijn bekentenis enige waarheidswaarde bevat.

Sprak Van der Sloot, na maandenlang te hebben ontkend tijdens de politieverhoren, voor de verborgen camera van Peter R. de Vries opeens de waarheid? Of was zijn bekentenis weer een van zijn vele leugens? Advocaat Bert de Rooij voerde de notoire onbetrouwbaarheid van zijn cliënt destijds direct ter verdediging aan: Joran was volgens hem een 'serieleugenaar', dus zijn bekentenis tegenover Patrick van der Eem kon niet als bewijsmateriaal worden beschouwd. Ook Van der Sloot zelf ontkende niet veel later alles weer tegenover het Openbaar Ministerie. De bekentenis had hij bij elkaar 'gefantaseerd', zei hij.

Maar gaat het hier eigenlijk wel om *leugens*? Of is er eerder sprake van wat de Amerikaanse filosoof Harry Frankfurt (1929) ooit als 'bullshit' bestempelde? Het verschil lijkt in eerste instantie triviaal: bullshit (vrij vertaald: nonsens) is eigenlijk een soort leugen. Maar toch is er een cruciaal onderscheid, dat nog wel eens een rol zou kunnen gaan spelen in een eventuele strafzaak tegen Van der Sloot. In zijn bestseller *On Bullshit* (2005) zet Frankfurt het verschil tussen leugens en bullshit nauwgezet uiteen. Volgens de emeritus hoogleraar filosofie van Princeton University verhoudt een leugenaar zich op een bepaalde, plichtbewuste manier tot de waarheid. Want, het is juist de waarheid die een leugenaar opzettelijk verdoezelt om zijn toehoorder te misleiden. De leugenaar legt in zekere zin 'rekenschap af' tegenover de waarheid, stelt Frankfurt. Het is voor hem van belang dat de waarheid niet naar buiten komt.

Juist daarin, zegt Frankfurt, verschilt een leugen van bullshit. Want 'de essentie van bullshit is niet dat die *onwaar* is, maar *nep*'. Anders dan de leugenaar heeft de bullshitter een '*lack of concern for truth*', aldus Frankfurt – hij staat 'onverschillig tegenover de waarheid'. En van die karakteristieke eigenschap heeft Joran van der Sloot tijdens zijn bekentenis tegenover Van der Eem doorlopend blijk gegeven. Hij toonde zich niet alleen onverschillig voor het lot van de verdwenen Natalee Holloway, maar ook voor zijn eigen verklaringen. Zo stelde hij eerst dat hij de naam van de vriend die hem geholpen zou hebben bij de verwijdering van het lijk 'tot in zijn graf' zou meenemen, om daags daarna te spreken over een zekere Daury. Ook zei hij dat het lichaam van Holloway 'nooit meer gevonden' zou worden, om niet veel later te beweren dat hij 'de lul' zou zijn als het lichaam gevonden werd. In de ogen van Frankfurt zou Van der Sloot dus geen leugenaar zijn: het maakt hem namelijk niks uit of hij wel of niet de waarheid spreekt.

Waarom is het onderscheid tussen een leugenaar en een bullshitter van belang? Welnu, zegt Frankfurt, 'dat bullshit tot stand komt door onverschilligheid voor hoe iets werkelijk zit, hoeft nog niet te betekenen dat het niet klopt'. Met andere woorden: in bullshit zit, anders dan in een leugen, meestal een kern van waarheid. Dat Van der Sloot heeft 'gefantaseerd' in plaats van gelogen, maakt zijn bekentenis alleen maar geloofwaardiger. De bullshitter laat zich, door zijn desinteresse voor de waarheid, gemakkelijker (delen van) de waarheid ontvallen. Frankfurt constateert daarom ook dat bullshitters, anders dan leugenaars, 'overdreven gedetailleerd' spreken. De echtgenoot die tegenover zijn vrouw liegt over zijn affaire, zal geneigd zijn zich eerder te hullen in vaagheden dan in details: hij moest 'overwerken' zonder erbij te vermelden waarom, tot hoe laat en met wie. Want zijn gevoel zegt: hoe meer ik verklap, hoe moeilijker de leugen vol te houden is.

Bullshit komt daarentegen op omgekeerde wijze tot stand. Juist de details zijn voor de bullshitter van belang. Neem de meest wijdverspreide – en maatschappelijk geaccepteerde – vorm van bullshit: reclame. Aanprijzingen van producten geven zelden blijk van enig plichtsbesef tegenover de waarheid ('tien jaar jonger in dertig dagen', 'wast nu twee keer zo wit'), maar zijn vaak wel opvallend precies ('35 procent meer effect', 'zeven uur durende werking'). Het zijn geen leugens, want ze bevatten een kern van waarheid. Maar het zijn ook geen waarheden: de werkelijkheid doet er in de reclames niet toe. Het is dus op zijn minst opvallend te noemen hoe gedetailleerd Van der Sloot sprak over die beruchte avond op het strand; dat zou een gemiddelde *leugenaar* nooit doen.

De vraag is natuurlijk waarom mensen soms liever bullshit verkondigen, als ze beter zouden kunnen liegen. Volgens Frankfurt heeft dat te maken met het doel dat de spreker beoogt. Een leugenaar wil zijn toehoorder doen geloven in een onjuiste voorstelling van de werkelijkheid. Zijn doel is een onwaarheid de wereld in te helpen. Maar voor bullshitters gaat dat niet op. 'Waar de bullshitter zich om bekommert', zegt Frankfurt, 'is hoe mensen denken over *hem*.' Anders gezegd, het gaat de bullshitter niet om de feiten die hij bewust overdrijft of onjuist weergeeft, het gaat hem om het beeld dat de ander van hem krijgt. Frankfurt noemt als voorbeeld de Amerikaanse politici die steevast verkondigen hoe de Founding Fathers 'de hele wereld' hebben veranderd. De opzet daarvan, zegt Frankfurt, is niet om het publiek te bedriegen, hoewel het evident is dat de grondleggers van de Amerikaanse Grondwet niet de hele wereld hebben veranderd. Nee, het doel is om als patriot over te komen. Ook hier is de vergelijking met Joran van der Sloot duidelijk: hij wilde zijn toehoorder Patrick van der Eem niet misleiden, maar imponeren. Hij koos daarvoor het verhaal dat hij het meest geschikt achtte. Het deed er niet toe of het waar was of onwaar.

Deze onverschilligheid voor de waarheid zou overigens ook een verklaring kunnen zijn voor de vertrouwensband die – ogenschijnlijk uit het niets – is ontstaan tussen Van der Sloot en Van der Eem. Joran dacht namelijk precies op dat punt een gelijke in Patrick te hebben gevonden. Laatstgenoemde toonde zich herhaaldelijk 'niet geïnteresseerd' in de zaak-Holloway. Niet dat Joran er niet over wilde praten – integendeel, hij is er meermaals zelf over begonnen, aldus Van der Eem. Maar het moet diens desinteresse zijn geweest die bij Joran vertrouwen wekte: zo dacht hij er zelf ook over.

Het was dan ook niet verwonderlijk dat de bekentenis eruit kwam, toen deze twee bullshitters eenmaal onder elkaar in de auto zaten. In het Engels bestaat daar zelfs een woord voor: *bull session* – een informeel gesprek tussen twee of meerdere personen over een zeer gevoelig onderwerp (zoals politiek, religie of seks), waarin ze vrijelijk kunnen spreken, omdat het gesprek *off the record* plaatsvindt. Of zoals Frankfurt het formuleert: een *bull session* is 'niet echt'. Tijdens dat soort sessies spreken de deelnemers meestal eerlijker hun gedachten en gevoelens uit dan in 'gewone' gesprekken.

Men zou dus voorzichtig kunnen concluderen dat het verhaal van Van der Sloot meer waarheidswaarde bevatte dan zijn advocaat wilde doen voorkomen. Met de theorie van Frankfurt in het achterhoofd lijkt het in ieder geval onwaarschijnlijk dat Joran een pathologische leugenaar is – hij is eerder een bullshitter. De enige geruststelling die Frankfurt hem dan kan geven, is dat bullshit 'een van de meest karakteristieke kenmerken van onze cultuur' is, maar dát zal hem waarschijnlijk nooit vrijpleiten.

Waarom we dieren nooit rechten moeten geven

De Partij voor de Dieren (PvdD) diende in februari 2008 een motie in voor een verbod op viskommen. Het voorstel veroorzaakte het nodige gegrinnik onder commentatoren en collega-politici. Maar deze 'symbolische motie' was, zoals partijleider Marianne Thieme het zei, natuurlijk vooral bedoeld om te laten zien 'waar de partij voor staat', namelijk voor de bescherming en bevordering van het welzijn van *alle* dieren. Daartoe hebben mensen een 'morele plicht', aldus de partij. De vraag is natuurlijk: is dat zo? En zo ja, waar komt de morele plicht ten aanzien van dieren dan vandaan? En nog belangrijker, hoe ver reikt die plicht eigenlijk?

Dat mensen fatsoenlijk met dieren moeten omgaan, klinkt haast onomstreden. Maar dat is het zeker niet. De opvattingen van de Griekse filosoof en wiskundige Pythagoras (zesde eeuw v. Chr.), die wordt gezien als een van de eerste pleitbezorgers van dierenrechten en vegetarisme, zijn 2600 jaar lang geen gemeengoed geweest. Tot ver in de twintigste eeuw werden dieren alom beschouwd als ondergeschikt aan mensen, hoofdzakelijk vanwege hun gebrek aan rationeel vermogen. Dieren hebben, anders dan mensen, namelijk (bijna) geen zelfbewustzijn en daardoor geen besef van goed en kwaad. Ze kunnen niet op zichzelf en hun gedrag reflecteren en weten dan ook niet of en waarom iets mag of niet. Van de Griek Aristoteles (384-322 v. Chr.) tot de rationalist Immanuel Kant — en ook daarna — was de gangbare opvatting daarom dat dieren geen *morele status* hadden. Kant verwoordde het zo: 'Het feit dat de mens beschikking heeft over een 'ik' plaatst hem boven alle andere wezens op aarde

[…] in een positie die in rang en waardigheid geheel verschilt van alle andere dingen – zoals onredelijke dieren, waarvan hij naar eigen inzicht gebruik mag maken.'

Sinds de jaren zeventig van de vorige eeuw is mede dankzij filosofen als Peter Singer (1946) en Tom Regan (1938) de consensus veranderd. De breed gedragen opvatting werd dat dieren wel degelijk morele status hebben, en dat mensen verplicht zijn om respectvol met hen om te gaan, alsook om onnodig lijden te voorkomen. Dat is dan ook, kort samengevat, de essentie van de beginselverklaring van de Dierenpartij. Maar waar komt die plicht jegens dieren vandaan? Feit blijft dat het geen morele wezens zijn, evenmin als bloemen – en er is (bijna) niemand die beweert dat we bloemen niet mogen plukken en in een vaas mogen zetten. Waarom zouden we dan niet ook vrijelijk over dieren kunnen beschikken?

Het meest krachtige antwoord op die vraag is dat rationaliteit op zichzelf geen voldoende onderscheidende grond is om al dan niet in aanmerking te komen voor morele inachtneming. Dieren mogen dan wel niet kunnen denken, het zijn niettemin levende en bewuste wezens met behoeften en gevoelens. Dieren kunnen dus niet zomaar beschouwd en behandeld worden als 'dingen', ook al zijn ze niet zelfbewust. Baby's en mensen in comateuze of seniele toestand (in de literatuur 'marginale mensen' genoemd) zijn eveneens niet of nauwelijks zelfbewust, maar ook jegens hen hebben we een morele plicht. De Engelse filosoof Jeremy Bentham (1748-1832) verwoordde dit argument het treffendst. Hij stelde: 'Het gaat er niet om of dieren kunnen *redeneren* of kunnen *praten*. Het gaat erom of ze kunnen *lijden*.'

De Dierenpartij gebruikt dit argument ook in haar partijprogramma. Daarin staat dat de partij streeft naar 'een versterking van de morele en juridische status van dieren door middel van de erkenning van dieren als wezens met bewustzijn en gevoel'. Vooral dat laatste woord is van belang. Dieren kunnen *voelen*. Het zijn, zoals

Tom Regan stelt, 'subjecten die het leven ervaren'. Dat geeft dieren volgens hem 'intrinsieke waarde' – en die waarde schept een morele plicht om fatsoenlijk en met compassie met hen om te gaan. Het is hier overigens wel van belang om te benadrukken dat die plicht geheel rust op de schouders van mensen. Dieren hebben die plicht *jegens elkaar* bijvoorbeeld niet – of we zouden ook een leeuw voor het gerecht moeten brengen als hij een hert op gruwelijke wijze doodbijt en opeet. Dit klinkt als een open deur. Maar dat is het voor sommigen niet. Mensen die voor dierenrechten pleiten, lijken zich hiervan vaak niet bewust. En ook de Partij voor de Dieren gaat op dit punt de mist in.

De partij is namelijk van mening dat 'op nationaal niveau de rechten van dieren in de grondwet moeten worden vastgelegd'. Dit is een uit het oogpunt van de partij begrijpelijke, maar niettemin problematische wending in haar pleidooi voor dierenwelzijn. Want als het recht op een morele status bij het dier wordt gelegd, verandert de morele plicht van de mens tegenover het dier fundamenteel van aard. En wel om de volgende reden. We hebben geconstateerd dat de morele plicht om dieren goed te behandelen ontleend kan worden aan het feit dat dieren voelende en ervarende wezens zijn. Maar ze zijn *niet* zelfreflectief: de morele status wordt dus *door mensen* aan hen toegeschreven. Dieren kunnen die status claimen noch verwoorden; ze ontberen het daarvoor vereiste morele besef. Anders gezegd, het zijn niet de dieren die een mens moreel verplichten om goed voor hen te zorgen – een mens verplicht *zichzelf* daartoe.

Dierenrechten staan hiermee op gespannen voet. Zouden dieren rechtssubjecten zijn, dan is de morele status van het dier niet langer een verplichting die de mens zichzelf oplegt, maar een verplichting die hij opgelegd krijgt door het dier. Dat is een juridisch problematische situatie. Er is namelijk een subtiel maar levensgroot verschil tussen een boer die wettelijk *verplicht* is zijn koeien voldoende levensruimte te bieden, of een koe die wettelijk *recht* heeft op een groot groen weiland. Want wie vertegenwoordigt dit nieuwe rechtssubject? Dieren kunnen dat niet, dus zal de mens dat moeten doen. En omdat het dier dan plotseling 'rechthebbende' is, wordt de macht van de dierenactivist buitenproportioneel groot. Boud gezegd: Marianne Thiemes wil wordt dan wet. Zij kan *namens* het dier bepalen wat dierenleed en onrecht is. Is met je hond in bed slapen seksuele intimidatie? Is je kat alleen thuislaten verwaarlozing? De Italiaanse geesteswetenschappers Matteo Mameli en Lisa Bortolotti zetten hier al eens grote vraagtekens bij: naar de mentale gemoedstoestand van dieren kan men alleen gissen, waarschuwen zij.

Wat betekent dat in de praktijk? Stel, een hond wordt ernstig ziek en heeft een operatie nodig die duizenden euro's kost. Nu kan het baasje nog zelf beslissen of hij dat financiële risico aan wil gaan; de morele plicht is immers *zelfopgelegd*. Zou de hond echter 'rechthebbende' zijn, dan kan het baasje gedwongen worden het dier te redden. Ook een mens in nood niet helpen is strafbaar – daar heeft hij recht op. Een essentieel probleem is daarom dat de Dierenpartij weinig specifiek is over *welke* dierenrechten precies in de grondwet dienen te worden opgenomen. Ze verwijst weliswaar naar de Universele Verklaring van de Rechten van Dieren, waarin onder andere staat dat dieren recht hebben op 'leven', 'respect' en 'verzorging'. Maar wie bepaalt wat dat inhoudt? Waakzaamheid is dus geboden: dierenrechten zijn een greep naar de macht. Ze zouden de Dierenpartij bijna onbegrensde mogelijkheden kunnen geven om het partijprogramma te realiseren uit naam van 'het dier'.

En dan is een 'viskommotie' plots niet zo symbolisch meer.

Het milieu is een prisoner's dilemma

Al sinds 1990 is bekend dat de CO_2-uitstoot door mensen bijdraagt aan de opwarming van de aarde. In 1997 ondertekenden 38 industrieel ontwikkelde landen daarom het Kyoto-protocol, waarin werd afgesproken de uitstoot van broeikasgassen in 2012 5 procent onder het niveau van 1990 te brengen. Inmiddels hebben 137 landen het protocol geratificeerd, maar van de doelstelling is nog bitter weinig terechtgekomen. De wereldwijde kooldioxide-uitstoot is sinds 2000 zelfs viermaal *sneller* gegroeid dan in de tien jaar ervoor. Inmiddels heeft China de Verenigde Staten zelfs ingehaald als grootste vervuiler; de uitstoot is daar sinds 1990 met meer dan de helft gestegen. Maar ook de CO_2-uitstoot in de vs blijft toenemen, met meer dan 15 procent in twintig jaar.

Pogingen om tot nieuwe afspraken te komen worden wel ondernomen, maar vaak zonder succes. Zo kwamen zestien economische grootmachten – waaronder de acht grootste industrielanden (G8) en de vijf opkomende economieën China, India, Brazilië, Mexico en Zuid-Afrika (G5) – in juli 2008 nog samen in Japan om een ambitieus klimaatplan te formuleren: de wereldwijde CO_2-uitstoot zou in 2050 met de helft teruggedrongen moeten zijn. Maar tot een akkoord kwam het niet. De vijf opkomende economieën wilden niet tekenen omdat de Verenigde Staten te weinig concessies deden, en de vs weigerden op hun beurt concessies te doen, omdat de opkomende economieën daar weer te veel van zouden profiteren.

Onderhandelingen over een gezamenlijke aanpak van het klimaatprobleem lijken dus vaak stuk te lopen op politieke machtsspelletjes.

Maar de moeilijkheid zit eigenlijk dieper dan alleen politieke onwil. Dat de partijen maar niet tot een akkoord kunnen komen, is zelfs eerder logisch dan verrassend. Het klimaatprobleem is namelijk in veel opzichten een klassiek voorbeeld van het aloude *prisoner's dilemma*. En dat dilemma, in 1950 bedacht door de Amerikaanse wiskundigen Merril Flood en Melvin Dresher en later uitgewerkt door hun collega-wiskundige Albert W. Tucker (1905-1995), laat zien dat mensen uit eigenbelang, gecombineerd met rationele overwegingen, bewust beslissingen nemen die in *ieders nadeel* zijn.

Het oorspronkelijke *prisoner's dilemma* gaat over twee mensen die beiden worden verdacht van een misdaad. De sheriff heeft niet genoeg bewijs om tot een veroordeling te komen en doet hun daarom een voorstel: als de ene verdachte bereid is de andere te verraden en de andere ontkent, dan gaat de verrader vrijuit terwijl de ander de maximale gevangenisstraf van tien jaar krijgt. Verraden ze elkaar allebei, dan hangt hun vijf jaar boven het hoofd. Ontkennen ze allebei, dan gaan ze ieder slechts zes maanden achter de tralies. Het is dus het gunstigst voor de verdachten om allebei te ontkennen; hun straf is dan het laagst.

Toch zullen ze allebei besluiten de ander te verraden. Want een rationele inventarisatie leert dat om de ander te verraden voor de verdachte zelf in iedere situatie het gunstigst is. Ontkent de ander, dan gaat de verrader vrijuit. En verraadt de ander ook, dan is de straf nog altijd vijf jaar lager dan wanneer hij zelf ontkend had. Ontkennen brengt dus een enorm risico met zich mee: verraadt de ander je wel, dan ben je de klos. Als beide verdachten rationeel zijn, zullen ze dus kiezen voor verraad en daarmee voor een suboptimaal resultaat: ze gaan vijf jaar achter de tralies in plaats van zes maanden. 'Rationeel' betekent hier overigens: volgens de logica van de *homo economicus*. En die logica luidt: maximaal profijt tegen de laagste kosten. De *homo economicus* kiest niet voor de *beste* optie, maar voor de beste optie tegen de *laagste* prijs. Daarom zal hij niet ontkennen; het risico dat de ander vrijuit gaat, terwijl hij de maximale straf krijgt, is een te hoge 'prijs'.

Als het gaat om het milieuprobleem, lijken China en de vs in dezelfde rationele val te zitten. Het gunstigste scenario voor het oplossen van het klimaatprobleem zou zijn dat beide landen hun CO_2-uitstoot drastisch verminderen. Maar beperking van de uitstoot betekent ook beperking van de economische groei. Dat maakt het rationeel om de ander uit eigen (economisch) belang te 'verraden': neemt de ander wel milieumaatregelen, dan gaat de 'verrader' vrijuit (hij kan economisch blijven groeien, terwijl de concurrent voor het milieuprobleem opdraait). En blijkt de ander ook een 'verrader', dan is de uitkomst toch nog gunstiger dan kiezen voor het milieu: dat houdt hoe dan ook extra milieukosten in. Ook hier is het resultaat uiteindelijk dus suboptimaal: China en de vs zullen het milieu schade blijven berokkenen uit eigenbelang, ook al is dat op termijn in *ieders nadeel*.

Dit probleem staat ook wel bekend als het probleem van de *free rider:* wie zelf zijn verantwoordelijkheid neemt (bijvoorbeeld voor het milieu), maakt het voor een ander aantrekkelijker om zijn plicht te verzaken. Als 99 vissers zich netjes aan het quotum houden om overbevissing te voorkomen, wordt het voor de honderdste visser rationeler om ietsje meer te vissen dan de rest. Hij verdient dan meer dan zijn concurrenten en de visstand zal niet noemenswaardig veranderen. Maar de Amerikaanse ecoloog Garrett Hardin (1915-2003) noemde dit niet voor niets de *tragedy of the commons:* omdat het voordeel van de *free rider* voor iedereen opgaat, is het resultaat dat niemand nog zijn verantwoordelijkheid neemt. Het gevolg is onvermijdelijk: als men rationeel blijft handelen, zal de zee leeggevist worden. En hetzelfde geldt voor het milieu: de uitstoot van kooldioxide blijft maar toenemen.

Is er een uitweg uit dit dilemma? Ja, zegt de Amerikaanse cognitief filosoof Douglas Hofstadter (1945). Het kan worden opgelost als je niet langer rationeel handelt, maar *superrationeel*. Dat houdt in dat je kiest voor de beste optie op grond van de aanname dat *de ander dat ook doet*. Superrationaliteit is dus rationaliteit gebaseerd op vertrouwen: je gaat ervan uit dat de andere partij, net als jij, inziet welke oplossing de beste is en vertrouwt erop dat hij die ook zal kiezen. Zo wordt het risico om 'verraden' te worden geneutraliseerd: je vertrouwt erop dat dat niet gebeurt. Superrationeel denken is dus fundamenteel anders dan de rationaliteit van de *homo economicus*: je dekt je dan niet langer in tegen mogelijk 'verraad' van de ander. Anders gezegd: je benadert het probleem (zoals het milieu) niet langer als een belangen*conflict* (waarin de ander een *free ride* probeert te krijgen), maar als een probleem waarin beide partijen *hetzelfde belang* hebben (het milieu redden). Zie je dat gezamenlijke belang in, dan kun je erop vertrouwen dat de andere partij ook voor de juiste oplossing kiest.

Dit superrationele denken is precies waar de ecoloog Hardin op doelde toen hij stelde dat de *tragedy of the commons* slechts te verhelpen is door een 'fundamentele verandering in onze moraal'. We zullen daarvoor afscheid moeten nemen van de ratio van de *homo economicus*, tevens het basisprincipe van het kapitalisme: kies dat wat het maximale profijt tegen de laagste kosten geeft. Zolang dat principe leidend is, zullen we nooit tot een oplossing komen. De *homo economicus* doet pas concessies als hij ze krijgt; een patstelling dus. Van de milieuonderhandelingen die om de zoveel tijd worden gevoerd, hoeven we dan ook weinig te verwachten. Want zolang er nog onderhandeld moet worden over het klimaatprobleem, ziet men blijkbaar nog steeds niet in dat we allemaal *commons* in dezelfde tragedie zijn.

'Wetenschappelijk aangetoond' zegt helemaal niks

Het laatste bastion van de roker is geslecht. Na de openbare (over-heids)gebouwen (1990), de treinen (1994 en 2003), de vliegtuigen (1998) en de openbare ruimte (2003) werd in de zomer van 2008 ook de horeca geheel rookvrij, met uitzondering van kroegen groter dan 75 vierkante meter, die een aparte rookruimte mochten inrichten. Een uitzondering die hoofdzakelijk bedoeld was om al te grote inkomstenderving in de horeca te voorkomen (ruim 27 procent van de Nederlanders boven de 15 jaar rookt nog), maar ironisch genoeg juist veel kleine horecagelegenheden de das om heeft gedaan, omdat er op die manier *alternatieven* ontstonden waar wel gerookt mocht worden.

De rookverboden in de verschillende openbare ruimten zijn er dan ook niet zonder slag of stoot gekomen. Tegen rookvrije treinen bestond in eerste instantie veel weerstand. De NS haalde in 1994 alle asbakken uit de stoptreinen, maar pas negen jaar later volgden de intercity's. Vliegmaatschappij Martinair draaide het rookverbod in haar vliegtuigen in eerste instantie nog terug uit angst voor omzet-verlies. En voor een rookvrije horeca bestond zelfs in 2003 nog geen Kamermeerderheid – CDA, VVD en LPF vonden een totaalverbod toen te ver gaan.

Aan alle weerstand kwam echter snel een einde toen uit weten-schappelijke hoek bewijs kwam dat niet alleen roken, maar ook passief roken zeer schadelijk voor de gezondheid was. De Gezond-heidsraad repte in november 2003 over 'duizenden doden per jaar' onder niet-rokers, alleen al in Nederland. Het 'recht op een rookvrije werkplek' was nu te billijken: niet-rokers ondergingen immers ongevraagd schade van de rokers in hun omgeving.

Dat vijf jaar later zelfs de horeca geheel rookvrij werd gemaakt, laat dus vooral zien hoeveel invloed de woorden 'wetenschappelijk aangetoond' op ons hebben. Het 'recht op een rookvrije werkplek' klinkt als een mooie extra verworvenheid, maar is daarvoor in werkelijkheid natuurlijk te dwingend: je kunt – als kroegbaas of barman – van dit recht geen afstand doen, zelfs niet als alle werknemers zelf roken of geen bezwaar tegen rokers hebben. Zonder wetenschappelijk bewijs zou zo'n maatregel waarschijnlijk niet door het Nederlandse parlement zijn gekomen.

Maar hoeveel bewijs is er nu eigenlijk? Sommige onderzoeken vonden geen enkel verband tussen gezondheidsproblemen en passief roken. De hoogste schattingen wezen uit dat het risico op longkanker met 20 procent toeneemt. Let wel, dat is een verhoogde kans; dus 20 procent van de reële kans op kanker, die schommelt tussen de 0,0024 procent (voor 20-plussers) en 3 procent (voor 85-plussers). Een gemiddelde horecamedewerker, die meestal niet veel ouder is dan dertig jaar, ondergaat dus verwaarloosbare risico's tijdens zijn werk. Natuurlijk, het gezonde verstand zegt dat dagen achtereen in de rook staan in ieder geval niet goed kan zijn. Maar 'wetenschappelijk aangetoond' zijn de gevaren nauwelijks. En dat kan ook eigenlijk niet: er spelen zo veel factoren een rol, dat een eenduidig verband met meeroken bijna niet te leggen is. Eet iemand wel gezond? Sport hij veel? Komt kanker vaak in de familie voor? En dan zijn er nog de praktische problemen die bij dit soort onderzoek spelen: hoe vaak en hoe lang wordt iemand blootgesteld aan hoeveel rook? Daar is bijna niets over bekend.

Sterker nog, wie wat langer over de woorden 'wetenschappelijk aangetoond' nadenkt, komt bijna onvermijdelijk tot de conclusie dat ze hoe dan ook weinig definitieve betekenis hebben. Omdat een ontelbaar aantal factoren van invloed is op nog eens een ontelbaar aantal situaties, en de meeste van die factoren in de wetenschap buiten beschouwing moeten worden gelaten, kan men in principe alle verbanden aantonen of ontkrachten. Zo bleek uit grootschalig Amerikaans onderzoek dat rokers vaker zelfmoord plegen dan niet-rokers. Een verklaring daarvoor ontbrak.

En dat is de crux: wetenschappelijk aangetoond betekent eigenlijk genoegen nemen met een verklaring. Die conclusie zou je in ieder geval kunnen trekken uit het werk van de Franse wetenschapsfilosoof Pierre Duhem (1861-1916). Zijn kritiek op 'bewijzen' in de wetenschap is bijna allesvernietigend geweest. Duhem stelde dat wetenschappelijke theorieën alleen in totale samenhang met elkaar op waarde kunnen worden geschat – en dus afzonderlijk niets voorstellen. Hij doelde daarmee op het feit dat er bij ieder onderzoek zo veel impliciete aannamen worden gedaan, dat het in het ongewisse blijft wat er eigenlijk 'bewezen' wordt. Je kunt bijvoorbeeld stellen – en 'aantonen' – dat water bij 100 graden Celsius kookt, maar zodra het water opeens bij, zeg, 80 graden tot het kookpunt komt, is het volgens Duhem onmogelijk om de 'fout' te lokaliseren. Is de luchtdruk toegenomen? Is het water niet zuiver? Werkt de thermometer niet? Klopt de schaal? Wordt de meter verkeerd afgelezen? En wat moet eigenlijk als 'het kookpunt' worden beschouwd? De lijst met onzekerheden is eindeloos.

Duhem liet hiermee zien dat de wetenschap eigenlijk niet veel meer is dan een piramide van talloze onuitgesproken conventies – aannamen die tezamen uitmonden in iets wat men 'aangetoond' noemt. Maar omdat iedere afzonderlijke aanname zelf ook onderdeel van 'de wetenschappelijke piramide' is en dus slechts hypothetisch van aard, zal er van onweerlegbaar bewijs nooit sprake kunnen zijn, hoogstens van correlaties en waarschijnlijkheden die logisch uit de door de mens aangenomen theorieën volgen. Of zoals wetenschapsfilosoof Willard Van Orman Quine (1908-2000) – een geestverwant van Duhem – het formuleerde: 'Elke uitspraak kan onder alle omstandigheden als waar aanvaard worden, als het systeem elders maar drastisch genoeg wordt herzien. En omgekeerd is geen enkele uitspraak immuun voor herziening.'

Het probleem met de vaststelling van causale relaties ('meeroken veroorzaakt longkanker') werd overigens twee eeuwen eerder ook al geconstateerd door de zeer invloedrijke Schotse filosoof David Hume (1711-1776). Op de vraag hoe je het bestaan van bepaalde verbanden ('als p dan q') kunt aantonen, had hij een zeer sceptisch antwoord: niet. Volgens Hume waren de verbanden die werden gelegd tussen het ene gegeven en het andere, niets meer dan *habits of the mind* – gewoontes van ons brein. Daarmee bedoelde hij: we leggen verbanden tussen dingen wanneer we maar vaak genoeg ervaren dat het ene op het andere volgt. De ervaring leert ons dus wel dat we ons branden als we een hand in het vuur steken, maar het verband tussen het een en het ander definitief vaststellen is niet mogelijk. Causale relaties, zegt Hume, zijn op z'n hoogst waarschijnlijk, maar nooit a priori (dat wil zeggen zonder de ervaring) waar, en dus nooit zeker. Hume: 'Er bestaan geen dingen waarvan we slechts door analyse, zonder de toets der ervaring, kunnen vaststellen dat ze de oorzaak van iets zijn, zoals er ook geen dingen bestaan waarvan we zeker weten dat ze niet de oorzaak van iets zijn.'

De waarde van wetenschap is dus strikt empirisch van aard: er worden bepaalde waarnemingen gedaan. Maar de conclusies die aan die waarnemingen worden verbonden, zeggen vooral iets over de waarnemer; *hij* bedacht de hypothese en was uitvoerder van de proef. De moraal van het verhaal van Duhem, Quine en Hume is dan ook dat de wetenschap is zoals haar beoefenaars zijn: feilbaar. Het is daarom aan te raden om bij ieder bericht in de krant waarin wordt vermeld dat iets wetenschappelijk is aangetoond, één simpele vraag te stellen. Welk belang dient dit bewijs? Een aardig voorbeeld: de Gezondheidsraad publiceerde het rapport over de gevaren van meeroken niet geheel toevallig aan de vooravond van het grote rookdebat in de Tweede Kamer. En moest achteraf toegeven dat 'duizenden doden per jaar' een schromelijk overdreven conclusie was.

Ja, ook wetenschappers zijn soms net mensen.

Het einde van de Republikeinse metafysica

In de nacht van 4 op 5 november 2008 is er na acht jaar officieus een einde gekomen aan het tijdperk-Bush. Met het behalen van 365 kiesmannen tegenover de 174 voor tegenstrever John McCain werd de Democraat Barack Obama verkozen tot de 44ste president van de Verenigde Staten. Daarmee heeft de politiek, zeker voor Amerikaanse begrippen, een flinke ruk naar links gemaakt. Beëindiging van de oorlog in Irak, diplomatieke betrekkingen met vijandelijke staten en een gesocialiseerde gezondheidszorg zullen enkele van de meest ingrijpende veranderingen in het Amerikaanse beleid gaan vormen. Maar onder de regering-Obama zal niet alleen de politieke agenda een substantiële wijziging ondergaan. Belangrijker, en filosofisch interessanter, is dat met de nieuwe president een nieuw wereldbeeld zijn intrek neemt in het Witte Huis. Een wereldbeeld dat sterk verschilt van dat van Bush, in politieke, maar vooral ook in *metafysische* zin: Obama heeft wezenlijk andere ideeën over de realiteit in de wereld, de natuur van de mens en de verhouding daartussen.

Om die verschillen te kunnen zien, is natuurlijk de eerste vraag: welke metafysische aannamen liggen er ten grondslag aan het neoconservatisme van voormalig president Bush? De Amerikaanse filosofe Susan Neiman (1955) geeft daar een zeer inzichtelijk antwoord op in haar onlangs vertaalde boek *Morele helderheid* (2008). Daarin stelt Neiman dat het wereldbeeld van Bush het best is te typeren als 'hobbesiaans realisme'. Dat wil zeggen dat Bush, net als de Britse filosoof Thomas Hobbes (1588-1679), de wereld primair beschouwt als het toneel van een niet-aflatende strijd om macht. Aan de basis van die visie ligt de aanname dat de mens van nature niet geneigd is tot het goede (altruïsme en samenwerking), maar eerder tot het kwade (egoïsme en machtsstrijd) – een gedachte die ook prominent aanwezig is in het christendom, waar de mens van nature als zondig wordt beschouwd. De natuurtoestand van de mensheid, stelde Hobbes, is dan ook een staat van oorlog, waarin het leven 'ellendig, dierlijk en kort' zal zijn. Deze staat van oorlog kan slechts worden ontstegen door macht te verwerven en die macht aan te wenden om de eigen 'orde' aan de wereld op te leggen. Een rechtvaardige wereld *voor iedereen* is dus per definitie onmogelijk: het rechtvaardige is niets meer dan het recht van de sterkste, aldus Hobbes.

Deze kijk op de wereld wordt 'realisme' genoemd, omdat ervan uit wordt gegaan dat de wereld, en de grimmige menselijke verhoudingen daarin, op dit fundamentele niveau *niet te veranderen* is. De wereld is nu eenmaal zo; aan de strijd om de macht is niet te ontkomen. Mensen worden volledig bepaald door hun overlevingsdrang en het daaruit voortvloeiende verlangen om anderen te domineren. Dit hobbesiaanse realisme staat in de filosofische traditie haaks op het kantiaanse idealisme, genoemd naar Immanuel Kant, die stelde dat de mens juist wel het vermogen heeft om deze 'realiteit' van voortdurende belangenstrijd te ontstijgen. De mens beschikt namelijk over de rede, die hem in staat stelt zijn dierlijke impulsen te beheersen en te kiezen voor het goede, aldus Kant. De term idealisme verwijst hier dus naar de gedachte dat de wereld maakbaar is: de mens is geen stuurloos product van de werkelijkheid, maar de schepper ervan – en kan dus zelf een betere wereld realiseren.

Op metafysisch niveau zijn realisme en idealisme dus elkaars tegenpolen: realisten beschouwen een door machtsstrijd beheerste en dus onrechtvaardige wereld als een *gegeven,* terwijl idealisten er eerder een *keuze* in zien. Daarom spreken idealisten graag over hoop en verandering en noemen ze realisten cynisch en pessimistisch: een betere wereld is wel mogelijk, vinden zij. Andersom spreken realisten daarom liever over veiligheid en sterk leiderschap en noemen ze idealisten gevaarlijk naïef: wie de strijd om de macht staakt om een betere wereld te scheppen, wordt onherroepelijk overmeesterd door de vijand, stellen zij.

Nu is het bizarre aan de Republikeinen dat zij de afgelopen jaren met hun neoconservatisme het onmogelijke lijken te hebben gedaan door deze twee onverenigbare uitgangspunten te *combineren*. Aan de ene kant was Bush inderdaad een hobbesiaanse realist, die de wereld zag als een onvermijdelijke machtsstrijd tussen goed en kwaad (*war on terror, war on drugs, axis of evil*), maar aan de andere kant presenteerde hij zich voortdurend als een kantiaanse idealist, die de wereld als maakbaar beschouwde en rechtvaardigheid zei te willen scheppen door landen te democratiseren en bevolkingen te bevrijden van hun tiran. Of zoals Neiman het formuleert: de *neocons* van de regering-Bush 'hanteerden twee metafysica's': als het ging om hoe de wereld *is*, waren ze realist, en als het gaat om hoe de wereld *kan zijn*, toonden ze zich plotseling idealist.

Filosofisch gezien is die positie onhoudbaar (je kunt de realiteit niet als gegeven en tegelijk als keuze beschouwen), maar politiek-strategisch was het briljant: iedere kritiek van politieke tegenstanders was ermee te pareren. Mensen die vraagtekens zetten bij de onvermijdelijkheid van de strijd tegen het 'kwaad', konden dan naïef, laf of onpatriottisch worden genoemd ('ze zien het gevaar niet'), en wie juist twijfels had aan het menselijk vermogen om het 'kwaad' in de wereld uit te roeien, kon worden beschuldigd van gebrek aan daadkracht en betrokkenheid bij het lot van anderen. Of zoals Neiman het zegt: 'Deze tweesnijdende strategie stelde [de neocons] in staat aanspraak te maken op zowel nuchtere intellectuele superioriteit als edele motieven.' Hoe handig deze filosofische dubbelhartigheid was, werd vooral zichtbaar in de rechtvaardiging van de oorlog in Irak. Het argument was eerst gebaseerd op hobbesiaans realisme: Saddam is een existentieel gevaar. En toen de massavernietigingswapens niet werden gevonden, veranderde de rechtvaardiging moeiteloos in kantiaans idealisme: het is hoe dan ook goed geweest dat de Irakezen zijn bevrijd van een dictator. Kritiek was daardoor bijna onmogelijk gemaakt: wie eerst tegen was, onderkende de dreiging niet, en wie daarna tegen was, liet de Irakezen in de steek.

Het mag daarom een klein wonder heten dat Barack Obama de Republikeinen heeft weten te verslaan. Zijn metafysische wereldbeeld is namelijk precies het omgekeerde van dat van Bush (en McCain) en zijn politieke positie daardoor veel zwakker. Als het gaat om zijn visie op de realiteit presenteert Obama zich vaak als idealist: hij gelooft in de redelijkheid van mensen, in hun natuurlijke neiging om goed te doen en in hun bereidwilligheid om samenwerking te verkiezen boven eigenbelang. Als het gaat om de maakbaarheid van de wereld, toont Obama zich daarentegen eerder een realist: hij gelooft dat democratisering niet kan worden afgedwongen, dat vooruitgang altijd moeizaam en gradueel tot stand komt en dat *soft power* (diplomatie) even belangrijk is als *hard power* (militaire en economische macht). Filosofisch gezien is dit wereldbeeld logischer, maar politiek gezien veel minder aantrekkelijk: want waarom zouden we stemmen op iemand die zowel het kwaad in de wereld als ons vermogen om er iets aan te doen relativeert?

Deze dubbele metafysica is een filosofische val waar volgens Susan Neiman de meeste linkse politici zich nog altijd in bevinden. Rechtse conservatieven stellen de wereld voor als een grote gevaarlijke jungle, terwijl ze tegelijkertijd de pretentie uitdragen diezelfde wereld naar hun idealen te kunnen vormen. Linkse politici zijn genuanceerder over de wereld en bescheidener over zichzelf – en zullen dus vaak automatisch zowel de gevaren als de overmoed van rechts relativeren. En juist daardoor zijn ze door hun rechtse collega's gemakkelijk af te schilderen als politici die de *problemen niet zien* en de *oplossingen niet weten*. In Nederland is vooral Geert Wilders zeer bedreven in dit politieke steekspel: hij waarschuwt met grote woorden voor bijna onafwendbare gevaren ('tsunami van islam', 'Marokkaanse straatterroristen'), komt zelf met onhaalbare oplossingen (Koran verbieden, leger naar Gouda sturen, moslims weigeren bij de grens) en verwijt vervolgens iedere criticaster die daar vraagtekens bij zet gebrek aan daadkracht én realiteitszin. Die tactiek heeft tijdens de Amerikaanse verkiezingen in 2008 gelukkig een grote nederlaag geleden. De vraag is nu hoe lang ze nog succes zal hebben in Nederland.

Over God en geloof

Waarom een gelovige zich zo snel gekwetst voelt

Weinig films zullen nog voor verschijning zo veel controverse hebben veroorzaakt als de anti-Koranfilm *Fitna* van Geert Wilders. Een grootmoefti uit Syrië vroeg al om een verbod zonder dat er nog één scène vertoond was, ambassades werden in opperste staat van waakzaamheid gebracht, en diverse instanties maanden moslims al bij voorbaat tot kalmte aan. Die voorzorgsmaatregelen waren de uitkomst van het vermoeden dat de Koranfilm door veel moslims als ronduit blasfemisch en dus als kwetsend zou worden ervaren en daarom wellicht tot (mogelijk gewelddadige) protesten zou leiden.

Al die ophef roept de vraag op wat kwetsing eigenlijk is. Waarom zijn mensen gekwetst en wat doet dat met zijn persoon? En in het licht van *Fitna*: hoe komt het dat religieuze mensen – daar heeft het in ieder geval alle schijn van – zich vaker en sneller gekwetst voelen dan anderen, die geen godsdienst aanhangig zijn? Die laatste vraag wordt misschien beantwoord als we de twee meest wezenlijke kenmerken van kwetsing nader hebben belicht.

In het boek *Sticks and Stones – The Philosophy of Insult* (2008) schrijft de filosoof Jerome Neu, hoogleraar humanistiek aan de Universiteit van Californië: 'Gekwetst zijn is het ervaren van een verstoring van het zelfbeeld en de eigen plaats in de wereld.' Het belangrijke woord is hier: zelfbeeld. Een kwetsing heeft te maken met het 'ik', of zoals Neu het formuleert, 'het gevoel van ik'. Minder abstract gesteld: een kwetsing is een aanval op iemands *identiteit*. Om dit te begrijpen zou het handig zijn om te weten wat een identiteit eigenlijk is. Het is onmogelijk om daarin helemaal volledig te zijn, maar de definitie van identiteit van Immanuel Kant, zoals ik die al eerder heb besproken, is een stap in de goede richting. Voor Kant bestaat de menselijke identiteit kortweg uit de 'morele overtuigingen' die een mens heeft – zijn 'idee van goed en kwaad'. Die overtuigingen bepalen wat ik goed- en afkeur; ze vormen de *redenen* die een mens heeft om iets wel of niet te doen. De optelsom van die redenen vormt zijn identiteit: waarom een mens doet wat hij doet en laat wat hij laat, is *wie hij is*.

Een kwetsing heeft dus te maken met een verstoring van de redenen die iemands wereldbeeld (en daarmee zijn 'ik') vormen. Dit maakt duidelijk waarom de kritische, soms grove uitspraken van Wilders over de islam door moslims als kwetsend worden ervaren. Wilders spreekt namelijk kwaad over de islamitische overtuigingen. Daarmee spreekt hij kwaad over *wat moslims zijn*. Hun identiteit bestaat immers uit die overtuigingen. Dat Wilders er met enige regelmaat aan toevoegt dat hij het niet over moslims zelf heeft, doet daar niks aan af. Zij *zijn* de overtuigingen die hij bekritiseert – de islam bepaalt zelfs hun hele levensstijl.

Toch is deze verklaring niet afdoende. Niet iedere kritiek op ieder soort overtuiging wordt als kwetsend ervaren. Zelden hoor je een bioloog zeggen dat hij gekwetst is door iemand die beweert dat de evolutietheorie van Darwin niet klopt – ook al gelooft hij daar zelf wel in. Ook atheïsten hoor je niet gauw van kwetsing spreken wanneer iemand beweert dat God wel bestaat, terwijl het omgekeerde vaker voorkomt: de ontkenning van God, zoals Nietzsches 'God is dood', wekt bij sommige gelovigen grote toorn. Waarom?

Een verklaring daarvoor zou kunnen zijn dat religieuze overtuigingen een speciaal soort overtuigingen zijn. Geloven in God en Zijn overlevering is een vorm van overtuigd-zijn die de redelijkheid te boven gaat. Dat wil niet zeggen dat zulk geloof 'achterlijk' is, zoals fundamentalistische rationalisten nog wel eens beweren. Nee, het wil zeggen dat deze geloofsovertuigingen geen *redenen* hebben. Dat

God bestaat en de overlevering waar is, *is gewoon zo*. Daar komen voor gelovigen geen redenen aan te pas. Religieuze overtuigingen vormen tezamen dan ook een speciaal soort identiteit – een die extra kwetsbaar is, juist door het gebrek aan redenen dat ermee gepaard gaat. Want de bewering dat de evolutietheorie onwaar is, kan met argumenten bestreden worden. Er zijn genoeg redenen om te denken dat de evolutietheorie klopt. Maar de uitspraak dat God niet bestaat of dat God een tiran is, kan niet worden weerlegd: er zijn geen redenen voorhanden om te beoordelen of zo'n bewering waar is of niet.

Gelovigen staan in discussies over 'het geloof' dus altijd zwak – zwakker dan in enige andere discussie. Voor ongelovigen is dat moeilijk invoelbaar, of in ieder geval moeilijk te accepteren. Dan moeten ze maar geen overtuigingen hebben die de argumenten te boven gaan, zullen zij denken. Maar de kwetsbaarheid van de 'religieuze' identiteit wordt wellicht begrijpelijker door een vergelijking te schetsen met een 'argumentloze' overtuiging die bijna ieder mens heeft. Want het is een misverstand om te denken dat alleen mensen die een godsdienst belijden 'geloofsovertuigingen zonder reden' hebben. Iedereen houdt er zulke overtuigingen op na – en de meest wijdverspreide is wel *de liefde*.

Ook de liefde – voor partners, ouders, vrienden – is een religieuze overtuiging, in de zin dat ze geen redenen kent. Dat wil zeggen, een mens kan niet beargumenteren *waarom* hij van iemand houdt. Want zoals de Amerikaanse filosoof Harry Frankfurt schrijft in *The Reasons of Love* (2004): 'De liefde is de reden.' Het zou nog preciezer zijn om te zeggen dat een mens de liefde niet *wil* beargumenteren. Wie redenen zou aanvoeren waarom hij van iemand houdt, stelt Frankfurt, zou de ware aard van de liefde tenietdoen. Om dat te illustreren schetst Frankfurt een wereldberoemd ethisch dilemma van zijn collega-filosoof Bernard Williams (1929-2003).

Stel, zegt Williams, twee mensen dreigen te verdrinken in een rivier en je kunt slechts een van hen behoeden voor de dood. Let wel, een van de twee drenkelingen is je geliefde. Wie zou je dan redden? Williams stelt dat ieder mens zonder nadenken zijn geliefde uit het water zou vissen. En nog belangrijker, dat het zeer 'verdacht' zou zijn als hij daar een reden voor zou aanvoeren, anders dan dat het zijn geliefde is. Daarmee bedoelt Williams dat de reden om de geliefde te verkiezen boven de andere drenkeling niet kan worden afgeleid uit een redelijk principe – dat doe je gewoon. Zou je achteraf een reden geven ('mijn geliefde is jonger, dus ze had langer te leven', of 'de ander was maar een zwerver'), dan zou de geliefde zelfs ontzettend beledigd zijn. 'Je hoeft toch niet te verklaren waarom je me redt?' zou ze dan zeggen.

Kritiek op of beschimping van iemands religieuze overtuigingen is dus te vergelijken met een aanval op iemands geliefde. En het is goed voorstelbaar dat iemand zeer gekwetst is als een ander zijn of haar geliefde uitmaakt voor achterlijk of barbaar. Een mens *wil* zich daar niet tegen verweren: het is gewoon niet zo. Dat verklaart misschien ook waarom moslims niet staan te dringen om extremisten die misbruik maken van hun religie – bijvoorbeeld ter rechtvaardiging van geweld – openlijk te weerspreken. Als voetbalsupporters de vriendin van Rafael van der Vaart uitschelden voor hoer, zou het toch ook vreemd zijn als de voetballer na de wedstrijd voor de camera zou verklaren dat Sylvie Meis toch echt geen prostituee is?

De vraag blijft natuurlijk of kwetsen mag of niet. Het kan namelijk uitzonderlijk grote spanningen teweegbrengen, met name als het om religieuze kwesties gaat; die worden ervaren als een extra zware verstoring van dat deel van de identiteit die aan de religie wordt ontleend. Maar de vraag of dat soort kwetsingen dus uitgebannen zou moeten worden of niet, heeft met een ander aspect van kwetsingen te maken, namelijk met *macht*. Want gekwetst zijn is niet alleen iets wat je *aangedaan wordt*. Het is ook iets wat wordt *gebruikt* om je zin te krijgen. Gekwetst zijn leent zich daar bij uitstek voor: je hoeft er immers geen redenen voor aan te voeren. Je hoeft alleen te beweren dat iets kwetsend is om anderen te dwingen rekening met jou te houden of hun woorden terug te nemen.

Vooral daarom kan in een open samenleving, met vrije meningsuiting als fundament, kwetsing geen grond zijn om een ander het zwijgen op te leggen. Die grond kent geen criterium. Jerome Neu constateert daarom ook: 'Als het recht om te spreken beperkt zou zijn tot het recht om niet beledigd te worden, zou iedereen elkaar het zwijgen op kunnen leggen.' Dus zolang moslims het recht hebben om openlijk de islam te belijden, mag ook Geert Wilders ervan zeggen wat hij vindt. Dat is nu eenmaal de consequentie van het uitdragen van je geloof: dan wordt je geliefde publiek bezit.

Dat is evolutielastering!

Niet alleen in de Verenigde Staten werd in 2008 geschiedenis geschreven, ook in Nederland is, vlak na de verkiezing van Barack Obama tot eerste zwarte president van Amerika, historische politieke vooruitgang geboekt, die een jaar eerder nog voor onmogelijk werd gehouden. Toen was nog een ruime meerderheid in de Tweede Kamer tegen het schrappen van de strafbaarstelling van godslastering. Dat de 76 jaar oude wet, die al sinds het Ezeltjesproces tegen Gerard Reve in 1968 een dode letter is, uitgerekend door CDA-minister Ernst Hirsch Ballin (Justitie) alsnog uit het Wetboek van Strafrecht zou worden verwijderd, mag des te opvallender worden genoemd, omdat deze minister zich eerder nog expliciet voorstander van de wet had getoond. Hirsch Ballin was zelfs een van de weinigen die begrip konden opbrengen voor de arrestatie van cartoonist Gregorius Nekschot wegens het 'beledigen van moslims'.

De meeste argumenten voor het schrappen van de wet (het is een dode letter, belediging is niet aantoonbaar, God 'lasteren' is onmogelijk) zijn inmiddels zo vaak gehoord dat ze nauwelijks nog toelichting behoeven. Maar één argument verdient het hier te worden herhaald: met de strafbaarstelling van godslastering was *rechtsongelijkheid* in de wet verankerd. Want de wet maakte onderscheid tussen de opvattingen en gevoelens van gelovigen en niet-gelovigen en gaf eerstgenoemden voorrang; gelovigen konden op meer wettelijke bescherming van hun opvattingen en gevoelens rekenen dan niet-gelovigen. Dat onderscheid was juridisch onhoudbaar, omdat het haaks stond op het in de Grondwet gegarandeerde recht op gelijke behandeling.

Maar het onderscheid is ook *filosofisch* onhoudbaar. Niet-gelovige mensen bestaan helemaal niet. Ieder mens heeft principes en opvattingen die hij voor waar houdt; ieder mens *gelooft* ergens in. Christenen geloven in God, moslims in Allah; liberalen in vrijheid, socialisten in gelijkheid; progressieven in vooruitgang, conservatieven in traditie; empiristen in waarneming, idealisten in ideeën; holisten in alles, nihilisten in niks – en de meeste mensen geloven in duizend-en-een bij elkaar geraapte (en vaak tegenstrijdige) opvattingen tegelijk. Dat we aan het ene stelsel opvattingen het predicaat religieus toekennen en aan het andere niet, is een historisch gegroeide toevalligheid, waar geen enkel rationeel criterium voor bestaat. Moet bijvoorbeeld de opvatting dat homoseksualiteit onnatuurlijk is, worden beschouwd als christelijk, islamitisch of darwinistisch? Is die opvatting religieus als een imam het zegt en niet-religieus als het uit de mond komt van een bioloog? En verdient iemand die zichzelf en zijn wereldbeeld religieus noemt om *die* reden meer wettelijke bescherming?

Het antwoord is natuurlijk nee. Het predicaat religieus is eigenlijk een fictie. Nu zullen gelovigen zeggen dat er wel degelijk een reden is om het wereldbeeld van een christen, moslim, jood of hindoe religieus te noemen en dat van een wetenschapper, liberaal, atheïst of socialist niet. Die reden is *transcendentie*. Het onderscheid tussen religieus en niet-religieus zou volgens dit argument berusten op het feit dat een gelovige zich in de rechtvaardiging van zijn opvattingen beroept op een transcendente – dat wil zeggen, buitenmenselijke of niet aardse – bron. Volgens gelovigen is die transcendentie ook de reden dat hun opvattingen meer bescherming behoeven: zij beroepen zich op iets wat slechts bestaat bij de gratie van het geloof erin, en zijn daardoor extra kwetsbaar voor kritiek.

Maar als transcendentie het criterium is, dan moet het Verlichtingsdenken van bijvoorbeeld Immanuel Kant evengoed als religie worden aangemerkt. Zijn filosofie heet niet voor niets 'transcendentaal idealisme'. Sterker nog, het *wetenschappelijke* wereldbeeld dat wij nu zo graag niet-religieus noemen, is volledig gebaseerd op Kants concept van de transcendente rede, die voorschrijft dat rationele waarheden (zoals 1+1=2) 'absoluut waar' zijn en dus niet afhankelijk van het menselijke perspectief erop. Oftewel: feiten zijn voor wetenschappers met het kantiaanse wereldbeeld net zo transcendent en absoluut als God voor gelovigen. In die zin zou je een wetenschappelijk wereldbeeld evengoed religieus kunnen noemen.

Dat criterium houdt dus ook geen stand. Op fundamenteel niveau zijn alle opvattingen aan elkaar gelijk, in de zin dat ze allemaal berusten op metafysische aannamen die geen rechtvaardiging kennen voorbij het geloof dat men erin heeft. Dat wil niet zeggen dat alle opvattingen gelijkwaardig, even waar of even bruikbaar zijn. Integendeel, als dat zo was, zou er geen reden zijn om überhaupt ergens in te geloven. Maar het betekent wel dat opvattingen allemaal *opvattingen* zijn. Voor de wet zouden die opvattingen dus *gelijk* moeten zijn; geen enkel wereldbeeld verdient voorrang of uitsluiting op grond van de naam die we eraan geven.

Precies om die reden leek het dan ook een passende maatregel dat minister Hirsch Ballin ter compensatie van de geschrapte godslasteringswet de strafbaarstelling van *discriminatie* wilde aanscherpen, zodat 'ernstige beledigingen tegen een groep mensen, zonder dat deze expliciet wordt genoemd' vervolgd konden worden. Van rechtsongelijkheid zou dan geen sprake meer zijn: *iedere* groep kan zich met die wet tegen beledigingen verweren. Maar daarin schuilt ook weer een groot probleem. Want op die manier kan ook *iedere* kritiek als belediging worden aangemerkt en tot zwijgen worden gebracht.

Mensen zijn immers beledigd of gegriefd wanneer ze zich persoonlijk aangevallen voelen; wanneer ze zich, zoals ik eerder opmerkte, aangetast voelen in hun identiteit. Zo kan kritiek op de islam ('Mohammed is een tiran') voor een moslim beledigend zijn, omdat die niet alleen wordt opgevat als kritiek op de religie, maar ook als kritiek op hem als persoon; zijn identiteit wordt immers bepaald door die religie. Dit geldt niet alleen voor godsdienstigen, maar voor *alle* mensen. Iedereen ontleent zijn identiteit aan de opvattingen die hij heeft. Zoals iemand die gelooft in de islam of het christendom zichzelf definieert als moslim of christen, zo beschouwt iemand die gelooft in het humanisme of liberalisme zichzelf als humanist of liberaal. Iedere kritiek op ieder wereldbeeld kan dus als grievend worden ervaren; er wordt dan getornd aan iemands identiteit. Wie bijvoorbeeld zegt dat de vrijheid van meningsuiting een gotspe is, grieft liberalen in potentie evenzeer als iemand die moslims kwetst door Mohammed een tiran te noemen. Strafbaarstelling van belediging van alle groepen mensen kan dus twee gevolgen hebben: of het wordt erg druk bij de rechtbank, of het wordt erg stil in het debat.

Het verweer van minister Hirsch Ballin hiertegen is dat uitspraken slechts strafbaar zijn wanneer ze 'onnodig grievend' zijn. Een scherpe toon van cabaretiers en journalisten of uitspraken met een 'politieke boodschap' zouden niet strafwaardig zijn, omdat ze een functie hebben; ze zijn niet 'onnodig' beledigend. Maar wie bepaalt of een uitlating functioneel is of niet? En op grond waarvan? Was *Fitna* onnodig grievend? Volgens onze eigen premier wel: de boodschap van de film diende 'geen enkel ander doel dan het kwetsen van gevoelens', aldus Balkenende destijds. Maar Geert Wilders zal daar toch echt anders over denken; voor hem is de boodschap van de film zelfs de bestaansreden van zijn partij. Een rechter laten bepalen wie hier 'gelijk' heeft, is onwenselijk én onmogelijk – er bestaat geen criterium voor. Zou minister Hirsch Ballin *evolutielastering* ook acceptabel vinden? De nieuwe wet zou tot gevolg kunnen hebben dat de darwinist die de kerk voor de rechter sleept vanwege het stelselmatig onderuithalen van zijn overtuigingen, ook in het gelijk moet worden gesteld. Waarom zou het darwinisme wel als moraalloos mogen worden bestempeld – een opvatting die in sommige orthodoxchristelijke gemeenschappen actief wordt uitgedragen – en God niet als tiran?

Belediging zou dus eigenlijk helemaal geen juridische status mogen hebben. Niet alleen omdat onmogelijk is vast te stellen wat beledigend is en wat niet, maar vooral omdat beledigd zijn *inherent* is aan het bestaan van (fundamentele) meningsverschillen. Beledigingen zijn onvermijdelijk in een open en publiek debat. Dat is de prijs die we nu eenmaal betalen voor het leven in een vrije samenleving. En wie dat een te hoge prijs noemt, vind *ik* onnodig grievend.

De terroristen van Hamas? Dat is een definitiekwestie

De simpelste manier om het conflict tussen Israël en de Palestijnen samen te vatten, is met het Oudhollandse gezegde: Waar twee vechten, hebben twee schuld. Maar de hamvraag is natuurlijk wie de 'meeste' schuld toekomt, en die vraag lijkt inmiddels – na meer dan een halve eeuw van bloedige strijd en mislukte vredesakkoorden – bijna onmogelijk te beantwoorden. SP-Kamerlid Harry van Bommel schaarde zich begin 2009 publiekelijk aan de zijde van de Palestijnen door mee te lopen met een demonstratie tegen Israël in Amsterdam. 'Intifada, intifada, Palestina vrij', scandeerde het Kamerlid, met aan zijn zijde Gretta Duisenberg – de activiste die zich al jaren sterk maakt voor de Palestijnse zaak. Lijnrecht daartegenover staat PVV-leider Geert Wilders, die in *de Volkskrant* van 4 januari 2009 zijn steun uitsprak aan het Israëlische leger. Volgens de PVV'er is 'de oorlog tegen Israël' die de Palestijnen voeren namelijk 'geen territoriaal conflict', maar een 'jihad [...] tegen Europa en Nederland' met 'Israël als tussenstation', in stand gehouden door 'de terreurinfrastructuur van Hamas'.

Het duurt meestal niet lang of in de berichtgeving over het Israëlisch-Palestijns conflict valt wel ergens het woord 'terreur'. Maar wanneer is er eigenlijk sprake van terrorisme? Zijn de aanvallen van Hamas op Israël terroristische aanslagen, of vallen ze eerder onder contraterreur? En moet de – vaak gewelddadige – Israëlische bezetting van Gaza ook onder terrorisme worden geschaard, of juist niet? En waarom worden de aanvallen van 9/11 op onder andere het WTC in New York wel consequent terroristische aanslagen genoemd,

109

terwijl de inval van de Verenigde Staten in Irak meestal wordt omschreven als een oorlog – een oorlog tégen terrorisme zelfs?

De term 'terrorisme' definiëren blijkt een netelige kwestie: wie de literatuur erop naslaat, ontdekt dat er 'meer dan honderd verschillende definities bestaan', schrijft de Amerikaanse filosoof Nicolas Fotion in *Terrorism – The New World Disorder* (2007) – variërend van zelfmoordaanslagen tot een strijd om vrijheid. De officiële juridische definitie van terrorisme, die tevens wordt gehanteerd in het internationale recht, luidt niettemin: het opzettelijk veroorzaken van angst door middel van geweld of dreiging van geweld, ter bevordering van een bepaald politiek, religieus of ideologisch doel. Maar volgens de Amerikaanse filosoof Noam Chomsky (1928) wordt deze definitie in de beleidsstukken van westerse overheden en de berichtgeving van westerse media zelden of nooit echt toegepast. Want, zegt Chomsky, 'dat zou tot gevolg hebben dat de Verenigde Staten zouden moeten worden gekwalificeerd als de grootste terroristische natiestaat ter wereld'. En dat is de bedoeling niet: Amerika is immers de machtigste bondgenoot van het Westen. 'De definitie van terrorisme', zegt Chomsky, 'wordt daarom zo gebruikt dat ze alleen van toepassing is op onze vijanden – en niet op ons.'

Nu zal iedereen met een beetje gevoel voor politiek onmiddellijk zeggen: Natuurlijk noemen we alleen onze vijanden terroristen; daar zijn het immers vijanden voor. Daarom zijn er ook zoveel verschillende definities van terrorisme, zegt Fotion, 'allemaal afhankelijk van het politieke doel dat met de term wordt beoogd'. Maar het is in dit verband wel interessant om op te merken dat de organisaties die wij nu als 'terroristisch' hebben bestempeld, zoals Al-Qaeda en Hamas, niet *altijd* onze vijanden zijn geweest. Integendeel, het was nota bene de Amerikaanse inlichtingendienst CIA, die in 1979 samen met Osama bin Laden de voorloper van Al-Qaeda hielp oprichten – toen nog Maktab al-Khadamat geheten – als tegenhanger in de strijd tegen de Russische communisten in Afghanistan. De CIA financierde de organisatie tussen 1981 en 1993 zelfs met ruim zeven miljard dollar aan donaties en wapens en hielp Bin Laden zo actief bij het rekruteren van radicaal-islamitische militanten, voornamelijk uit Saoedi-Arabië.

Voor Hamas gaat, ironisch genoeg, een soortgelijk verhaal op: uitgerekend Israël steunde, samen met de vs, eind jaren tachtig de oprichting van deze organisatie als onderdeel van een verdeel-en-heersstrategie. Israël en de vs hoopten dat het islamitische Hamas de seculiere Palestijnse beweging Fatah van Yasser Arafat zou ondermijnen. Bovendien werd Hamas jarenlang financieel gesteund door Saoedi-Arabië, destijds ook al een trouwe bondgenoot van het Westen.

Aan het bestaan van deze 'terroristische organisaties' hebben westerse mogendheden dus meer bijgedragen dan onze politiek en journalistiek vaak doen voorkomen. Dat werpt wel direct de vraag op waaraan we het dan te danken hebben dat Al-Qaeda en Hamas zich na verloop van tijd zo radicaal afkeerden van hun vroegere steunverleners. Voor het terreurnetwerk van Bin Laden is die oorzaak redelijk gemakkelijk aan te wijzen: Al-Qaeda werd een vijand van de Verenigde Staten, toen dat land in 1990 een militaire basis stichtte in Saoedi-Arabië, als reactie op de Iraakse invasie van Koeweit. Bin Laden beschouwde de aanwezigheid van deze Amerikaanse troepen als een buitenlandse bezetting van heilig islamitisch grondgebied: Medina en Mekka liggen namelijk in Saoedi-Arabië – door Bin Laden ook wel 'het land van de twee moskeeën' genoemd. Sinds de oprichting van die basis is Amerika doelwit van Al-Qaeda geworden en gebleven.

Voor Hamas is het moment minder duidelijk aan te wijzen, omdat die beweging, naast vijand van het Palestijnse Fatah, ook al van meet af aan vijandelijk was jegens Israël. Toch moet hier niet uit het oog worden verloren dat de eerste terroristische organisaties in het Midden-Oosten van Joods-Russische origine waren, waarvan één werd geleid door de latere Israëlische premier Menachim Begin, schrijft Fotion. Deze organisaties pleegden aanslagen op Britse en Arabische doelwitten teneinde de inheemse bevolking angst aan te jagen. De Arabieren die het gebied bewoonden voordat de Joodse immigratie rond 1880 begon, voelden zich dan ook in toenemende mate verdreven van het eigen grondgebied en weigerden om die reden de in 1947 voorgestelde scheiding der staten te accepteren.

Dat de strijd van Hamas tegen Israël geen territoriaal conflict, maar een vorm van islamitische jihad tegen het gehele Westen zou zijn, zoals PVV-leider Wilders beweert, wordt dan ook door weinig terreurdeskundigen onderschreven. Integendeel, de aanslagen van Hamas zijn, net als die van Al-Qaeda, weliswaar religieus geïnspireerd, maar nauwelijks religieus *gemotiveerd*, schrijft de Amerikaanse politicoloog Robert Pape in zijn veelgeroemde onderzoekspublicatie *Dying to Win: The Strategic Logic of Suicide Terrorism* (2005). Pape onderzocht als eerste alle succesvolle zelfmoordaanslagen die plaatsvonden tussen 1980 en 2004 en kwam daarbij tot de verbijsterende conclusie dat er 'nauwelijks een verband bestaat tussen islamitisch of anderszins religieus fundamentalisme en terrorisme'.

Integendeel, zegt Pape, in meer dan 95 procent van de gevallen schuilt achter terroristische aanslagen slechts één *politieke* motivatie, namelijk: 'Moderne democratieën dwingen om hun militaire troepen terug te trekken uit gebieden die de terroristen beschouwen als hun thuisland'. Of het nu gaat om het seculiere, marxistische terreurnetwerk van de Tamil Tijgers in Sri Lanka, de militante Ierse beweging IRA, de Baskische afscheidingsbeweging ETA of de islamitische organisaties Al-Qaeda en Hamas: hun terreuraanslagen weten zich verenigd door hetzelfde doel, namelijk 'de beëindiging van wat wordt beschouwd als buitenlandse bezetting', aldus Pape. Een van de meest misleidende elementen in de beeldvorming in het Westen is volgens hem dan ook dat terroristen worden beschouwd als 'vrijheidshaters', die het – zoals president Bush doorlopend verkondigde – op 'onze manier van leven' zouden hebben gemunt. Niets is minder waar, constateert ook Chomsky: ze haten ons 'omdat wij onze waarden, zoals individualisme, vrijemarkteconomie en democratie, met militaire middelen proberen op te dringen *aan hen*'.

De geijkte kritiek op Pape en Chomsky luidt meestal dat zij doen voorkomen alsof het Westen 'schuldig' is aan de aanslagen die door Al-Qaeda en Hamas gepleegd worden. Die kritiek is helaas niet bijster behulpzaam, omdat het het terrorisme reduceert tot een kip-of-eikwestie: wie begon met het terroriseren van wie? In werkelijkheid is het fenomeen natuurlijk complexer dan dat, zoals het conflict in de Gazastrook nu al decennia aantoont. Maar één ding is wel zeker: als er enige waarheid schuilt in het gezegde 'Waar twee vechten, hebben twee schuld', dan geldt dat ook *voor ons*. Stopzetting van selectieve financiële steun en terugtrekking van westerse troepenmachten uit het Midden-Oosten zou het terrorisme in dat gebied ontegenzeggelijk tot bedaren kunnen brengen. Dat onderschrijft zelfs de CIA, aldus Chomsky. Maar voordat het ooit zover komt, zal waarschijnlijk eerst de olie op moeten raken.

Hoe minister Hirsch Ballin de raddraaiers gelijk gaf

In maart 2008 lekte er een brief uit van minister Ernst Hirsch Ballin, waarin hij ervoor pleitte om de strafbaarstelling van godslastering aan te scherpen. Vervolging moest volgens de minister al mogelijk zijn als uitingen beledigend zijn voor bepaalde bevolkingsgroepen 'zonder dat deze groepen worden genoemd'. Een zeer verregaand voorstel dat, wanneer het was aangenomen, de vrijheid van meningsuiting volledig op losse schroeven zou hebben gezet. Het voorstel van de minister is zelfs zo radicaal te noemen dat het bijna een verborgen politieke agenda lijkt te bevatten.

Het CDA heeft onderhand een naam hoog te houden als het gaat om de beperking van het vrije woord. In 2005 probeerde de partij het BNN-programma *Spuiten en Slikken* te verbieden; twee jaar later werd hetzelfde geprobeerd bij *De Grote Donorshow*. De partij vroeg ook als enige publiekelijk aan Geert Wilders om terugtrekking van zijn film *Fitna*. Daarnaast eiste het CDA – zonder succes – een verbod op het computerspel *Manhunt 2*, op de Partij voor Naastenliefde, Vrijheid en Diversiteit (de 'pedopartij') en op een popconcert van zangeres Madonna, waarin zij aan een kruis genageld ten tonele zou verschijnen. In 2003 had premier Balkenende bovendien al eens zijn ongenoegen geuit aangaande de 'schadelijke hoeveelheid satire' over het koningshuis op televisie. Ook procedeerde hij tegen de winkelketen Kijkshop en de organisatie van Ex-pornstar-feesten vanwege 'denigrerend gebruik' van zijn portret in hun reclame. En in 2008 voerde de minister-president nog een bodemprocedure tegen het weekblad *Opinio*, dat onder zijn naam een satirische nepspeech over de islam had afgedrukt.

De beruchtste poging tot het inperken van de vrije meningsuiting staat niettemin nog steeds op naam van zijn partijgenoot Piet Hein Donner. Als toenmalig minister van Justitie opperde hij vlak na de moord op Theo van Gogh in 2004 de mogelijkheid om de strafbaarstelling van godslastering wettelijk aan te scherpen. De reacties waren furieus: suggereerde Donner daarmee dat Van Gogh de moord aan zichzelf te wijten had door de gevoelens van moslims te kwetsen? Sinds de uitlatingen van Donner is in de Tweede Kamer meermaals voorgesteld om het verbod op godslastering te schrappen, om zo aanscherping van het artikel – die sinds de vrijspraak van schrijver Gerard Reve niet meer functioneert – in de toekomst uit te sluiten. Op 13 maart 2008 tekende zich alsnog een ruime Kamermeerderheid af voor het schrappen van de wet.

Des te opvallender was daarom de brief van Donners opvolger Hirsch Ballin, waarin hij opnieuw kenbaar maakte het lasterartikel te willen uitbreiden. De minister was voornemens de wet op twee punten te wijzigen. Ten eerste moest niet alleen het 'zich beledigend uitlaten over een bepaalde godsdienst' strafbaar worden, maar ook het beledigen van alle andere, niet-godsdienstige 'levensovertuigingen'. Ten tweede moest niet langer de 'subjectieve bedoeling van de dader' als criterium voor belediging gelden, maar zouden de 'meer objectief te bepalen gevolgen voor de openbare orde' de doorslag geven, aldus de minister. Anders gezegd, juridisch wordt het dan niet relevant of iets beledigend is bedoeld, maar of het ordeverstorende effecten zou kunnen hebben.

Al eerder heb ik in dit boek de uitbreiding van het lasterartikel met 'alle levensovertuigingen' bekritiseerd. Een dergelijke verruiming van de wet zou het mogelijk maken om iedereen aan te klagen op grond van een klacht waarvoor geen maatstaf is: 'gegriefdheid in het wereldbeeld'. Dit zou de vrijheid van meningsuiting tot nul reduceren, omdat iedereen in een tegengesteld wereldbeeld wel een belediging van zijn opvattingen kan zien. De rechter moet dan van alle als beledigend opgevatte uitingen gaan bepalen of ze 'grievend' zijn of niet. Dat leidt onherroepelijk tot willekeur en zodoende alsnog tot rechtsongelijkheid. Uitbreiding van het lasterartikel tot 'alle overtuigingen' verhelpt het probleem niet, maar maakt alleen maar groter.

De tweede wijziging die Hirsch Ballin voorstelde, is in deze context nog niet eerder gehoord. De minister wilde het lasterartikel zo formuleren dat ingrijpen door de overheid in bepaalde uitingen mogelijk wordt, wanneer 'de belediging naar alle waarschijnlijkheid ernstige gevolgen zal hebben voor de openbare orde'. Men kan hierbij denken aan haatpreken die de maatschappij zouden kunnen ontwrichten. Nu is de verstoring van de openbare orde ook in de politieke filosofie een van de vaakst genoemde gronden voor beperking van het vrije woord. Zelfs John Stuart Mill – een van de grootste voorvechters van het vrije woord – komt tot een dergelijke begrenzing ervan. In zijn boek *On Liberty* (1859) schrijft Mill dat de staat mag ingrijpen als opvattingen op zodanige wijze naar voren worden gebracht dat ze aansporingen tot misdadige handelingen worden. Ter illustratie geeft hij het beroemde voorbeeld van de graanhandelaar: 'De opvatting dat graanhandelaren de armen uithongeren hoort ongemoeid te blijven, zolang deze slechts door de pers wordt verspreid', schrijft Mill, 'maar mag terecht worden gestraft wanneer ze in een toespraak wordt verkondigd tegen een opgewonden menigte die voor het huis van een graanhandelaar te hoop is gelopen.' Kortom, de grens van vrije meningsuiting ligt daar waar de openbare orde wordt bedreigd.

Maar Mill is niet voor niets zo specifiek in zijn voorbeeld. De filosoof doelt namelijk uitsluitend op uitingen die expliciet en onmiddellijk de orde dreigen te verstoren, zoals het ter plekke ophitsen van een menigte of het valselijk doen van een bommelding. Uitingen die mogelijkerwijs leiden tot geweld omdat ze als 'beledigend' worden opgevat, zoals de minister voorstelt, vallen volgens Mill zeker *niet* in die categorie. Want strafbaarstelling van mogelijk ordeverstorende beledigingen zou betekenen dat het verstoren van de openbare orde *wordt beloond*. Dat is de omgekeerde wereld: degenen die – omdat ze beledigd zijn – de openbare orde dreigen te verstoren, zouden in het vervolg niet worden *bestraft*, maar in het *gelijk worden gesteld*. En de belediger wordt vervolgd, wegens de door hem 'veroorzaakte' agressie.

Concreet had het voorstel van minister Hirsch Ballin betekend dat aanstootgevende columns, films of kunstwerken zouden kunnen worden verboden, wanneer een bepaalde groep omwille van het verschijnen ervan de openbare orde besluit te verstoren – door bijvoorbeeld haatmail te verzenden of rellen aan te kondigen. Het uitgebreide lasterartikel zou daarmee dus een enorme inbreuk op de vrije meningsuiting betekenen. Sterker nog, het zou zelfs eigenrichting in de hand hebben gewerkt. Want de minister koos met zijn voorstel partij voor hen die vanwege 'gegriefdheid in het wereldbeeld' met ondemocratische middelen een ander het zwijgen willen opleggen, zonder dat er zelfs maar sprake hoeft te zijn van opzettelijke opruiing of kwetsing.

Des te pijnlijker was het dan ook dat de brief van de minister was gedateerd op 6 mei 2008 – precies zes jaar na de moord op Pim Fortuyn. Diens uitlatingen hadden destijds ook veel mensen in hun wereldbeeld beledigd – Volkert van der G. was zelfs zo gekwetst dat hij de openbare orde ernstig meende te moeten verstoren. Zes jaar later leek de minister van Justitie daar met terugwerkende kracht alsnog begrip voor op te brengen.

Het is allerminst een geruststelling dat de minister ook schreef dat 'serieuze godsdienstkritiek' mogelijk moet blijven. Het is niet aan de staat – noch aan de minister van Justitie – om te bepalen wat als serieuze kritiek moet worden beschouwd. Dit voorstel leek dan ook een geheime agenda te hebben: Geert Wilders politiek te dwarsbomen. Er lagen namelijk nog tientallen aangiften tegen de politicus op het bureau van de politie, die het Openbaar Ministerie vooralsnog niet kansrijk genoeg achtte om ze voor een rechter te brengen. Maar daar had zeker verandering in kunnen komen als 'dreigende ordeverstoring' een wettelijk criterium voor vervolging was geweest. En daar kwam ook verandering in toen het Amsterdamse hooggerechtshof begin 2009 bepaalde dat het OM Wilders alsnog moest vervolgen wegens haatzaaien en belediging van moslims. Minister Hirsch Ballin weigerde daarop ieder commentaar.

Mij rest daarom slechts één conclusie: een minister die een dergelijke inperking van de grondrechten voorstaat uit oogpunt van eigen politiek gewin, zou onmiddellijk tot aftreden gedwongen moeten worden. Oppositiepartij D66 wierp tegen dat het voorstel 'te algemeen geformuleerd' was, maar dat was wel erg zacht uitgedrukt; een motie van wantrouwen was hier passender geweest. Want een minister die de kant kiest van het geweld, zou eigenlijk geen minister mogen zijn.

De glijdende schaal is niet het probleem, maar de oplossing

Na een ongewoon fel Tweede Kamerdebat over embryoselectie werd in mei 2008 een van de ingewikkeldste ethische dilemma's uit de filosofie onderwerp van hevige publieke discussie: abortus. Staatssecretaris Jet Bussemaker (Volksgezondheid, PvdA) was voornemens embryoselectie toe te staan voor embryo's die door genetische aanleg een hoog risico lopen op een ernstige ziekte, zoals borstkanker. De ChristenUnie was mordicus tegen, waarop de staatssecretaris het plan terugtrok. Bijna iedereen viel toen over de fractie van vicepremier André Rouvoet heen: hoe kon de ChristenUnie in een kwestie over leven en dood zo dogmatisch zijn? Gynaecoloog Hans Evers hekelde in *nrc.next* de 'christenfundamentalisten' die hun gelijk proberen te halen 'over de rug van ernstig zieke mensen'.

Nu is die harde kritiek op de ChristenUnie aan de ene kant begrijpelijk. Door haar standpunt ten aanzien van embryoselectie ontneemt ze mensen de mogelijkheid om kinderen te krijgen die een kankervrij leven tegemoet kunnen zien. Des te hypocrieter is het dat de partij bij ondertekening van het regeerakkoord in 2007 instemde met de reeds bestaande abortuspraktijk – zo principieel tegen abortus was ze destijds blijkbaar niet. Maar aan de andere kant is het verwijt dat de ChristenUnie zich dogmatisch of zelfs fundamentalistisch opstelt, ook te gemakkelijk. Abortus is niet voor niets een van de ingewikkeldste moraalfilosofische kwesties denkbaar. Het antwoord op de vraag vanaf wanneer abortus wel of niet gerechtvaardigd zou zijn, is zo afhankelijk van 'metafysische' aannamen, dat dogmatisme uiteindelijk *onvermijdelijk* is.

Ten grondslag aan de abortuskwestie liggen twee bijna onbeantwoordbare vragen. De eerste luidt: wanneer is er sprake van een 'persoon' die recht heeft op morele inachtneming? Of anders gezegd, vanaf welk moment heeft een foetus het onvervreemdbare recht op leven, zoals een reeds geboren mens dat heeft? Tegenstanders van abortus stellen simpelweg: het recht op leven geldt van meet af aan. Abortus is dus nooit toelaatbaar, vinden zij. Maar critici wijzen er terecht op dat een foetus in eerste instantie nog niet de eigenschappen bezit die een dergelijk recht zouden kunnen rechtvaardigen; het heeft nog geen bewustzijn, geen gevoel en vertoont zelfs geen hersenactiviteit. Zou het dan toch al het recht op leven hebben, dan zou aan alle levende wezens – van bacteriën tot planten – dat recht toekomen. Dat criterium is onhoudbaar.

Voorstanders van abortus stellen dan ook meestal dat een embryo in eerste instantie slechts een 'klomp cellen' is die nog geen rechten kan doen gelden. Maar op welk moment wordt die 'klomp cellen' dan een 'echt mens'? Een veelgehoord antwoord is: wanneer het embryo bewustzijn heeft ontwikkeld. Maar ook dit standpunt is problematisch: als bewustzijn het criterium is voor het recht op leven, dan zou dat recht aan comapatiënten weer niet toekomen.

Tegenstanders van abortus gooien het daarom vaak over een andere boeg. Zij stellen dat een foetus misschien nog geen rechthebbende persoon is, maar wel de potentie heeft om het te worden. Ze vinden abortus dus moord op een 'toekomstig' mens. Critici noemen het potentieargument echter te ruim: ook sperma en eitjes zouden 'in potentie' mensen kunnen zijn. Is een gebruikt condoom weggooien dan ook moord? Een verweer tegen die kritiek is dat zaad- en eicellen afzonderlijk geen mens kunnen worden; pas als ze samensmelten is er sprake van een potentieel mens.

Maar dan nog blijft de vraag of 'potentie' voldoende grond is om een embryo het onvervreemdbare recht op leven te geven. Want zoals de ethica Margaret Olivia Little constateert in haar essay

The Moral Permissibility of Abortion (2006): het traject dat het embryo nog moet afleggen om daadwerkelijk een mens te worden, is volledig *afhankelijk* van een andere persoon, namelijk de moeder. Het potentieargument is volgens Little daarom 'misleidend'. Want de potentie om een mens te worden schuilt niet in het embryo: zonder de moeder is er van een potentieel mensenleven helemaal geen sprake.

En daarmee zijn we bij de tweede haast onbeantwoordbare vraag aanbeland, namelijk welk recht dan *zwaarder* telt: het recht op leven van het ongeboren kind of het recht op zelfbeschikking van de moeder? Dat het recht op leven per definitie voorrang heeft op het zelfbeschikkingsrecht van de moeder, is praktisch onhoudbaar. Een vrouw die zwanger is geraakt na een verkrachting heeft toch zeker het recht om de zwangerschap te beëindigen. Maar dan is de vraag: geldt dat ook voor zwangerschappen die niet gedwongen, maar wel ongewenst waren? En wat nu als iemand financieel, lichamelijk of geestelijk niet in staat is voor een kind te zorgen? Maar ook het zelfbeschikkingsrecht van de moeder kan niet absoluut zijn, want dan zou zij het kind na acht maanden zwangerschap nog kunnen laten weghalen.

Margaret Little leidt uit het voorgaande af dat elke poging om te bepalen op welk moment abortus al dan niet is toegestaan uiteindelijk 'dodelijk arbitrair' is. En ook genetica-expert Hans Galjaard concludeerde ten tijde van het embryodebat in *NRC Handelsblad* dat er 'geen criteria' voorhanden zijn om te bepalen wanneer embryoselectie gewenst is of niet. De opstelling van de ChristenUnie is dus wel dogmatisch, maar eigenlijk is iedere stellingname in deze kwestie dat. Wanneer iemand een 'rechthebbende persoon' is en welk recht het zwaarste weegt, blijft altijd een kwestie van betwistbare aannamen over wat het betekent om 'mens' te zijn en 'rechten' te hebben.

Little stelt daarom voor de zoektocht naar het moment waarop abortus gerechtvaardigd is, te staken. In plaats daarvan, zegt zij, moeten we een ander vocabulaire aannemen: we moeten niet spreken van 'vaststaande momenten', maar van 'gradaties'. Op die manier kan recht worden gedaan aan de morele intuïtie dat 'een mensenleven een morele waarde heeft die sterker wordt naarmate de ontwikkeling ervan vordert'. Ook een miskraam, zegt Little, wordt als 'een steeds groter verlies ervaren naarmate de zwangerschap langer duurt'.

De vraag wanneer abortus gerechtvaardigd is, kan op deze manier niet eenduidig worden beantwoord. Maar de suggestie van Little geeft wel een belangrijk inzicht. Door niet langer in vaststaande momenten maar in gradaties te denken, wordt de angst voor de zogenoemde glijdende schaal ongegrond. In die schaal schuilt namelijk niet zozeer het gevaar als wel de *oplossing*: daaraan ontlenen we onze intuïtieve morele stok achter de deur. Want juist het feit dat we van een glijdende schaal spreken, toont het diepgewortelde morele gevoel dat sommige redenen voor abortus meer overtuigingskracht hebben dan andere.

Het bezwaar dat het verwijderen van embryo's met 80 procent kans op borstkanker uiteindelijk zal leiden tot het weghalen van kinderen die niet 'knap' genoeg worden gevonden, is in die zin dus een drogreden: het ontkent precies die 'glijdende schaal' waar het *zelf voor waarschuwt*. Want, het suggereert dat er van een schaal eigenlijk geen sprake is; dat in het uiterlijk van een kind evenzeer een reden kan worden gevonden om abortus te plegen als in een ernstige erfelijke ziekte. Het omgekeerde is eerder waar: juist de glijdende schaal behoedt ons voor dergelijk moreel verval.

En daar lijkt de grote zwakte van het standpunt van de Christen-Unie te zitten. Door onwrikbaar het recht op leven van het embryo te verdedigen suggereert de partij dat mensen – wanneer het eenmaal zou worden toegestaan – om de meest triviale redenen tot abortus zouden besluiten. Dat getuigt van weinig vertrouwen in hun geweten en doet ook geen recht aan de praktijk: abortus vindt uiteindelijk plaats om bepaald lijden te voorkomen. Beter gezegd, om dat lijden niet te veroorzaken. Want zoals de Amerikaanse sociologe Barbara Katz Rothman (1948) in haar boek *Recreating Motherhood* (1989) stelt: 'Abortus is geen keuze om te vernietigen, maar een weigering om te creëren.' En als je een ernstige erfelijke ziekte hebt, lijkt mij die weigering toch terecht.

Over seks en liefde

De valse claim van het christendom op onze liefdesmoraal

Het meest ironische televisieprogramma van de afgelopen jaren is met afstand *40 dagen zonder seks* van de Evangelische Omroep (EO). Niet zozeer omdat presentator Arie Boomsma ooit fotomodel was, en zo met zijn gebronsde torso voor de cameralens al menig steentje heeft bijgedragen aan de 'seksualisering' van de maatschappij die het programma zo gretig beklaagde. Nee, de ironie schuilt vooral in de omroep, die zijn wortels heeft in een religie die een buitengewoon dubieuze rol heeft gespeeld in de totstandkoming van de gedachte dat seks en liefde met elkaar verbonden (horen te) zijn.

Want dat was de boodschap van het programma: seks moet gepaard gaan met liefde, trouw en intimiteit. Het werd verkondigd op een manier die we van evangelisten kennen – als een evidente leerstelling die geen argumentatie behoeft. 'Wanneer ik door heel het land jongeren hoor roepen dat zij hun sekspartners liever niet te goed willen leren kennen, dat zij alleen seks willen en daarna weer afscheid nemen, gaat er iets mis', schreef Boomsma destijds op zijn weblog. De vraag waarom er dan iets misgaat, werd niet beantwoord. Gelukkig is de geschiedenis van de seksualiteit uitstekend gedocumenteerd. En wie daar een beetje bekend mee is, weet dat het patent op liefdevolle seks in ieder geval niet toekomt aan het christendom.

Het is allereerst goed om te weten dat er al ver voor de opkomst van het christendom in morele termen over seks werd gedacht. Zo spreekt de (vermeende) Griekse schrijver Pausanias in het meesterwerk *Symposium* van Plato (424-348 v. Chr.) reeds over het onderscheid tussen 'vulgaire eros' (seks uit lust met een willekeurige persoon) en 'hemelse eros' (seks uit liefde met een specifieke persoon). Zijn opvatting was overigens geen gemeengoed in het oude Griekenland. Gangbaarder was dat geslachtsgemeenschap beschouwd werd als een goddelijke activiteit, waarmee de mensen de goden een plezier deden. Er werden dan ook talloze vormen van seks bedreven (inclusief homoseks en pedoseks) – en niet alleen privé, maar ook publiekelijk. Seks als betaalmiddel was ook niet ongebruikelijk: leerlingen (vooral jongens) verleenden hun leermeester soms hand- en spandiensten in ruil voor kennis.

De meeste Grieken zagen geslachtsgemeenschap dan ook primair als een vorm van genot, niet als een vorm van liefde. In moreel opzicht deed het er niet zozeer toe met wie je het deed, een punt van zorg was eerder hoe vaak. Seksuele restricties hadden daarom vooral betrekking op het voorkomen van overdaad – een thema dat vooral opgeld doet in het werk van Plato's voornaamste leerling Aristoteles. Nu kwam seks met de komst van het christendom in eerste instantie geenszins in een negatief daglicht te staan. Wel werd de band met erotische lust gaandeweg losser en kwam procreatie ervoor in de plaats. Geslachtsgemeenschap was voortaan uitsluitend bedoeld om de soort in stand te houden – een opvatting die we tegenwoordig darwinistisch zouden noemen. De reden is historisch ambigu, maar bevatte waarschijnlijk een aspect van macht: hoe meer mensen, hoe meer invloed van de kerk.

De ironie wil dat het uitgangspunt van procreatie de voornaamste aanzet geweest is tot een radicale, negatieve omslag in de betekenis van seks binnen het (westerse) christelijke denken. Want, zo vraagt de wereldberoemde Franse filosoof Michel Foucault (1926-1984) zich af in zijn standaardwerk *Geschiedenis van de seksualiteit* (1984): 'Waarom dragen we tot op de dag van vandaag de last met ons mee van de schuld die we over onszelf hebben afgeroepen door van seks een zonde te maken?' Het antwoord is simpel en complex tegelijk. Onder het juk van het christendom werd geslachtsgemeenschap langzaam maar zeker een juridische – lees: strafbare – notie. Seks werd uit het dagelijkse leven verbannen en naar een geïsoleerde plek in de cultuur verplaatst, waarbij expliciet een koppeling aan de notie van 'het Kwaad' ontstond. Waarom? De redenen daarvoor waren niet zozeer moreel als wel praktisch van aard. De macht en invloed van de kerkelijke instanties kwamen onder druk te staan door een (te) sterk toenemende populatie. De boodschap 'gaat heen en vermenigvuldigt u' bleek, tezamen met het ontbreken van effectieve anticonceptie, een onhoudbare combinatie. De bevolkingsgroei bracht zo veel politieke en economische problemen met zich mee, dat beteugeling noodzakelijk werd geacht. Want, zoals Foucault opmerkt: 'De kern van de economische en politieke problemen was seks.' Dit bracht de kerk tot twee maatregelen. Ten eerste mocht seksuele gemeenschap voortaan alleen plaatsvinden als men getrouwd was. Die opvatting was geenszins romantisch van aard, maar primair een kwestie van bevolkingspolitiek. De juridische gaten waren echter nog niet gedicht. Want eenmaal getrouwd kon men er ook buitenechtelijke sekspartners op nahouden. Om dat tegen te gaan werd ook vreemdgaan strafbaar gesteld. En niet zuinig ook: men kon er de doodstraf voor krijgen.

De strafbaarstelling van buitenechtelijke seks onderving overigens niet alleen de te sterke bevolkingsgroei, maar ook een ander praktisch probleem: het lastig vast te stellen erfrecht. Hoogleraar Bijbelstudies Carol Meyers van de gerenommeerde Duke University (vs) legt dat glashelder uit in de documentaire *Love and Sex in the Bible*: 'Het verbod op buitenechtelijke seks had alles te maken met de overdracht van goederen van de ene generatie op de andere. De man moest zeker weten dat het kind waarvan zijn vrouw zwanger was ook echt zijn kind was, en niet dat van een ander.' Later, vanaf de jaren twintig van de twintigste eeuw, werd dit probleem langzaam maar zeker van minder belang, toen het mogelijk werd om het vaderschap achteraf vast te stellen (vanaf 1980 met 99,99 procent zekerheid), maar lang voor die tijd was de morele overtuiging dat vreemdgaan slecht was al ingesleten.

De gedachte dat seks verbonden hoort te zijn aan intimiteit, exclusiviteit en trouw heeft dus niet zozeer een liefdevolle als wel een *restrictieve* christelijke oorsprong. Het was de manier bij uitstek om de bevolking zowel binnen de perken als binnen de kerk te houden – en de bezittingen binnen de gemeenschap. Toch associëren de meeste mensen seks en liefde tegenwoordig niet met elkaar om restrictieve redenen, maar uit romantische overwegingen. Dat hebben we niet te danken aan het (latere) christendom, maar aan een samenspel van overtuigingen uit vier grote filosofische stromingen: het utilitarisme, het socialisme, het liberalisme en de Romantiek.

Utilitaristen waren overtuigd van de intrinsieke juistheid van het nastreven van het 'grootste goed voor allen' en verwierpen om die reden seks ter bevrediging van alleen de eigen lusten. Het socialisme streefde naar sociale en economische gelijkheid, en bezag seks daarom vanuit het oogpunt van vrijwilligheid – aan onvrijwillige seks lag immers meestal (economische) ongelijkheid ten grondslag (of zoals in het oude Griekenland: ongelijkheid in kennis en status). Het liberalisme ging vooral uit van de autonomie van het individu en beoordeelde seks dus primair op wederzijds welbevinden. De Romantiek ten slotte was een beweging tegen het Verlichtingsdenken, waarin economische overwegingen en rationaliteit werden verworpen en seks dus nauw verbonden raakte met gevoel en intimiteit.

De stelling van presentator Boomsma dat 'juist de EO dit programma moest maken' omdat die omroep 'voor liefde staat', is dus wat seksualiteit betreft een historische en filosofische miskleun te noemen. Het programma had wat dat betreft veel beter gepast bij een vrijzinnige omroep als de AVRO of een socialistische omroep als de VARA. Maar ja, probeer daar maar eens iemand te vinden die van mening is dat de relatie tussen seks en liefde gepromoot wordt door aan geheelonthouding te doen. Als je de boodschap van het programma in aanmerking neemt, komt dat immers neer op veertig dagen zonder *liefde*.

Homo zijn? Dat mag niet van de natuur

De ChristenUnie heeft, zeker na haar dogmatische stellingname in het embryodebat, de naam een principiële partij te zijn. Maar vlak na de gevoelige embryokwestie toonde de partij zich toch van een minder principiële en rechtlijnige kant. Op het partijcongres in Zwolle werd de vraag of homoseksuelen bestuursfuncties voor de ChristenUnie mogen bekleden beantwoord met 'ja en nee'. Alle moties om homo's per definitie uit dergelijke functies te weren werden weliswaar verworpen, maar de deur werd niet wagenwijd opengezet. Besloten werd een gedragscode op te stellen waarmee selectiecommissies per afdeling kunnen bepalen of homo's voor de partij mogen uitkomen. Of homoseksualiteit binnen de ChristenUnie nu wel of niet wordt geaccepteerd, is dus nog altijd niet duidelijk – lokale bestuurders moeten dat zelf maar beslissen.

Het is interessant om te zien hoe de ChristenUnie – die zich in de meeste kwesties simpelweg beroept op het woord van God – worstelt met dit vraagstuk. Een reden daarvoor is natuurlijk dat de Bijbel zich volstrekt niet eenduidig uitspreekt over de morele status van homoseksualiteit; er bestaat binnen de verschillende christelijke denominaties dan ook weinig consensus over. Veelzeggend is ook dat veel leden van de ChristenUnie gemakshalve het standpunt van emeritus hoogleraar ethiek Jochem Douma hebben overgenomen dat homo zijn mag, maar homo doen niet. Een volstrekt ambigu standpunt natuurlijk: homoseksuele gevoelens hebben is wel toegestaan, maar ze praktiseren niet. Dat werpt de vraag op *wat* iemand dan precies tot homo maakt.

De geestelijke spagaat binnen de ChristenUnie is echter niet alleen te wijten aan de onduidelijkheden in de Schrift. Een andere oorzaak schuilt in de al veel eerder ingezette ontwikkeling in het denken over homoseksualiteit. Het argument waarmee homoseksualiteit eeuwenlang is verworpen, heeft zich namelijk op een gegeven moment tegen zichzelf gekeerd – en dat wreekt zich nu. Voor de volledigheid is het goed om hier op te merken dat in het prechristelijke tijdperk, ten tijde van de oude Grieken, het onderscheid tussen heteroseksueel en homoseksueel nog helemaal niet werd gemaakt. Het geslacht van degene door wie men seksueel werd aangetrokken, werd destijds door de meeste mensen niet als moreel relevant beschouwd. Belangrijker was of men tijdens de geslachtsgemeenschap een 'actieve' dan wel 'passieve' rol speelde. Of preciezer geformuleerd: of men penetreerde of gepenetreerd werd. Zowel vrouwen als jonge jongens – die seksuele diensten aan hun leermeester verleenden – hadden een passieve rol tijdens de daad, en werden om die reden als inferieur beschouwd. Maar homoseksualiteit werd op zichzelf niet verworpen.

Toch is aan de filosofie van de Griekse filosoof Plato een manier van denken ontsproten die uiteindelijk het fundament is geworden voor het morele taboe op homoseksualiteit – een manier van denken die bekendstaat als de *natuurwettheorie*. De Griekse sofisten – vóór Plato zeer invloedrijk – beschouwden de wereld nog als veranderlijk en door menselijke conventies bepaald, zoals nu de meeste postmodernisten de werkelijkheid als een kwestie van interpretatie zien. Maar Plato dacht daar anders over: onder de realiteit lag volgens hem een 'natuurlijke orde' die bepaalde hoe het universum functioneerde – en zou moeten functioneren. Zodoende kreeg de term 'natuurlijk' voor het eerst ook een morele connotatie: wat onder goed en kwaad moest worden verstaan was volgens Plato geen kwestie van traditie en gebruik, maar van natuurlijke wetmatigheden. Hoe mensen zich hoorden te gedragen,

133

viel dus ook af te leiden uit de 'natuur der dingen'.

Nu zijn ook Plato's opvattingen over homoseks ambigu en aan veel discussie onderhevig, maar in zijn beroemde werk *De wetten* noemt de wijsgeer seks tussen mensen van hetzelfde geslacht expliciet 'onnatuurlijk'. En naarmate de natuurwetdoctrine aan invloed won – iets waar Plato's leerling Aristoteles sterk aan bijdroeg – werd ook de gedachte dat het menselijk gedrag in overeenstemming moest zijn met de natuur steeds gezaghebbender. Uiteindelijk was het de Italiaanse filosoof en theoloog Thomas van Aquino (1225-1274) die de natuurwettheorie incorporeerde in de christelijke ethiek. Hij stelde dat geslachtsgemeenschap 'van nature' voor reproductie was bedoeld en dat het de 'natuurlijke functie' van het mannelijk geslachtsdeel was om vaginale seks te bedrijven. Deze opvatting is later in grote delen van het zeer christelijke Westen gemeengoed geworden.

Tot op de dag van vandaag berust de afkeuring van homoseksualiteit nog goeddeels op die gedachte: dat seks met iemand van hetzelfde geslacht 'tegennatuurlijk' zou zijn. Binnen de christelijke gemeenschap beroept men zich dan ook vaak – mede vanwege het ontbreken van een expliciet verbod – op die passages in de Bijbel waarin homoseks 'onnatuurlijk' wordt genoemd. Maar ook door niet-christenen wordt het argument nog altijd naar voren gebracht. Zo stelt Michael Levin, hoogleraar ethiek aan de City University in New York, in zijn essay *Why Homosexuality is Abnormal* (1984) dat homoseks niet zozeer moreel verwerpelijk of zondig is, als wel een 'verkeerd gebruik van de genitaliën'. Want, zo schrijft Levin, 'de natuur heeft bepaald dat de functie van de penis is om zaad in de vagina te brengen'. Het geslachtsdeel op een andere manier gebruiken is volgens Levin 'abnormaal' en zou moeten worden ontmoedigd.

Maar juist dit 'natuurargument' tegen homoseksualiteit heeft zich de afgelopen decennia door de opkomst van de moderne wetenschappen tegen zichzelf gekeerd. In de biologie en genetica zijn inmiddels talloze aanwijzingen gevonden ter ondersteuning van de hypothese dat de seksuele voorkeur – ook die voor hetzelfde geslacht – (deels) genetisch en/of hormonaal bepaald is. Uit grootschalig onderzoek van de American Psychological Association is ook gebleken dat mensen nauwelijks tot geen gevoel van keuze ervaren in hun seksuele oriëntatie. Bovendien zijn er diverse diersoorten ontdekt die homoseks hebben. Dit alles ondersteunt de opvatting dat homoseksualiteit dus even natuurlijk is als heteroseksualiteit. De natuurwettheorie gebiedt tegenstanders van homoseks nu dus het tegenovergestelde te concluderen: dat seks tussen mensen van hetzelfde geslacht op grond van natuurlijkheid evenzeer geaccepteerd (of zelfs toegejuicht) zou moeten worden als seks tussen mannen en vrouwen.

Zeggen dat homo zijn mag, maar homo doen niet is een kunstgreep waarmee tegenstanders van homoseks proberen onder deze omdraaiing van het argument uit te komen. Op die manier kunnen ze wel probleemloos beweren dat homofilie een natuurlijk gegeven is, maar homo's toch blijven discrimineren. Het is op z'n minst hypocriet te noemen dat homoseksualiteit wel natuurlijk maar niet toelaatbaar wordt geacht, terwijl tegelijkertijd de neiging tot procreatie *maatgevend* wordt gevonden omdat het natuurlijk is. Het argument van ethicus Jochem Douma dat ook pedofilie aangeboren zou kunnen zijn, maar daarmee nog niet acceptabel is, klinkt wellicht overtuigend, maar is niettemin een drogreden. De reden dat pedoseksualiteit moreel verwerpelijk wordt gevonden, schuilt in het feit dat minderjarigen nog niet in staat worden geacht zelfstandig te kiezen voor het hebben van seks. Dat bezwaar ontbreekt volledig als het gaat om homoseks tussen volwassenen.

Discriminatie van homoseksuelen kent dus nauwelijks nog acceptabele gronden. Blijft de vraag waarom je als homoseksueel in een bestuursfunctie zou *willen* zitten van een partij die jouw geaardheid en levenswijze verwerpelijk vindt. Tegennatuurlijk zou ik zo'n politieke voorkeur niet onmiddellijk willen noemen, maar vanzelfsprekend is die keuze toch evenmin.

Kan iemand uitleggen wat porno is?

Eén vraag kwam steeds bij me op toen ik op 23 februari 2008 de film *Deep Throat*, die op die dag door BNN werd uitgezonden, zat te kijken: is dit porno? Opwindend was het niet. Van 'normale' seks was nauwelijks sprake. En de connotatie was vooral symbolisch: deze film ging over vrijheid, niet over seks. De Amerikaanse comedian Bill Hicks (1961-1994) zei ooit: 'Het probleem met porno is dat we niet weten wat het is.' Achter zijn grap gaat meer waarheid schuil dan je op het eerste gezicht zou denken. Ook filosofen worstelen al eeuwen, net als ik die bewuste avond, met de vraag: wat is de *definitie* van pornografie eigenlijk?

Die vraag lijkt onzinnig. Geldt het definitieprobleem niet voor van alles en nog wat? Wat is liefde? Wat is kunst? Onmogelijke kwesties natuurlijk. Maar de vraag naar de definitie van pornografie is van een andere orde. Want de term heeft een *morele* en *juridische* status. Sinds de opkomst van het christendom is het afbeelden van seks gecriminaliseerd. En of dat terecht is geweest kan niet worden bepaald, zolang niet is vastgesteld wat porno eigenlijk *is*. In 1964 werd er in de Verenigde Staten een rechtszaak gevoerd die het juridische antwoord op dit vraagstuk moest geven. De rechter in kwestie, Potter Steward (1915-1985), zei toen: 'Ik kan pornografie niet definiëren, maar als ik het zie, herken ik het onmiddellijk.' Een ontoereikend antwoord, dat moge duidelijk zijn. Toch heerst er sinds jaar en dag een negatief oordeel over pornografie. In de documentaire *Inside Deep Throat* was te zien hoeveel ophef *Deep Throat* destijds veroorzaakte; bioscopen werden geblokkeerd, tegen de hoofdrolspeler werd vijf jaar celstraf geëist en president Nixon kondigde zelfs een 'oorlog tegen de onzedelijkheid' af. En ook 36 jaar na dato weet de film de gemoederen nog bezig te houden: ChristenUnie-leider André Rouvoet deed een moreel appèl op BNN om de film niet uit te zenden, en ook de SGP wilde de uitzending voorkomen.

Wat maakt de film dan zo onwenselijk – of zelfs moreel verwerpelijk? Een reden die werd genoemd is dat de hoofdrolspeelster Linda Lovelace zou zijn gedwongen erin te spelen. 'Iedereen die naar de film kijkt, ziet hoe ik verkracht word', verklaarde ze veertien jaar nadat *Deep Throat* voor het eerst werd vertoond. Die verklaring is hoogst omstreden – ze zou dat hebben gezegd, omdat zij niets heeft verdiend aan de film, die ruim zeshonderd miljoen dollar opleverde. Maar, los daarvan, zou dat een reden zijn geweest om de film niet te vertonen? In moreel opzicht wellicht, maar juridisch is het argument onhoudbaar. Dat de film een strafbaar feit laat zien, zou ook een verbod op programma's als *Blik op de weg* en zelfs het *Journaal* rechtvaardigen. Daarin worden ook wetsovertredingen getoond.

Dit argument was dan ook niet meer dan bijzaak. Het ging hier om het genre: pornografie. Vooral in christelijke en feministische kring wordt porno als iets slechts gezien. De redenen variëren sterk. Sommigen zeggen dat porno seksualiteit in een kwaad daglicht stelt door het te ontdoen van liefde en genegenheid. Anderen noemen porno denigrerend voor vrouwen, omdat ze worden afgebeeld als een lustobject dat ondergeschikt is aan de mannelijke driften. Het meest orthodoxe standpunt is dat het opwekken van lust op zichzelf al verwerpelijk is: seks is bedoeld voor de voortplanting, niet voor het genot, wordt er dan gezegd.

De hedendaagse opvattingen zijn over het algemeen liberaler. Voor de meeste mensen is porno een persoonlijke aangelegenheid, die niet verworpen kan worden zolang er volwassenen aan meedoen en dan niet onder dwang gebeurt. Anders gezegd, er is niets intrinsiek mis met pornografie. Het morele oordeel wordt daarmee dus teruggebracht tot de mate van keuzevrijheid waarin de porno tot stand komt en geconsumeerd wordt. Het oordeel over porno zelf wordt daarmee in feite opgeschort. Maar stel dat men toch zo'n oordeel zou willen vellen. Stel dat men wil bepalen of het verkeerd was om *Deep Throat* uit te zenden. Dan is de vraag alsnog: wat is porno precies? De ruimste definitie luidt: een expliciete afbeelding of beschrijving van seks. Maar ja, wat betekent 'expliciete seks'? Dat hangt zeer af van de tijdgeest en de cultuur. In Victoriaanse tijden werd het tonen van een blote vrouwenenkel al seksueel expliciet genoemd, terwijl het in onze huidige, westerse cultuur de vraag is of zelfs ontblote borsten seksueel expliciet worden gevonden. Vermoedelijk bestaat er wat dit betreft over *Deep Throat* weinig onenigheid: er was zeker expliciete seks te zien. Maakt dat de film dan moreel verwerpelijk? Het antwoord moet wel ontkennend zijn. De definitie is te ruim: ook biologieboeken, natuurfilms en anatomielessen zijn seksueel expliciet, maar daarom nog niet verkeerd.

Het zou preciezer zijn om te stellen dat pornografie seksueel expliciet materiaal is, dat als oogmerk heeft seksuele opwinding te veroorzaken. Die definitie hanteerde schrijver Joost Zwagerman in *Spuiten en Slikken* ook. Hier gaat het om de intentie: de bedoeling is dat je er geil van wordt. Is dat moreel verwerpelijk? Wellicht omdat het genot boven liefde stelt, of ontrouw stimuleert. Maar het probleem is dat intenties nooit met zekerheid zijn vast te stellen. De makers van *Deep Throat* beweerden dat de film een kunstuiting was. Bovendien is ook het begrip 'opwindend' subjectief en tijdsgebonden. Weinigen zullen de film anno 2008 echt opwindend hebben gevonden – de acteurs voldeden in de verste verte niet meer aan het hedendaagse schoonheidsideaal.

'Seksueel expliciet' en 'opwindend' zijn dus ontoereikende criteria. Om een onderbouwd moreel oordeel te kunnen vellen zullen we nog specifieker moeten zijn. Een zeer populaire definitie is daarom dat pornografie een intrinsiek verwerpelijke afbeelding van seks is – simpelweg omdat het fout is om seksualiteit in de openbaarheid te tonen, of omdat het inherent denigrerend jegens vrouwen is. Dat eerste komt dicht in de buurt van het standpunt van de Christen-Unie en de SGP, die porno verwerpelijk noemen vanwege de *obsceniteit*. Het laatste is ook betoogd door de feministe Catharine Mac-Kinnon (1946), die een algeheel verbod bepleitte omdat alle porno 'een vorm van haatpreken jegens vrouwen' zou zijn.

Maar met dit soort definities schieten we niets op. Dat pornografie fout is omdat het fout is, is een cirkelredenering. Verwerpelijk ligt in de woorden haatpreken en obsceniteit besloten. Maar daarmee zijn die begrippen nog niet inherent aan pornografie. Zulke oordelen zijn volledig interpretatief: ze veronderstellen de juistheid van een bepaald moreel wereldbeeld. De Amerikaanse rechtsgeleerde Nadine Strossen (1950) zei daarom ook dat zulke argumenten ('vies', 'obsceen') nooit een reden mogen zijn om porno in de ban te doen. Dat is 'gedachtebeheersing', stelde zij.

Rest ons nog maar één mogelijkheid. Pornografie is seksueel expliciet materiaal dat bedoeld is om geilheid op te wekken en dat daarmee onwenselijke effecten sorteert. Wettelijk gezien zou het dan vallen in de strafbare categorie 'aanzetten tot'. Maar op grond van het voorgaande kan men concluderen dat een dergelijke verkeerde invloed nooit vast te stellen is. Hij is filosofisch gezien zelfs onwaarschijnlijk. Want de interpretatie en daarmee het effect van beelden – zoals die van pornofilms of MTV-clips – schuilt niet *in de beelden*, maar in de gedachten van de beschouwer. Aan het toeschrijven van een bepaalde (morele) betekenis aan een film of clip gaat namelijk noodzakelijkerwijs een wereldbeeld *vooraf*. Zonder wereldbeeld kan men niet interpreteren.

Welk effect MTV-clips of pornofilms hebben, wordt bepaald door het denken van de individuele kijker – niet door wat hij te zien krijgt. Want wat hij ziet, hangt *van zijn denkwijze* af. Dat meisjes door het kijken naar sexy videoclips een sexy uiterlijk belangrijker vinden, zoals hoogleraar populaire cultuur Tom ter Borgt onlangs concludeerde, is giswerk. Heeft het 'effect' van de clips de overtuiging veroorzaakt, of vice versa? Dat laatste acht ik plausibeler – ook omdat het 'effect' zich bij lang niet alle meisjes en maar een minderheid van de jongens voordeed. Pornografisch materiaal is dus eigenlijk niet te definiëren. Het zou daarom ook geen juridische betekenis mogen hebben. Voor hen die er aanstoot aan nemen, rest maar één verweer: de rode knop op de afstandsbediening.

Handig om te weten, mocht BNN ooit *Shaving Ryan's Privates* uit willen zenden.

Liefhebben kun je leren

Liefdesrelaties en huwelijken is een steeds korter leven beschoren. Waren er in Nederland in de jaren vijftig en zestig gemiddeld tussen de 6000 en 7000 echtscheidingen per jaar, nu ligt dat gemiddelde rond de 30.000. Het aantal scheidingen is de afgelopen jaren wel licht gedaald, maar het aantal huwelijken veel sterker: trouwden in 1970 nog ruim 120.000 echtparen, in 2006 waren dat er 72.000. Vier decennia geleden ging slechts één op de tien stellen weer uit elkaar. Nu wordt 33,8 procent van alle jawoorden binnen vijftien jaar alweer ontbonden. Het is dan ook niet vreemd dat Nederland in 2008 een primeur beleefde met de eerste officiële echtscheidingsbeurs – een kwestie van marktwerking.

Nu zijn er talloze welbekende verklaringen voor deze trend. De duidelijkste is wel dat scheiden in Nederland tot 1971 nog uiterst moeilijk was. Een rechter ging alleen tot ontbinding van een huwelijk over als was voldaan aan één van in totaal vier gronden: overspel, faillissement, veroordeling tot een gevangenisstraf van meer dan vier jaar of mishandeling. Na 1971 werd wettelijk vastgelegd dat 'duurzame ontwrichting' van de relatie voldoende was – een grond die zeer ruim te interpreteren valt. Andere verklaringen zijn de toegenomen economische onafhankelijkheid van vrouwen, de hogere prioriteit van zelfontplooiing boven gezinsvorming, en de ontkerkelijking. In sterk religieuze landen ligt het aantal echtscheidingen beduidend lager dan in seculiere samenlevingen – met uitzondering van de nog altijd zeer christelijke Verenigde Staten, waar het aantal echtscheidingen zelfs hoger ligt dan in Nederland.

Maar zijn deze sociologische en economische factoren de enige oorzaken? Wie de wereldwijde bestseller *The Art of Loving* (1956) – in het Nederlands *Liefhebben. Een kunst, een kunde* – van de Duits-Amerikaanse filosoof Erich Fromm (1900-1980) heeft gelezen, denkt daar misschien anders over. Fromm constateert namelijk dat er in de moderne westerse wereld een kijk op liefde (en liefdesrelaties) is ontstaan die de duurzaamheid ervan niet ten goede is gekomen. Zijn centrale stelling luidt dat de meeste mensen een 'gebrekkige' kijk op liefde hebben; we beschouwen liefde als een 'prettige sensatie, die ons alleen maar toevallig ten deel valt als we geluk hebben'. Maar Fromm denkt daar anders over: hij noemt liefde 'een kunde' die men kan ontwikkelen.

Liefde als iets wat je kunt *leren* – die opvatting is in de westerse wereld inderdaad geen gemeengoed. Liefde wordt eerder gezien als iets wat je 'overkomt'. Partners gaan dan ook niet zelden uit elkaar, omdat de liefde 'er niet meer was'. Volgens Fromm gaat dit voorbij aan de ware aard van liefde: het is niet iets wat aanwezig is of niet, maar een talent dat geoefend moet worden.

Fromm wijst in onze denkwijze over de liefde drie tekortkomingen aan. Ten eerste, zegt hij, stellen de meeste mensen zich vóór alles de vraag 'hoe zij erin kunnen slagen door anderen bemind te worden, in plaats van hoe zij hun eigen vermogen tot liefhebben kunnen ontwikkelen.' Nu is de ontwikkeling van het eigen ik zeer belangrijk in onze geïndividualiseerde samenleving; zelfontplooiing is een groot goed. Maar die zelfontplooiing, zegt Fromm, richt zich niet op de ontwikkeling van het vermogen om anderen lief te hebben – integendeel, ze is er juist op gericht *door* anderen bemind te worden: mannen proberen macht, status en geld te verwerven, en vrouwen willen jong, aantrekkelijk en vruchtbaar zijn om hun kansen op de liefdesmarkt te vergroten. Want voor een relatie moet je tegenwoordig zelf zorgen. Was het in Victoriaanse tijden nog een maatschappelijke overweging, zegt Fromm, nu is een relatie een persoonlijke keuze. En dat heeft 'het belang van het object benadrukt, waardoor liefhebben als functie aan betekenis heeft ingeboet', aldus Fromm.

Nauw verwant hieraan is de tweede reden waarom we denken dat we liefhebben niet kunnen leren: de cultuur van het consumentisme. We bieden onszelf aan als 'goede koop', stelt Fromm, in de hoop daarmee een 'aantrekkelijke ruil' te bewerkstelligen. Wat men onder aantrekkelijk verstaat, wordt – zoals het de vrije markt betaamt – bepaald door de heersende mode. Zo was in de jaren twintig het pittige type vrouw dat flirtte, rookte en dronk in trek; in de jaren vijftig werd huiselijkheid en zedigheid juist aantrekkelijk gevonden en tegenwoordig is het vooral belangrijk dat een vrouw zelfstandig en geëmancipeerd is. Voor mannen geldt dat ze eerst agressief en eerzuchtig moesten zijn en nu juist sociaal voelend en verdraagzaam. Deze modegevoelige, consumentistische kijk op de liefde komt de duurzaamheid van relaties niet ten goede. Want als er een beter model beschikbaar is, waarom zou je dan bij het oude model blijven?

De derde reden dat we liefhebben niet als kunde zien, is volgens Fromm dat wij steeds minder onderscheid maken tussen de aanvankelijke verliefdheid (*falling in love*) en de permanente toestand van in liefde samenleven (*being in love*). Eigenlijk wil iedereen verliefd blijven, zoals op de allereerste dag. Maar iedereen weet ook dat die prille verliefdheid nooit lang duurt: je leert elkaar steeds beter kennen, waardoor de gevoelde intimiteit gaandeweg haar mysterie verliest en dus afneemt. Toch blijven veel mensen krampachtig vasthouden aan dat initiële gevoel, zegt Fromm. Onterecht blijft daardoor het idee overheersen 'dat niets zo gemakkelijk is als liefhebben'. In de eerste maanden is er namelijk ook niks moeilijks aan – je 'bent' het gewoon.

Het onjuiste uitgangspunt is met andere woorden dat liefde een geestestoestand is, en dat de relatie bij de gratie daarvan wel zal overleven. Volgens Fromm is dat een te passieve kijk op de zaak. Liefde is namelijk geen aandoening maar een activiteit, zegt hij. De filosoof staat met dit standpunt haaks op een eeuwenlange traditie, van Plato tot Sigmund Freud (1856-1939) en later Bernard Williams, waarin liefde vooral werd beschouwd als een onvrijwillige passie – een gevoel waar je niks aan kunt doen.

Het is een interessante constatering van Fromm dat in een tijd waarin alles als beheersbaar en maakbaar wordt beschouwd, de liefde iets is waar men geen controle over denkt te hebben of zelfs wil hebben. Die opvatting heeft, volgens Fromm, een groot nadelig gevolg. Liefde blijft op die manier 'een uiterst individueel en perifeer verschijnsel'. Daarmee bedoelt hij: liefde wordt niet als maatschappelijk streven gezien en heeft zich daarom nooit echt in onze samenleving geworteld. Of, zoals Fromm het formuleert, liefhebben heeft geen 'maatschappelijk bestaan'.

Onze samenleving is hoofdzakelijk ingericht ter bevordering van economische productie en consumptie; liefhebben is geen doel dat wij onszelf als collectief hebben gesteld. Er zijn geen scholen die het onderwijzen, of reclames die het propageren. En dat bevreemdt Fromm enigszins: liefhebben is immers de diepste en meest wezenlijke behoefte van ieder mens. Volgens hem is het dan ook een groot gemis dat liefde nauwelijks institutionele manifestaties kent. Dit klinkt tamelijk zweverig en zelfs prekerig. Maar de gedachte is zo vergezocht nog niet. Seks is ook een sterke primaire behoefte en die is wel alom aanwezig in de maatschappij. Seks wordt onderwezen, geadverteerd en zelfs verkocht. Dus waarom zou dat voor liefde niet kunnen gelden? Er worden al miljoenen liedjes over gezongen en boeken over geschreven. Maar bijna uitsluitend vanuit het perspectief van de individuele ervaring. Volgens Fromm zouden we de samenleving zo moeten inrichten dat liefhebben niet uitsluitend een typisch persoonlijke onderneming blijft, maar een algemeen maatschappelijk verschijnsel wordt. Hoe

dat er in de praktijk uit zou moeten zien, laat hij helaas in het ongewisse.

Maar ik kan me om te beginnen wel iets voorstellen bij een jaar-
lijkse liefdesbeurs.

Hoe medelijden moslims nog een keer tot slachtoffers maakte

Premier Balkenende heeft het door Geert Wilders' film *Fitna* zwaar te verduren gehad. Volgens de pvv-leider had de premier de commotie rond het verschijnen van de film *namelijk* aangejaagd door in een vroeg stadium al te spreken van 'een forse crisis'. En Rita Verdonk (ToN) stelde zelfs dat de premier met zijn premature optreden de vrijheid van meningsuiting had 'verkwanseld'.

De opvallendste en interessantste kritiek kwam echter van het rechtse weekblad *Elsevier*. Daarin betichtte politiek commentator Syp Wynia de premier van 'een gebrek aan respect voor moslims'. Dat zal de meeste mensen vreemd in de oren hebben geklonken. Het overgrote deel van de islamitische gemeenschap – in Nederland en erbuiten – had het optreden van de premier en het kabinet zeker niet als respectloos ervaren. Integendeel, de meeste moslims waren blij dat Balkenende hun zorgen omtrent *Fitna* deelde. En ook de meeste niet-moslims zullen de premier dat niet hebben verweten; hij toonde slechts compassie en medeleven. Daar is toch niks mis mee?

Wynia dacht daar anders over. Door zich bezorgd te tonen en eventuele onvrede vooraf te willen bezweren deed de minister-president volgens hem alsof moslims alleen als weerloze slachtoffers konden worden beschouwd. De getoonde compassie noemde Wynia dan ook 'een neerbuigende houding'. Hij memoreerde daarbij een eerdere controverse rond de uitspraken van Wilders, toen voormalig minister Ella Vogelaar (Integratie, PvdA) en minister Maxime Verhagen (Buitenlandse Zaken, CDA) zich ook al bezorgd hadden getoond over het effect van de uitlatingen op moslims. 'Daarmee namen Vogelaar en Verhagen de moslims zelf niet serieus. Ze zagen de Nederlandse moslims als kwetsbare kasplantjes, die het niet aankunnen als een andersdenkende kritiek geeft op hun Bijbel', aldus Wynia.

Dit verwijt graaft dieper dan puur politieke retoriek: er valt een fundamenteel verschil van mening in te ontwaren over wat een goede omgang met mensen is. Wat hier ter discussie wordt gesteld is of compassie en medelijden *deugden* zijn of niet. Nu is in Europa de christelijke opvatting daarover al eeuwen gemeengoed: compassie en medelijden zijn volgens het christendom belangrijke waarden in de intermenselijke verhoudingen. Sterker nog, compassie en medelijden worden in de christelijke traditie zelfs als dusdanig fundamenteel beschouwd dat Friedrich Nietzsche het christendom 'de religie van het medelijden' noemde.

Maar ook Nietzsche bedoelde dat niet als compliment. Zo schrijft hij – op zeer polemische toon – in zijn beroemde schotschrift *Der Antichrist* (1895): 'Wat is schadelijker dan alle ondeugden? Het daadwerkelijke medelijden met alle mislukkelingen en zwakkelingen... het christendom...' Volgens Nietzsche had het christendom alle morele waarden die de mens behoort hoog te houden omgedraaid. Alles wat goed was voor een mens, werd door de christelijke traditie afgekeurd: eigenliefde, ongelijkheid en onverschilligheid jegens het lijden. Alles wat slecht was, werd daarentegen door het christendom juist tot deugd verheven: altruïsme, gelijkheid en medelijden. Volgens Nietzsche maakte dit van alle waarden *onwaarden*. Onder goed moet, volgens Nietzsche, vooral datgene worden verstaan wat de macht en de positie van het individu bevordert. Altruïsme, gelijkheid en medelijden zijn waarden die dat juist *belemmeren*: ze dwingen iemand om rekening te houden met de macht en positie van een ander. Eigenliefde, ongelijkheid en onverschilligheid jegens het lijden zijn daarentegen waarden die geen oog hebben voor de ander.

Die waarden zorgen er dus voor dat de krachtigen aan kracht kunnen winnen en zijn dus goed, aldus Nietzsche – ook al gaan ze ten koste van de zwakkeren.

Net als Syp Wynia beschouwt Nietzsche compassie en medelijden dan ook als denigrerende waarden met een averechts effect. Ze bestempelen mensen tot slachtoffers die incapabel zijn om voor zichzelf op te komen. Of, zoals Nietzsche het zelf formuleerde: 'Het medelijden is tegengesteld aan de tonische affecten die de energie van het levensgevoel vermeerderen: het werkt deprimerend. Door *mee te lijden* verliest men kracht. [...] Medelijden maakt het lijden besmettelijk.' Een soortgelijke kritiek vindt men terug in het werk van de Hongaars-Britse socioloog Frank Furedi, die in zijn boek *Therapy Culture – Cultivating Vulnerability in an Uncertain Age* (2003) de moderne Europese cultuur hekelt als 'een cultuur waarin het subject niet langer wordt gezien als iets wat *doet*, maar vooral als iets wat *wordt aangedaan*'.

Volgens Nietzsche heeft die cultuur een groot nadelig gevolg. De christelijke waarden zoals geëtaleerd door de premier veroorzaken volgens hem *ressentiment*: de neiging om het eigen onvermogen af te schuiven op een externe zondebok. Het ego creëert dan een denkbeeldige vijand, schrijft Nietzsche, die hij kan beschuldigen van zijn eigen inferioriteit. Balkenende heeft dit gevoel van ressentiment onder moslims bevorderd door te benadrukken dat er een gevaar op komst was in de gedaante van een blasfemische film over de Koran. Hij bevestigde daarmee hun positie als slachtoffer.

Maar het ironische is dat niet alleen Balkenende zich hieraan schuldig heeft gemaakt. Geert Wilders doet in zijn film precies hetzelfde met de westerse autochtone gemeenschap in Nederland. Nietzsche zou zonder meer hebben geconcludeerd dat ook Wilders bevangen is door ressentiment: hij projecteert het onvermogen van het Westen om de eigen waarden te beschermen in een denkbeeldige vijand – de islam. Daarmee schildert hij de westerse cultuur af als het slachtoffer van een islamitische dreiging. Nu is dat geheel in lijn met de christelijke traditie die Wilders zegt te willen beschermen – dus inconsequent is het niet. Maar het stelt de kritiek van de PVV-leider op het optreden van premier Balkenende wel in een ander daglicht.

Het geeft zijn verwijten een nogal hypocriete bijsmaak. Want ontfermde het kabinet zich niet op dezelfde wijze over de Nederlandse moslims als Wilders zich ontfermde over het autochtone deel van de bevolking, namelijk door te wijzen op een dreigend gevaar? Het enige verschil is dat Wilders sprak van een andere bedreiging (de islam) dan premier Balkenende (*Fitna*). Met zijn beschuldigingen aan het adres van het kabinet doet Wilders het voorkomen alsof hij het alleenrecht heeft om de bevolking voor een gevaar te waarschuwen en compassie te tonen met de slachtoffers ervan. Maar, als Wilders zich in niet mis te verstane bewoordingen ('fascistische Koran') mag ontfermen over onze vrijheid, waarom zou premier Balkenende zich dan niet met even grote woorden ('forse crisis') mogen ontfermen over het heilige boek van moslims?

De conclusie die men uit alle ophef zou kunnen trekken is dat *Fitna* eigenlijk *twee* soorten slachtoffers heeft gemaakt: de Nederlanders die zich vanwege *Fitna* bedreigd voelen door de islam en de moslims die zich vanwege *Fitna* bedreigd voelen door de PVV. En daar zijn premier Balkenende en PVV-leider Wilders ironisch genoeg in even grote mate debet aan.

Over identiteit

Rita's ironische roots

Volgens meerdere peilingen sinds de oprichting van de beweging Trots op Nederland (ToN), zou Rita Verdonk uit kunnen komen op meer dan dertig zetels in de Tweede Kamer. ToN zou dan de tweede partij van Nederland worden, vlak achter het CDA, dat in de peilingen meestal rond de tweeëndertig zetels schommelt. Nu zakte ToN eind 2008, na enkele interne intriges, ver weg in de politieke barometers – soms naar maar vijf zetels. Maar het ongekende potentieel dat de beweging qua kiezersschare van tijd tot tijd laat zien, rechtvaardigt toch de vraag wat voor *soort* politiek het is dat zo veel kiezers kennelijk aanspreekt – zeker omdat de politieke aspiraties van ToN tot op de dag van vandaag inhoudelijk nog steeds vrij onduidelijk zijn. Een samenhangend partijprogramma is nog altijd niet voorhanden en volgens Verdonk bovendien niet nodig. Op welke plaats in het politieke spectrum moet ToN dan worden geplaatst?

Het soort politiek dat Verdonk bedrijft staat in de politieke filosofie al sinds de tweede helft van de twintigste eeuw bekend als *politics of identity* – ofwel identiteitspolitiek. Volgens de Britse filosoof Michael Kenny onderscheidt deze politiek zich op twee punten van de traditionele politieke stromingen: ze is niet gebaseerd op een coherente *ideologie* en heeft geen afgebakende achterban waarvan ze de *belangen* behartigt. Alle andere politieke partijen in Nederland – op de PVV na – bezitten deze kenmerken wel: de SP en de PvdA zijn geworteld in het socialisme en komen op voor respectievelijk de sociale onder- en middenklasse; het CDA en de ChristenUnie gaan uit van het christendom en verdedigen het gezin; de VVD, D66 en

GroenLinks berusten op het liberalisme en vertegenwoordigen de sociale bovenklasse.

Identiteitspolitiek is anders: zij is gebaseerd op, zoals het woord al doet vermoeden, de *collectieve identiteit* van een bepaalde groep mensen. In het geval van ToN gaat het om de Nederlandse identiteit – om een groep die zichzelf definieert als Nederlander. Wat dat precies inhoudt, is niet duidelijk, maar grofweg zou men kunnen stellen dat het een identiteit aangeeft die gebaseerd is op westerse waarden zoals vrijheid, gelijkheid en individualiteit. Tijdens de presentatie van haar beweging noemde Verdonk vrijheid van meningsuiting, vrijheid van godsdienst en vrijheid van buitenlandse overheersing als de drie fundamenten van de Nederlandse cultuur. En in haar concrete voorstellen richt Verdonk zich – naast het terugdringen van de bureaucratie – voornamelijk op de aanpassing door nieuwkomers aan deze kernwaarden, van wie de rechten en plichten worden vastgelegd in een overeenkomst.

Hoewel Verdonks politieke visie dus sterk drijft op bepaalde normen en waarden, ontbreekt daarin de samenhang van een ideologie. Dat verklaart waarom zij voor concrete standpunten te rade kan gaan bij burgers zonder het gevaar te lopen zichzelf tegen te spreken: haar standpunten vloeien niet automatisch voort uit een samenhangend wereldbeeld. Ook hoeft Verdonk zich niet aan een bepaalde klasse te verbinden: haar beweging richt zich op alle Nederlanders – 'Friezen, Limburgers en ook de nieuwe Nederlanders' – die zich verbonden weten door hun identiteit als Nederlander, niet door de politieke *belangen* die ze gemeen hebben.

De grote ironie is dat deze identiteitspolitiek historisch gezien rechtstreeks voortkomt uit het cultuurrelativisme waar Rita Verdonk zich juist zo hevig tegen verzet. Van oudsher wordt politiek gebaseerd op een gedeelde identiteit bedreven door etnische, religieuze of andere gemarginaliseerde minderheden, die hun afwijkende groepsidentiteit – in opvattingen, tradities of praktijken – willen beschermen *tegen* de dominante cultuur van de meerderheid. Zo wordt identiteitspolitiek in de Verenigde Staten vooral bedreven door Afro-Amerikanen, Latino's en de Amish. Zij eisen politieke en maatschappelijke erkenning van hun identiteit en baseren zich daarbij sterk op het cultureel-relativistische uitgangspunt dat de ene cultuur niet beter of slechter is dan de andere en dat iedere cultuur dus evenveel recht van bestaan heeft. De identiteitspolitiek van Verdonk (alsook die van Wilders) zou men in feite dus een geestesproduct van het door hen zo verfoeide multiculturalisme kunnen noemen. Ze bedienen zich ook allebei van een beproefde strategie uit die stroming: een sterke afkeer van het politieke establishment. Dat establishment wordt door culturele minderheden altijd verantwoordelijk gesteld voor hun onderdrukking.

Toch verschilt Trots op Nederland in één cruciaal opzicht van deze traditionele vormen van identiteitspolitiek. Verdonk neemt het niet op voor de identiteit van een gemarginaliseerde *minderheid*, maar voor de identiteit van de dominante *meerderheid*, namelijk de westers georiënteerde Nederlander. Dat is een bijna paradoxale omkering van dit soort politiek. De dominante identiteit van een land is namelijk helemaal niet gemarginaliseerd en behoeft doorgaans dan ook geen bescherming van haar voortbestaan. De demografische samenstelling van Nederland bevestigt dat: ruim 88 procent van de bevolking is autochtoon – rooms-katholiek, protestants of niet-gelovig. Niet-westerse allochtonen vormen een krappe 9 procent van de bevolking – en daarvan is slechts de helft moslim.

Om succesvol identiteitspolitiek te kunnen bedrijven, is er ToN (en de pvv) daarom veel aan gelegen om de dominante Nederlandse identiteit als *bedreigd* voor te spiegelen. Zonder zo'n bedreiging heeft het namelijk weinig zin om je als collectieve identiteit te organiseren teneinde deze identiteit te beschermen. Wilders spreekt om die reden doorlopend over de islamisering van Nederland en Verdonk hamert op vrij zijn van buitenlandse overheersing. 'Sommigen stellen zelfs het Sinterklaasfeest ter discussie', stelt de politica, om daarmee de suggestie te wekken dat de Nederlandse cultuur in gevaar is. En hoewel de demografische verhoudingen het tegenspreken, appelleert het toch sterk aan het *gevoel* dat veel burgers hebben – een gevoel dat vermoedelijk voortkomt uit de spectaculaire stijging van het aantal immigranten in Nederland tijdens de afgelopen veertig jaar en de steeds zichtbaardere manifestatie van de culturele verschillen die deze heeft meegebracht, zoals moskeeën en hoofddoekjes.

Maar volgens de Amerikaanse filosofe Wendy Brown ligt er nog een diepere oorzaak ten grondslag aan het succes van identiteitspolitiek. Volgens haar is het terugvallen op een gezamenlijke cultuur niet zozeer het gevolg van een botsing tussen verschillende culturen als wel van een toegenomen sociale en economische ongelijkheid. Een groeiende groep mensen lijkt te beseffen dat 'twee beloften van de moderne samenleving – individuele vrijheid én sociale gelijkheid – onverenigbaar zijn gebleken', aldus Brown. Voor deze machteloze groepen in de samenleving, zegt zij, is individuele zelfontplooiing en de kans op verbetering van de sociale positie onhaalbaar, hetgeen 'frustratie, rancune en verbittering' veroorzaakt. En dat voedt, volgens Brown, 'een rebellie [...] in de vorm van het politiek relevant maken van culturele verschillen'.

Zij doelt hiermee op wat Friedrich Nietzsche ooit de 'wraak van de machtelozen' noemde. Als gevolg van de machteloosheid om de eigen vrijheid te realiseren ontstaan er volgens Nietzsche 'extreme uitingen van moralisme' om daarmee ook andermans vrijheid te beperken. Het opleggen van de Nederlandse normen en waarden, zoals het verbieden van gezichtsbedekkende kleding of de verplichting om vrouwen een hand te geven, zou in de ogen van Brown dus een vorm van wraak kunnen zijn. Het is een uitlaatklep van de sociaal achtergestelden voor 'het lijden dat het kapitalisme heeft veroorzaakt', aldus Brown – een vorm van vergelding voor de groeiende sociale en economische ongelijkheid.

Het wekt dan ook geen verbazing dat Verdonk vooral populair is bij de mensen die zich zorgen maken om problemen waar ze machteloos in staan, zoals de bureaucratie, de files, het verval van normen en waarden, de massa-immigratie of de globalisering. Deze machteloosheid vertaalt zich in woede – en vervolgens in de herovering van de macht via de moraal. Het is zoals de socioloog Paul Scheffer constateerde: 'Trots op Nederland betekent eigenlijk Boos op Nederland.' In die zin heeft Verdonk toch een achterban: de verliezers van de globaliserende economie.

Dat zij in Verdonk een spreekbuis zien, is overigens alleen maar toe te juichen. Vooral omdat zij tegenwicht biedt aan Geert Wilders, die op dezelfde woede inspeelt voor politiek gewin. Maar anders dan Verdonk legt Wilders de schuld voor het verval van Nederland volledig bij de komst van de islam – en dat kan gevaarlijk zijn in een politiek die (deels) drijft op rancune. De verdienste van Verdonk is dat zij die onderliggende rancune vertaald heeft in trots. Dat klinkt een stuk constructiever dan 'stop de islamisering'. Het wachten is nu alleen nog wel op daadwerkelijk constructieve plannen.

De heimelijke motieven van Geert Wilders en prinses Máxima

Het debat over de Nederlandse identiteit lijkt na een korte opleving grotendeels te zijn verzand in wederzijdse verontwaardiging. Prinses Máxima kreeg eind 2007 de politieke wind van voren toen zij in een toespraak stelde dat de Nederlander niet bestaat. Geert Wilders noemde die constatering 'politiek correcte prietpraat' en Rita Verdonk vond dat de prinses het grootste deel van de Nederlanders tekort had gedaan. Daarop sloeg de verbazing over naar het andere kamp: Jan Peter Balkenende en Ella Vogelaar snapten niets van alle ophef. Prins Willem-Alexander schoot zijn echtgenote nog te hulp door te stellen dat Máxima het goed bedoeld had, en niet veel later sloot ook eurocommissaris Neelie Kroes zich bij het kamp van de 'identiteitsontkenners' aan.

Aardig voor de krantenkoppen misschien, maar de werkelijke kwestie is geleidelijk aan uit beeld geraakt. De vraag wat identiteit eigenlijk is wordt niet gesteld, en de vraag of wij er een hebben wordt ook niet beantwoord. Daarom stel ik de vraag hier. Een coherent antwoord zou overigens duizend-en-een boeken beslaan, dus dat is hier de ambitie niet. Maar een grove schets is wel te maken. En gaandeweg zal blijken dat de vraag of de Nederlander bestaat, helemaal niet aan de orde is, maar dat andere motieven op de achtergrond het debat bepalen.

Een van de meest invloedrijke hedendaagse definities van identiteit wordt gegeven door de Amerikaanse filosofe Christine Korsgaard in het boek *The Sources of Normativity* (1996). Zij baseert zich daarbij grotendeels op het denken van Immanuel Kant. De hier volgende definitie is dus goeddeels aan hem toe te schrijven. De vraag naar identiteit begint met het zelfbewustzijn. De mens is zich, meer dan welk organisme ook, bewust van zijn eigen bewustzijn. Dat wil zeggen dat de mens, in tegenstelling tot dieren, in staat is om te reflecteren op zichzelf. Dit vermogen geeft hem een unieke eigenschap, te weten een vrije wil. De mens handelt niet uitsluitend uit impuls of uit primair verlangen, zoals dieren automatisch gaan eten als ze honger hebben, maar is in staat te reflecteren op zijn gevoel. Een mens kan *bewust* handelen: als hij honger heeft, kan hij ook besluiten *niet* te eten.

Kants definitie van identiteit begint dan ook met de veronderstelling van de vrije wil. Zonder vrije wil zou er geen ik zijn dat uit *eigen* beweging handelt. Nu is de vraag: wat is dan eigenlijk die wilsvrijheid? Kant antwoordde daarop dat de wil van de mens vrij is 'voor zover hij zichzelf de wet op kan leggen'. Daarmee bedoelde hij: de mens is vrij om te handelen door de *redenen* die hij zichzelf opdraagt. Dat klinkt abstracter dan het is. Redenen zijn – simpel gezegd – de dingen die volgen op het woordje 'omdat': ik ga niet eten, omdat ik wil afvallen. Of ik ga dit stukje schrijven, omdat ik iets wil uitleggen. Die redenen zijn de 'wetten' van de wil: ze dragen de mens op om iets te doen (of iets te laten). Anders gezegd, aan iedere menselijke handeling gaat een reden vooraf, die leidt tot een besluit. Zonder redenen zou er dus geen wilsvrijheid zijn – het is dan onmogelijk om iets te besluiten. Een typisch voorbeeld hiervan is de volstrekt lethargische romanfiguur Oblomov van de Russische schrijver Ivan Gontsjarov: Oblomov heeft geen redenen (hij ziet nergens de zin van in) en is daarom tot niets in staat.

Wat heeft dit alles met identiteit te maken? Welnu, Kant stelde dat de menselijke identiteit bestaat uit de beweegredenen die een mens heeft. Simpeler gezegd, de redenen waarom ik doe wat ik doe en laat wat ik laat, zijn bij elkaar opgeteld *wie ik ben*. Dit is eigenlijk heel logisch: iemand die heel consistent is in zijn redenen (in waarom hij dingen doet of laat) noemen we niet voor niets een sterke *per-*

soonlijkheid. Hij heeft een duidelijke identiteit. Kant voegde aan dit alles echter nog een interessante dimensie toe. Hij stelde dat deze definitie van identiteit ('waarom ik handel is wie ik ben') een morele definitie is. Want, zei Kant, wil een beweegreden ook daadwerkelijk een beweegreden zijn, dan moet die door de persoon in kwestie als goed worden gezien. Als ik iets als een slechte reden beschouw, dan brengt het mij niet tot handelen. Een slechte reden is geen reden; alleen goede redenen kunnen leiden tot een besluit. Dat betekent: om een identiteit te kunnen hebben is een idee van goed en slecht vereist. Zonder idee van goed en slecht zouden alle redenen triviaal zijn; elke reden is dan om het even – en dus geen reden meer. Om iemand te zijn moet je volgens Kant dus een definitie van goed en slecht tot je beschikking hebben waarop je je redenen kunt baseren. De kantiaanse definitie van identiteit is dan ook, kort samengevat, 'het vermogen tot moreel handelen'. Het ik is onze *bron van normativiteit,* zoals Christine Korsgaard het formuleert – onze eigen, door de rede gedicteerde morele *wetgever.*

Dit is precies de definitie van identiteit die politici als Verdonk en (met name) Wilders hanteren. De kwestie is voor hen dan ook niet of er een prototypische Nederlander bestaat. Nee, de kwestie is dat daarmee een morele waarheid samenhangt; een morele waarheid, die Wilders en Verdonk – door deze Nederlands te dopen – tot iets *algemeen geldigs* in ons land verheffen. Zij zijn morele positivisten, evenals Kant. Zij stellen: er is een morele waarheid die onze identiteit vormt, en daar heeft een ieder die in Nederland woont zich naar te schikken.

Deze denkwijze legt overigens een kapitale denkfout in het gedachtegoed van Wilders bloot – een fout die in alle opschudding rondom de tegenbeweging van Doekle Terpstra weer opgeld deed. Wilders zei, zoals hij bij herhaling beweert, dat hij uitsluitend kritiek heeft op de islam en niet op moslims (*nrc.next,* 4 december 2007). Maar volgens de definitie van identiteit die hij zelf hanteert, is 'wie iemand is' gelijk aan 'de overtuigingen die hij heeft'. Als de westerse normen en waarden normatief zijn voor de Nederlander, dan moeten de islamitische normen en waarden per definitie bepalend zijn voor de moslim.

Volgens zijn *eigen* gedachtegang kan Wilders daarom onmogelijk beweren dat hij de islamitische moraliteit verwerpt, zonder daarmee de dragers van die moraliteit ook te verwerpen. Het is één van tweeën: ofwel Wilders verlaat zijn normatieve definitie van identiteit en kan met een gerust hart de islam bekritiseren als iets wat losstaat van moslims, ofwel hij behoudt zijn definitie van identiteit en erkent dat hij met de islam ook de gelovigen bedoelt. Hij kan de Nederlandse identiteit niet vereenzelvigen met een normatieve, westerse moraal en tegelijkertijd de moslim loskoppelen van de islam. Doordat Wilders de kritiek van Doekle Terpstra op zijn gedachtegoed verwierp als een abjecte 'aanval op mijn persoon', voegde Wilders zich eigenlijk stiekem in het kamp van de identiteitsontkenners: Terpstra mag volgens Wilders best kritiek hebben op zijn politieke overtuigingen maar niet op zijn persoon. Daarmee zegt hij dus: de morele overtuigingen en de persoon zijn niet hetzelfde.

Laat dat nu precies zijn wat denkers als Friedrich Nietzsche, en recenter Bernard Williams, tegen hebben op Kants definitie van identiteit. Vooral de antimoralist Nietzsche zag weinig in zo'n morele identiteit, want, zei hij, een definitie van morele waarheid bestaat helemaal niet: wat iemand goed noemt is een kwestie van wat hem op dat moment het beste uitkomt – wat zijn positie bevordert. Moraliteit is geen kwestie van waarheid, maar van persoonlijke voorkeur.

Vanuit dit relativistische perspectief bekeken bestaat er niet zoiets als een eenduidige identiteit: de redenen die mensen aanvoeren voor hun handelen zijn niet afhankelijk van een rationele morele waarheid, zoals Kant stelt, maar van toevallige, steeds weer veranderende omstandigheden en persoonlijke voorkeuren. Een reden die ik vandaag als goed bestempel, zou ik in een andere situatie misschien als slecht beschouwen, afhankelijk van wat ik met mijn handelen beoog. Mijn identiteit is zo bekeken vloeibaar, aan constante verandering onderhevig. Het ik laat zich niet vaststellen of definiëren – en bestaat in die zin dan ook niet, stelt Nietzsche.

Daarmee zijn we bij het heimelijke motief van de identiteitsontkenners als prinses Máxima en minister Vogelaar beland. Zij zijn relativisten of pragmatisten: zij hanteren geen definitie van morele waarheid, of hanteren er meerdere. Met de uitspraak 'de Nederlander bestaat niet' bedoelen zij dus evenmin dat er geen prototypische Nederlander bestaat, maar eerder: dat zo'n identiteit niet normatief is. Impliciet stelde Máxima in haar omstreden toespraak dat iedereen zijn eigen, persoonlijke morele overtuigingen mag hebben – dat niemand zich hoeft aan te passen aan een zogenaamde Nederlandse morele waarheid. Of 'de' Nederlander bestaat is dus geen kwestie van sociologie, maar van wereldbeeld. Is morele waarheid iets strikt persoonlijks (subjectief) of iets algemeen geldigs (objectief)? Bent u een subjectivist, dan bent u het eens met Máxima en Vogelaar. Bent u een positivist, dan schaart u zich aan de zijde van Wilders en Verdonk.

Aan het antwoord is verder niets Nederlands.

De vraag is of we willen samenleven

Welke waarden zijn belangrijk om goed met elkaar samen te leven? Die vraag kregen 528 Nederlanders van 18 jaar en ouder eind 2007 voorgelegd in het Grote Waardenonderzoek dat jaarlijks door *Filosofie Magazine* wordt gehouden. De deelnemers werd gevraagd om tien waarden te rangschikken: vaderlandsliefde, zelfbeschikking, fatsoen, vrije meningsuiting, tolerantie, gelijkwaardigheid, veiligheid, solidariteit, respect voor dier en natuur en religieuze vrijheid. Ze mochten de waarden zelf definiëren, maar moesten ook een keuze maken uit drie voorgelegde definities, die ontleend waren aan grote stromingen in de filosofie.

Het resultaat: veiligheid en fatsoen worden, in die volgorde, door de Nederlander als de belangrijkste waarden aangewezen om goed samen te leven. Onder veiligheid verstaat men niet het klassiek-liberale 'beschermd zijn tegen de ander' (slechts 12,7 procent), maar meer 'een gevoel van geborgenheid en bescherming' (63,7 procent). Fatsoen werd door de meesten gedefinieerd als 'netjes met elkaar omgaan, je goed gedragen in het openbaar' (61,6 procent). Religieuze vrijheid en vaderlandsliefde eindigden onder aan de lijst van de tien – vrije meningsuiting, tolerantie, solidariteit en zelfbeschikking waren middenmoters.

De redactie van *Filosofie Magazine* heeft de cijfers ook geïnterpreteerd. Zo wordt gesuggereerd dat de Nederlander het polariseren misschien eindelijk beu is. Vrije meningsuiting wordt niet gezien als 'het recht om te beledigen' (slechts 12,2 procent), maar eerder als 'naar elkaar luisteren, om daarmee alle meningen recht te doen'

(41,6 procent). Gelijkwaardigheid gedefinieerd als 'je identiteit kunnen uitdragen, ook al strookt die niet met de moraal van de meerderheid' scoort ook slecht: 9,5 procent. Met enige verbazing stelt de redactie dat zelfbeschikking voor de individualistische Nederlander toch hoger had kunnen scoren dan de zevende plaats die deze waarde nu heeft gekregen.

Een triomftocht voor het CDA dus, de partij die veiligheid en fatsoen boven aan de politieke agenda zette en zich daarbij graag profileert met 'gemeenschapsdenken'. Maar hoe serieus moeten we dit waardenonderzoek eigenlijk nemen? In eerste instantie helemaal niet. Zoals *Filosofie Magazine* zelf zegt: 'We hebben [...] gevraagd naar de waarden die voor de ondervraagde belangrijk zijn "om goed samen te leven" en niet: wat vindt u voor uzelf een belangrijke waarde?' En daar zit natuurlijk de crux: de vraagstelling is – vooral voor een filosofietijdschrift – buitengewoon bevooroordeeld.

De vraag *of* Nederlanders goed samenleven wel zo belangrijk vinden, wordt niet ter discussie gesteld. Dat dwingt de antwoorden een bepaalde hoek in. Natuurlijk komen veiligheid en fatsoen als belangrijkste uit de bus: die waarden vormen min of meer de definitie van goed samenleven. En uiteraard zijn het recht om te beledigen, zelfbeschikking zonder inmenging van anderen en een identiteit uitdragen tegen de moraal van de meerderheid in van aanzienlijk minder belang: die waarden staan in zekere zin haaks op samenleven.

Het onderzoek was van meer universele betekenis geweest als de deelnemer zonder vooringenomenheid was gevraagd naar wat hij de belangrijkste waarden vindt. Misschien – nee, waarschijnlijk – was dan gebleken dat goed samenleven veel minder prioriteit geniet dan het nu krijgt – en waren individuele ontplooiing en een eigen identiteit uitdragen, zoals in een geïndividualiseerde samenleving voor de hand ligt, hoger geëindigd. Dat was hier onmogelijk: het gemeenschapsdenken zat in de vraagstelling besloten.

Evenals het woordje 'goed' trouwens. Had men dat uit de vraag gelaten, dan was vrije meningsuiting waarschijnlijk hoger gewaardeerd dan nu. Want het vrije woord is een cruciale voorwaarde voor een gedeeld idee van goed en kwaad. Zonder openbaar discours (de 'wereld der ideeën') zou de burger hoogstens een privébegrip, maar geen 'maatschappelijk' idee van goed en kwaad tot zijn beschikking hebben. Was de vraag 'waardenvrij' gesteld, dan had ik in ieder geval zonder twijfel de vrije meningsuiting bovenaan gezet – via die waarde wordt de betekenis van goed samenleven namelijk bedongen.

Het was aardig geweest wanneer de redactie bij het opstellen van dit waardenonderzoek eerst te rade was gegaan bij de Amerikaanse filosoof John Rawls (1921-2002) – een van de invloedrijkste politieke filosofen van onze tijd. Rawls publiceerde in 1971 het boek *A Theory of Justice*, waarin hij onder andere antwoord probeert te geven op de vraag: 'wat is rechtvaardigheid?' Of beter gezegd, uit welke waarden bestaat een rechtvaardige samenleving eigenlijk? De oplossing van dit immense vraagstuk, waar Rawls liefst twintig jaar aan heeft gewerkt, kon volgens hem alleen gegeven worden vanachter *a veil of ignorance* – een sluier van onwetendheid. Daarmee bedoelde hij: om te weten welke waarden werkelijk belangrijk zijn, moet de burger zich indenken dat hij niets weet van zijn eigen kenmerken (geslacht, huidskleur, gezondheid) en de positie die hij in de samenleving bekleedt (status, macht, salaris). Alleen zonder die voorkennis zou hij kunnen bepalen wat een rechtvaardige samenleving precies betekent – zijn keuze wordt dan niet beïnvloed door zijn eigen belangen, maar alleen door algemene belangen.

Waarschijnlijk zou je, vanuit deze 'originele positie' zoals Rawls het noemt, niet zo gauw stellen dat een identiteit uitdragen tegen de moraal van de meerderheid in, niet van groot belang is – je weet immers niet wat de heersende moraal is en hoe jouw eigen identiteit zich daartoe verhoudt. En waarschijnlijk zou, als je niet weet wie je bent en waar je in de maatschappij staat, ook de waarde zelfbeschikking hoger hebben gescoord dan nu het geval is. Het probleem is natuurlijk, en daar is Rawls hard op aangevallen, dat het onmogelijk is jezelf los te maken van wie je bent – de sluier van onwetendheid bestaat alleen in theorie. Bovendien, zeggen critici, doet Rawls alsof rechtvaardigheid puur abstract kan worden begrepen, als iets wat losstaat van de (onrechtvaardige) samenleving zoals we die in werkelijkheid hebben. Want mensen zijn in theorie wel gelijkwaardig, maar in werkelijkheid niet gelijk – en wat men onder rechtvaardig verstaat wordt grotendeels door die mate van ongelijkheid bepaald. Welke waarden belangrijk zijn, kan helemaal niet vastgesteld worden zonder een reeds bestaande samenleving in het oordeel mee te nemen.

Precies daarin schuilt, in tweede instantie, dan ook de waarde van Het Grote Waardenonderzoek 2007. De uitslag zegt niet zoveel over de waarden die wij in abstracte zin belangrijk vinden, maar wel iets over de waarden die wij in deze tijd, in de samenleving zoals we die nu kennen, van belang achten. Het kan bijna niet anders of de ophef over de islam, de moord op Pim Fortuyn en Theo van Gogh en de politieke opkomst van Rita Verdonk en Geert Wilders zijn van zeer bepalende invloed geweest op 'de' waarden die wij hier zeggen voor te staan. En het ironische is: dat gegeven moet uitgerekend Verdonk en Wilders – en hun achterban – te denken geven. Deze twee Kamerleden, die in 2007 tot politici van het jaar werden gekozen, maken namelijk vooral furore door onze waarden als iets vaststaands en normatiefs te beschouwen. Maar nu blijken onze waarden, mede door hun toedoen veel afhankelijker van de tijdgeest te zijn dan zij beweren.

Waarom Nederland steeds meer op *Temptation Island* lijkt

'Er spreekt een bitter pessimisme uit deze cijfers', schreef filosoof Ger Groot in zijn analyse van Het Grote Waardenonderzoek 2007, eind december gepubliceerd door *Filosofie Magazine*. Het tijdschrift vroeg 528 Nederlanders naar de belangrijkste waarden om goed samen te leven. Het resultaat: veiligheid en fatsoen scoorden het hoogst, en individualistische waarden als zelfbeschikking en religieuze vrijheid eindigden in de laagste regionen. 'Onthutsend', noemt Groot die uitslag.

Nu heb ik al eerder gewaarschuwd voor de beperkte waarde van dit onderzoek. De vraag naar 'onze waarden' was niet neutraal, omdat de inzet ervan al werd verondersteld: goed samenleven. Zelfontplooiing ten koste van het gemeenschappelijke belang is dan bij voorbaat minder relevant – dat staat haaks op samenleven. Maar tegelijkertijd concludeerde ik dat het onderzoek wel degelijk iets zegt over de huidige tijdgeest; over de waarden die wij in de samenleving zoals we die nu kennen, van belang achten.

Wat het ons over die tijdgeest vertelt, daar is Groot niet positief over. De massale voorkeur voor veiligheid als belangrijkste waarde ziet hij als een teken dat de burger passief is geworden als het om goed samenleven gaat. Want aan de garantie van de veiligheid kan het individu zelf weinig bijdragen – dat is primair de taak van de overheid en een kwestie van hoe anderen zich gedragen. Bovendien volgen er na fatsoen onmiddellijk weer twee passieve waarden: gelijkwaardigheid en vrije meningsuiting. 'Ook dat zijn zaken', zegt Groot, 'die niet ik, maar anderen moeten eerbiedigen jegens mij.'

De docent filosofie aan de Erasmus Universiteit Rotterdam concludeert dat de Nederlander, als het om maatschappelijke waarden gaat, zichzelf voornamelijk ziet als 'een begunstigde en als een consument'. Deze 'luiheid' hangt volgens Groot direct samen met het leven in een rechten- en plichtenmaatschappij, waarin fatsoenlijke omgang steeds meer besloten ligt in formele regels en wetten, en eigen verantwoordelijkheid in toenemende mate bestaat bij gratie van daartoe opgestelde contracten. Goed samenleven hoeft daardoor niet vanuit het individu zelf te komen.

Groots analyse is negatief, maar buitengewoon treffend. Hij legt de vinger op de zere plek, zeker wanneer hij het gevolg van deze 'sluipende juridisering van de menselijke betrekkingen' schetst. Want wat is de consequentie? 'Het sociale vertrouwen brokkelt af.' Het waardenonderzoek heeft vooral blootgelegd dat onze tijd wordt gekarakteriseerd door 'een fundamenteel wantrouwen van de samenleving in zichzelf'. Groot doelt hier op wantrouwen in abstracte zin: de burger acht de samenleving niet capabel om deugdzame burgers te vormen en besteedt die taak voor een steeds groter deel uit aan (overheids)instanties. Maar dat sluimerende wantrouwen is ook in praktische zin merkbaar. Op terrassen moet bijvoorbeeld steeds vaker vooraf worden betaald, de uitgang van de supermarkt is bijna niet meer te bereiken zonder de kassa, drie magneetpoortjes en een beveiliger te passeren en dit jaar wordt met de ov-chipkaart een permanente 'conducteur' ingevoerd, die al bij het betreden van het perron controleert of je wel betaald hebt.

Kortom, controle wordt steeds normaler, omdat het wederzijdse vertrouwen afneemt. Het kortgeleden ingevoerde preventief fouilleren en het explosief toegenomen aantal beveiligingscamera's in de publieke ruimte zijn daarvan andere voorbeelden. De nog altijd voortschrijdende bureaucratisering, ondanks pogingen van meerdere kabinetten om die tegen te gaan, trouwens ook: regels en procedures zijn een vorm van gestold wantrouwen, voortgedreven door de angst dat zonder regels en procedures het misbruik onherroepelijk zal toenemen. Dit alles maakt het des te opvallender dat de waarde 'vertrouwen' door *Filosofie Magazine* niet eens aan de ondervraagden werd voorgelegd. Blijkbaar beschouwt de redactie dat niet als een fundamentele waarde om goed samen te leven. Dat is geheel in overeenstemming met de tijdgeest maar ook een gemiste kans, want het was interessant geweest om te zien hoe Nederlanders anno nu het begrip vertrouwen eigenlijk definiëren.

Ziet de Nederlander vertrouwen eerder als blind of als ziend vertrouwen? Het verschil tussen die twee definities wordt bepaald door de mate waarin vertrouwen als afhankelijk van de realiteit wordt gezien. Blind vertrouwen trekt zich niets aan van de feitelijke omstandigheden: men heeft dan vertrouwen in iets of iemand, ongeacht de ervaringen met die persoon of de feiten die dat vertrouwen rechtvaardigen of ontmoedigen. Ziend vertrouwen daarentegen beweegt met de werkelijkheid mee: vertoont iemand goed gedrag, dan neemt het vertrouwen in hem toe; misdraagt hij zich, dan neemt het vertrouwen navenant af.

Nu lijkt vooral het ziende vertrouwen aan een opmars bezig. We vertrouwen iets steeds vaker pas als de feiten het vertrouwen rechtvaardigen. Kijk maar hoe het woord tegenwoordig wordt gebruikt. 'Consumentenvertrouwen' is geen gevoelswaarde, maar een wiskundige formule gebaseerd op feitelijke economische omstandigheden. Gaat het economisch voor de wind, dan neemt het vertrouwen toe – en omgekeerd. Ook het vertrouwen in de politiek is op die leest geschoeid: het gaat er niet om of we, zonder aanleiding, geloven dat het kabinet zijn beloften nakomt – nee, het moet eerst maar eens bewijzen dat het ons vertrouwen waard is. Blijven de prestaties uit, dan daalt automatisch ons vertrouwen.

De vraag is of dit ziende vertrouwen wel echt vertrouwen mag worden genoemd. Daar kun je lang over filosoferen. Maar wie ooit de realityshow *Temptation Island* van Veronica heeft gezien, weet onmiddellijk het antwoord: nee. In *Temptation Island* gaan vijf stelletjes gescheiden van elkaar met vakantie op een tropisch eiland, waar ze worden blootgesteld aan de verleidingen van begeerlijke vrijgezellen. De opdracht is: niet vreemdgaan. Het intrigerende is dat de deelnemers aan het begin van het programma altijd verklaren mee te doen aan deze relatietest omdat ze 'hun partner vertrouwen'. Want als dat niet zo was, zouden ze elkaar nooit de aanwezigheid van allerhande begeerlijke vrijgezellen toestaan. Toch? Maar je kunt de vraag ook omdraaien: als ze elkaar echt vertrouwen, waarom doen ze dan mee aan een relatietest? Waarom willen ze hun verhouding dan op de proef stellen? Het lijkt erop dat wat de stelletjes vertrouwen noemen, eigenlijk heimelijk wantrouwen is. Ze willen hun vertrouwen niet bevestigd, maar hun wantrouwen weggenomen zien: de partner moet bewijzen dat hij of zij niet vreemd zal gaan. Vertrouwen als iets wat je moet verdienen in plaats van iets wat je – zonder reden – in iemand stelt: die opvatting lijkt de drijvende kracht achter onze roep om meer controle van de overheid om onze veiligheid te garanderen, en om meer fatsoen in plaats van zelfbeschikking en religieuze vrijheid – want Joost mag weten wat een ander met zijn vrijheid van plan is.

Natuurlijk, er zijn mensen die van een terras weglopen zonder te betalen, boodschappen in hun tas stoppen zonder af te rekenen en een trein pakken zonder kaartje. Maar echt vertrouwen is daar blind voor. Het is te hopen dat deze waarde in Het Grote Waardenonderzoek van 2009, en in de samenleving zelf, nieuw leven wordt ingeblazen.

Hoe de romantiek van ons allen consumenten maakte

Kredietcrisis of geen kredietcrisis? *That's the question.* Hoewel de kranten al maanden bol staan van de wereldwijde economische malaise, waren de feestdagen in Nederland het afgelopen jaar als vanouds toonbeeld van consumentistische uitbundigheid. Tijdens de kerst werd er wederom een nieuw pinrecord gevestigd met 10,4 miljoen transacties en ook het aantal online verkopen steeg sterk, met ruim dertig procent. Met Oud en Nieuw werd er bovendien voor ruim 65 miljoen euro aan vuurwerk de lucht in geschoten – 5 miljoen meer dan vorig jaar.

Hoopvol nieuws in tijden van crisis dus, zullen de meeste economen en politici zeggen. Maar er valt ook steeds meer kritiek te beluisteren op de consumentistische levensstijl, die vooral in het Westen gemeengoed is. Bij de groeiende groep critici voegde zich onlangs ook GroenLinks-leider Femke Halsema, die eind 2008 het pamflet *Geluk! Voorbij de hyperconsumptie, haast en hufterigheid* publiceerde. Halsema's kritiek op het consumentisme is drieledig. Ten eerste consumeren we meer dan we als individuen en als gemeenschap aankunnen, zegt Halsema. Op individueel niveau steken steeds meer mensen zich in de schulden om met de laatste modes mee te kunnen blijven doen. Ook meten we onszelf een valse notie van geluk aan door 'onze waarde vooral in geld uit te drukken'. Op maatschappelijk niveau leidt het consumentisme bovendien tot enorme schade aan het milieu, energieschaarste en uitbuiting van dieren in de bio-industrie, aldus Halsema.

Ten tweede leidt het consumentisme volgens Halsema tot een

'chronisch tijdgebrek': mensen werken zich kapot om zoveel mogelijk geld te verdienen, en de vrije tijd die dan nog over is, moet per se 'consumerend' besteed worden – aan winkelen, uitgaan of entertainment. Tijd om diepe gesprekken te voeren of liefdevolle aandacht aan elkaar te besteden is er steeds minder. Ten slotte heeft het consumentisme ons ook 'hufterig' gemaakt: we gedragen ons te weinig als verantwoordelijke burgers en te veel als veeleisende consumenten op zoek naar directe behoeftebevrediging. Agressie en ruwheid zijn toegenomen, vooral omdat 'mensen harder zijn gaan werken, vaker moe zijn en last hebben van (tijds)stress'. De voorvrouw van GroenLinks pleit er dan ook voor om de kwaliteit van onze samenleving in andere grootheden te gaan meten: niet langer uitsluitend in termen van economische groei en besteedbaar inkomen, maar ook in termen van vrede, zelfontplooiing en gelijke kansen. Of preciezer gezegd: het bruto nationaal product moet worden vervangen door het 'bruto nationaal geluk', aldus Halsema.

Deze kritiek op het consumentisme is niet nieuw, maar – historisch gezien – wel van relatief recente datum. Consumentisme is namelijk een fenomeen dat zich pas sinds het einde van de negentiende eeuw en het begin van de twintigste eeuw heeft gemanifesteerd – en pas de afgelopen vijftig jaar met name de westerse samenleving ingrijpend heeft veranderd. Waaraan hebben we deze stormachtige opkomst te danken? Om die vraag te kunnen beantwoorden, moet eerst worden vastgesteld wat eigenlijk precies met 'consumentisme' bedoeld wordt. In de meest gangbare zin van het woord is consumentisme: het met regelmaat aanschaffen van goederen die niet worden beschouwd als noodzakelijk voor het primaire levensonderhoud. Aan die definitie zou nog kunnen worden toegevoegd dat consumentisme ook met zich meebrengt dat aan die goederen een bepaalde sociale waarde wordt gehecht waaraan mensen hun status en identiteit ontlenen.

Hiermee wordt direct duidelijk waarom consumentisme tot ver

in de negentiende eeuw nauwelijks bestond: de meeste mensen konden het zich tot die tijd simpelweg niet veroorloven om meer te consumeren dan strikt noodzakelijk was, schrijft de Amerikaanse historicus en filosoof Peter N. Stearns in zijn boek *Consumerism in World History* (2001). Maar wijdverspreide armoede was niet de enige reden dat consumentisme als maatschappelijk fenomeen uitbleef; er waren namelijk ook genoeg aristocratische families die wél genoeg geld hadden voor luxegoederen, maar die er evenmin een consumentistische levensstijl op nahielden. De verklaring daarvoor, zegt Stearns, moet worden gezocht in het feit dat tot de 19e eeuw de meest dominante ideologieën in de wereld sterk gekant waren tegen mateloosheid, materiële hebzucht en het pronken met welvaart. Zowel het confucianisme en boeddhisme in Azië en de islam in het Midden-Oosten als het christendom in het Westen legden sterk de nadruk op eerbied voor het buitenaardse of spirituele in plaats van het materiële, en propageerden maatschappelijke dienstbaarheid in plaats van individuele zelfverrijking. Op overmatig consumeren werd lange tijd, ook in hogere kringen, neergekeken.

Deze status-quo veranderde in rap tempo tijdens de industriële revolutie aan het begin van de negentiende eeuw, toen massaproductie van goederen mogelijk werd. Ook het Verlichtingsdenken uit die tijd bleek een vruchtbare grond voor het consumentisme: waarden als individualiteit en materiële vooruitgang overvleugelden de eeuwenlang geprezen gemeenschapszin en eerbied voor het hogere. Maar de belangrijkste filosofische oorzaak van de opkomst van het consumentisme ligt volgens Stearns, ironisch genoeg, in de romantiek. Romantische denkers, onder wie met name de Duitse filosoof Friedrich Schlegel (1772-1829), propageerden het belang van uiterlijke schoonheid, individuele emoties en zelfexpressie als nieuwe voorwaarden voor menselijk geluk. 'Hierdoor begonnen mensen consumeren te beschouwen als een manier om hun eigen individuele essentie uit te drukken', aldus Stearns.

Zo werd aan spullen gaandeweg een steeds sentimentelere betekenis toegekend; decoratie van het huis werd een populaire manier om de eigen familie van andere families te onderscheiden en ouders lieten hun kinderen voortaan niet alleen geld na, maar ook emotioneel geladen bezittingen, zoals kleding of sieraden die herinnerden aan de persoonlijkheid van de bezitter. Spullen werden ook steeds vaker gebruikt om *affectie* voor elkaar te tonen: rond 1850 werd het een wijdverspreid gebruik dat mensen elkaar cadeaus gaven op een verjaardag of met kerst. Voor het uitdrukken van liefde door middel van materiële giften werden zelfs aparte feestdagen (her)uitgevonden, zoals Valentijnsdag (ca. 1840) en Moederdag (ca. 1870). De 'romantische' kijk op goederen drong bovendien door tot de opvoeding: baby's en kinderen kregen steeds vaker spullen waar ze een gevoel van geborgenheid en troost aan konden ontlenen, zoals speelgoed en knuffels. Ook werd het rond 1890 gemeengoed om kinderen zakgeld te geven, als hulpmiddel voor (materiële) zelfexpressie.

De associatie met liefdeloosheid en gebrek aan affectie en spiritualiteit die tegenwoordig zo sterk aan consumentisme kleeft, staat dus volledig *haaks* op de betekenis die consumeren ruim een eeuw geleden had. De explosief gegroeide massaproductie heeft ongetwijfeld een cruciale bijdrage geleverd aan die veranderde associatie: door de grote schaal waarop producten in de loop der jaren werden gemaakt, waren ze niet langer geschikt om persoonlijke gevoelens of een unieke identiteit mee uit te drukken, zoals de romantici beoogden. Integendeel, ze veroorzaakten nu juist het omgekeerde: mensen gingen door hun spullen steeds meer op elkaar lijken. Veel spullen verloren hun uniciteit – en daarmee ook hun persoonlijke en romantische connotatie. Consumentisme kreeg langzaam maar zeker het stempel van oppervlakkigheid.

Toch werd de invloed van het consumentisme er niet minder op. Sterker nog, de consumptie is de afgelopen decennia gigantisch blijven toenemen. De verklaring daarvoor is volgens Stearns dat met het groeiende aanbod van consumptiegoederen – en versterkt door de opkomst van de reclame – ook het aantal behoeftes van mensen uitdijde. Het mooiste voorbeeld van een door het consumentisme 'gecreëerde' behoefte is volgens Stearns de paraplu: nooit eerder in de geschiedenis hadden mensen een weerzin tegen de regen, totdat eind 18e eeuw via China de paraplu in Europa werd geïntroduceerd.

Er werd destijds door sommigen zelfs een beetje lacherig over gedaan: de Britse essayist Horace Walpole (1717-1797) beschreef op neerbuigende toon hoe de Fransen over straat liepen met een paraplu, 'zodat ze hun hoed niet op hoeven te doen'.

De standaard van comfort kwam door het consumentisme dus steeds hoger te liggen. Iedere nieuwe behoeftebevrediging gaf aanleiding tot een nieuwe behoefte; hadden mensen vroeger genoeg aan een kaart, nu kunnen we niet zonder TomTom – en straks willen we waarschijnlijk dat de auto zelf ons naar onze bestemming rijdt. Of zoals Femke Halsema constateert: 'Een hyperconsumptieve samenleving drijft op de onvervulde begeerte naar nieuw bezit. En als het verlangen is vervuld, dan verdwijnt het kortstondige geluk en maakt plaats voor een nieuw verlangen.'

In die zin is strijden tegen consumentisme, zoals Halsema doet, enigszins vechten tegen de bierkaai: nooit zullen al onze behoeftes definitief bevredigd zijn. De enige manier om consumptie werkelijk terug te dringen is vermoedelijk door weer een nieuwe behoefte te creëren – een behoefte aan minder behoeftes. Maar ja, probeer daar maar eens een goede reclame voor te verzinnen.

Waarom achter solidariteit per definitie egoïsme schuilgaat

Een aloude wijsheid luidt dat sport verbroedert. Maar gaat dat alleen op als er gewonnen wordt? Slechts 120 minuten en drie Russische doelpunten waren er in de zomer van 2008 nodig om het Oranjegevoel waar Nederland door bevangen was weg te vagen. Tijdens het Europees Kampioenschap voetbal in Zwitserland en Oostenrijk voelde ongeveer een week lang bijna iedereen zich trots op Nederland – sommige commentatoren spraken zelfs al voorzichtig van een nieuw soort saamhorigheid na jaren van maatschappelijke verdeeldheid. Maar na de verloren wedstrijd tegen het Rusland van Guus Hiddink was van het Hollandse groepsgevoel weinig meer over. 'De blijmoedige eensgezindheid van massa's in oranje uitgedoste supporters was in één klap verdwenen. Het is nu weer ieder voor zich', constateerde *nrc.next* enigszins weemoedig in een achtergrondreportage daags na de kwartfinale.

Maakt dat ons Oranjegevoel hypocriet? Of zegt het eerder iets fundamenteels over de oorzaken van saamhorigheid? Wie de sociologische en filosofische verklaringen erop naslaat, ontdekt dat groepsgevoel en solidariteit vaak zeer chauvinistisch en etnocentrisch van aard zijn. Eén ingrediënt blijkt daarin van onmisbaar belang: het gevoel beter te zijn dan een ander. En dat gaat niet alleen op voor het voetbalspel. Politici die pleiten voor meer solidariteit – op nationaal en Europees niveau – kunnen dan ook een waardevolle les trekken uit de eendracht die tijdens het EK even snel verloren ging als ze over ons neer was gedaald.

Hoe komt solidariteit tot stand? Een van de meest gezaghebbende theorieën over groepsvorming is de *sociale identiteitstheorie* van de Pools-Britse socioloog Henri Tajfel (1919-1982). Zijn idee is te ingewikkeld om het hier volledig uit de doeken te doen, maar de kern ervan is simpel: iemand identificeert zich met een groep om er eigenwaarde aan te ontlenen. Groepsvorming heeft volgens Tajfel een egocentrisch motief: mensen associëren zich met anderen om zich beter te voelen over zichzelf. Ze proberen hun zelfbeeld te verbeteren door een positieve sociale identiteit te putten uit de groep waartoe ze behoren.

En de manier waarop dat gebeurt is volgens Tajfel door de eigen groep positief te onderscheiden van een andere groep – een 'tegenstander'. Beroemd in dit kader is Tajfels experiment, waarin hij de deelnemers de opdracht gaf om een bepaalde hoeveelheid geld te verdelen onder zowel de eigen groepsgenoten als de leden van een andere groep. De verdeelsleutel was daarbij als volgt: een klein bedrag voor de eigen groep betekende dat de concurrent er nog bekaaider af kwam. Gunde men de eigen groepsgenoten juist een groot bedrag, dan kreeg de tegenstander een nog grotere bonus. Tajfel ontdekte dat de deelnemers, ondanks het ongunstiger nettoresultaat, meestal kozen voor minder geld, om zich daarmee een bevoorrechte positie ten opzichte van de andere groep te verwerven.

De uitkomst van het experiment is een mooie illustratie van wat de Amerikaanse filosoof Richard Rorty ooit de 'noodzakelijke etnocentriciteit van solidariteit' noemde. Daarmee bedoelde hij precies wat Tajfels onderzoek bevestigt: dat saamhorigheid ontstaat uit een superioriteitsgevoel ten opzichte van anderen. En dat is ook logisch: alleen aan een groep 'winnaars' is eigenwaarde te ontlenen. Er lijkt zelfs sprake te zijn van een lineair verband: hoe groter de gevoelde superioriteit, hoe beter het is voor de eigenwaarde, en hoe sterker het groepsgevoel wordt. Daarom steeg de Oranjekoorts tot ongekende hoogte toen er werd gewonnen van wereldkampioen Italië en vicewereldkampioen Frankrijk; winst tegen zulke tegenstanders geeft een enorm gevoel van suprematie. En daarom was de solidariteit met de Nederlandse ploeg ook onmiddellijk verdwenen toen er werd verloren van outsider Rusland; het gevoel beter te zijn dan de rest was weg.

Nu klinkt dit nogal voor de hand liggend, maar zo evident is het niet. Solidariteit wordt maar zelden beschouwd als de uitkomst van een gevoel van superioriteit. Integendeel, de meeste mensen begrijpen solidariteit precies *andersom*: als een gevoel van mededogen en morele plicht jegens de zwakkeren. Zo is solidariteit eeuwenlang – eerst door het christendom en later in een geseculariseerde variant door Verlichtingsdenker Kant – gedefinieerd en gepropageerd. Maar volgens Richard Rorty doet dat geen recht aan de ware aard van onderlinge lotsverbondenheid. Want 'de kracht van "ons"', schrijft Rorty in zijn boek *Contingentie, ironie en solidariteit*, 'zit typerend genoeg in het contrast dat het vormt met "zij" – het verkeerde soort mensen.'

Mensen aanspreken op hun moreel verantwoordelijkheidsbesef om solidariteit te bewerkstelligen, heeft dan ook meestal geen zin. Dat bleek bijvoorbeeld uit het feit dat het 'moreel appèl' van de PvdA aan topmanagers om uit solidariteit hun exorbitante salaris af te romen, een averechts effect sorteerde. In plaats van zich solidair te verklaren met de minderbedeelden verklaarden de topmanagers zich solidair met elkaar door zich gezamenlijk te beklagen over de aanhoudende kritiek die ze de afgelopen jaren te verduren hebben gekregen. Dat is geheel in lijn met de theorie van Tajfel en Rorty: de socialistische critici werden langzaamaan een 'tegenstander' van de topmanagers en veroorzaakten daardoor juist saamhorigheid in die groep.

Een betere manier om groepsgevoel te kweken is dan ook het creëren van een vijand. Politici als Rita Verdonk en Geert Wilders hebben dat beter begrepen dan de sociaaldemocraten. Zij spreken mensen niet aan op hun verantwoordelijkheidsgevoel, maar scheppen een tegenpartij: ze stellen 'het buitenland' voor als een bedreiging en spiegelen de eigen cultuur voor als superieur. Daarmee wakkeren ze een gevoel van nationale lotsverbondenheid aan dat in essentie niet veel verschilt van het gevoel dat heerst wanneer het Nederlands elftal het moet opnemen tegen een groot voetballand. Alleen heet de tegenstander dan niet Italië of Frankrijk, maar 'immigratiestromen' of 'de islam'.

Om het voor elkaar op te nemen moeten mensen het dus tegen anderen opnemen. Die paradox is misschien nog wel het beste terug te zien in de discussie over de noodzaak van een verenigd Europa. Het verschil van mening tussen eurofielen als staatssecretaris van Europese Zaken Frans Timmermans (PvdA) enerzijds en eurosceptici als Kamerlid Harry van Bommel (SP) anderzijds bestaat op het meest fundamentele niveau eigenlijk alleen maar uit onenigheid over wie de tegenstander is. De eurofielen beschouwen de dreiging van terrorisme uit het Midden-Oosten en de oprukkende economieën in Azië als onze voornaamste tegenstanders en zien in een solidair Europa het beste verweer. De eurosceptici zien in het steeds machtiger wordende Brussel en de economische immigranten uit Oost-Europa juist de grootste tegenstanders en beschouwen solidariteit met het eigen land als de oplossing. De conclusies staan dus weliswaar haaks op elkaar, maar de premisse is dezelfde: de noodzaak van een 'wij' bestaat bij de gratie van de dreiging van een 'zij'.

Dat zou je de catch 22 van solidariteit kunnen noemen: er is een vijand voor nodig. Voor het echte Oranjegevoel zullen we dus weer moeten winnen van een tegenstander van formaat. Laten we voor het WK van 2010 in Afrika maar hopen op een finale tegen Brazilië.

Als het woord allochtoon verboden zou zijn

Minister Ernst Hirsch Ballin (Justitie, CDA) zei eind februari 2008 in het radioprogramma *De Ochtenden* af te willen van het woord allochtoon. Want dat woord 'creëert een kunstmatige tegenstelling tussen mensen', stelde de minister. De reacties ter rechterzijde van het politieke spectrum lieten niet lang op zich wachten. PVV'er Geert Wilders noemde het voorstel 'politiek correct geneuzel' en VVD'er Henk Kamp vond het maar 'gezeur'.

Natuurlijk is de eerste vraag hoe plausibel de constatering van de minister is. Kan ons taalgebruik kunstmatige tegenstellingen creëren? En verdwijnen die tegenstellingen door bepaalde woorden niet te gebruiken? In taalfilosofisch opzicht is de gedachte van de minister zeker niet uit de lucht gegrepen. Het idee dat taal actief invloed uitoefent op ons beeld van de werkelijkheid – en daarmee op de werkelijkheid zelf – is een van de uitgangspunten van het *linguïstisch relativisme*. De voornaamste stelling uit die stroming is dat taal een causale, vormgevende factor is in de ontwikkeling van ons wereldbeeld. Onze perceptie van de werkelijkheid komt niet alleen tot uitdrukking in de taal, maar wordt er mede door bepaald.

Deze vormende invloed van de taal op (onze perceptie van) de werkelijkheid is misschien het beste te illustreren met het woord 'onbewuste'. Die term werd in de twintigste eeuw geïntroduceerd door de Franse filosoof Pierre Janet (1859-1947) en gepopulariseerd door de psychiater Sigmund Freud. Tegenwoordig is het gebruik ervan vrij gangbaar. Zou dit 'onbewuste' bestaan als we het woord ervoor niet hadden gehad? Driehonderd jaar geleden bekommerde geen mens zich om drijfveren waarvan hij zich 'niet bewust' was. Niemand was zich van *het bestaan ervan* bewust. Het woord zelf heeft het onbewuste in ons wereldbeeld geïntroduceerd. En daarmee in de wereld: we gedragen ons ernaar. Op zo'n manier zou de term allochtoon er inderdaad mede debet aan kunnen zijn dat wij tegenstellingen tussen mensen zien of ervaren die niet werkelijk zijn. Zo zouden mensen zich kunnen gaan gedragen naar een 'kunstmatige' perceptie – door bijvoorbeeld bevooroordeeld te zijn tegenover vreemdelingen of door hen oneigenlijk te discrimineren.

Het fundamentele probleem met de theorie van het linguïstisch relativisme is echter dat het aan te tonen noch te falsificeren is. Bepaalt de taal onze (perceptie van de) werkelijkheid of vice versa? Critici noemen die vraag 'principieel onverifieerbaar' en de theorie daarom 'conceptueel incoherent'. Ook de gedachte van Hirsch Ballin is aan dit probleem onderhevig: veroorzaakt het woord allochtoon een kunstmatige tegenstelling of bestaan er tegenstellingen die juist tot uitdrukking komen in (de negatieve connotatie van) het woord allochtoon? Taalkundige Jan Renkema noemde het antwoord op die vraag terecht 'niet te bewijzen'.

Het heeft daarom ook weinig zin om de discussie hierover op taalfilosofisch niveau te voeren. De reacties van Geert Wilders en Henk Kamp zijn niettemin wel interessant om eens nader te bekijken. Ze verraden namelijk twee contradicties in het politieke denken van de huidige rechterflank. Ten eerste staat rechts heel ambigu tegenover symbolische connotatie. Zo vinden de pvv en de vvd een hand geven aan vrouwen essentieel voor deelname aan 'onze' waarden, maar is het (negatieve) gebruik van een woord als allochtoon direct triviaal geneuzel. Dat is tegenstrijdig. En opportunistisch: het lijkt alsof ze het woord allochtoon willen handhaven, omdat het een tegenstelling suggereert die hun in politieke zin goed uitkomt. Symbolen zijn blijkbaar alleen relevant als rechts er baat bij heeft.

Ten tweede lijkt rechts, met name Wilders, geen keuze te kunnen maken tussen universalistische en cultuurrelativistische morele waarden. De gedachte dat de woorden autochtoon en allochtoon een 'kunstmatige' tegenstelling herbergen, is direct te relateren aan een universalistische denkwijze, die in de politieke filosofie bekendstaat als het *kosmopolitisme*. De voornaamste stelling daarvan is, kort samengevat, dat alle mensen ter wereld deel uitmaken van één wereldwijde *morele gemeenschap*. Die gedachte ligt dan ook ten grondslag aan de Universele Verklaring van de Rechten van de Mens en de Verenigde Naties. Centraal staat hierin de aanname dat er een universele moraal bestaat – ofwel één juiste opvatting over goed en kwaad die voor ieder mens geldt. Dat is ook wat ons verenigt: we behoren allen tot de morele gemeenschap die mensheid heet.

De tegenstelling autochtoon-allochtoon is in die zin een *schijntegenstelling*: we zijn allen wereldburgers. Immanuel Kant is een van de bekendste pleitbezorgers van dit soort kosmopolitisme. Voor hem waren verschillen tussen staten, landen, samenlevingen en culturen moreel irrelevant. Dat uitgerekend Geert Wilders de suggestie van minister Hirsch Ballin onmiddellijk afdoet als politiek correct geneuzel, is daarom uiterst ambigu. Er is namelijk geen enkele politicus in Nederland die wat morele opvattingen betreft zo universalistisch is als Wilders. Het is zelfs speerpunt van bijna zijn hele partijprogramma: wie zich niet aanpast aan de algemeen geldende westerse moraal, hoort hier niet thuis. Dat is de reden waarom hij de islam verwerpt, moskeeën wil sluiten, een immigratiestop voor moslims wil, de Koran wil verbieden en tegen uitbreiding van de EU met het islamitische Turkije is. De ideale wereld van Wilders zou geen allochtonen kennen; we zouden allemaal westers zijn.

De innerlijke tegenspraak van Wilders' denken schuilt in het feit dat hij wel een universele moraal hanteert, maar tegelijkertijd de verschillen tussen staten, landen, samenlevingen en culturen moreel relevant acht. Wilders vindt dat alle mensen onderdeel *zouden moeten zijn* van dezelfde morele gemeenschap, maar hij is niet van mening dat ze ook bij voorbaat onderdeel van die gemeenschap *zijn*. Voor de kosmopolitische Verlichtingsdenkers waar hij zich graag op beroept, is dat juist het uitgangspunt: we zijn allemaal mensen, daarmee onderdeel van de mensheid en onder die noemer verenigd onder dezelfde moraal. Voor Kant golden de mensenrechten voor alle 'redelijke wezens' – alle mensen dus.

Wilders combineert zijn universalistische moraal dus met cultuurrelativistisch *communitarisme* – een gedachtegoed waartegen het kosmopolitisme juist ten strijde trok. Het communitarisme gaat er namelijk van uit dat de mensheid geen eenheid vormt: mensen zijn gescheiden door de verschillende morele gemeenschappen waartoe ze behoren. Communitaristen maken daarbij vaak, net als Wilders, een moreel onderscheid tussen verschillende culturen: de ene cultuur is beter dan de andere. Wilders doet dit meestal op grond van een natiestaat (Nederland) en soms op grond van een werelddeel (het Westen). De Nederlandse of westerse morele gemeenschap is superieur aan de islamitische, stelt hij dan.

Wilders' oordeel dat Hirsch Ballin neuzelt, komt dan ook voort uit de veronderstelling dat de minister een *morele rangorde* tussen culturen lijkt te verwerpen. Of Hirsch Ballin dat ook echt bedoelde is niet zeker, maar wel waarschijnlijk. Vermoedelijk ageerde de minister met de woorden 'kunstmatig onderscheid' tegen de morele rangorde die de termen autochtoon en allochtoon impliceren.

Een waarschuwing is hier wel op z'n plaats. Het koppelen van universalisme aan een communitaristisch-nationalistische inslag is niet alleen contradictoir, maar kan ook explosief zijn. De laatste politieke leider die zo'n combinatie met succes te berde bracht was Adolf Hitler. Dat wil *niet* zeggen dat Geert Wilders een nieuwe Hitler is. Maar hun denkwijzen vertonen in dit opzicht wel gelijkenis: allebei gaan ze uit van een superieure morele gemeenschap ('arisch' of 'westers') om andere morele gemeenschappen (joden, moslims) uit te sluiten.

En dat is zeker geen onschuldig politiek correct geneuzel.

Over gelijkheid

Hoe onze huwelijksopvatting de emancipatie van vrouwen belemmert

'Meer kansen voor vrouwen' – dat is de titel en tevens de doelstelling van de emancipatienota die het kabinet eind 2007 presenteerde. Minister Ronald Plasterk (ocw, PvdA) constateert daarin dat er in Nederland nog altijd een grote kloof bestaat tussen de gelijke rechten van mannen en vrouwen enerzijds en de maatschappelijke realiteit anderzijds. Want over gelijke rechten beschikken mannen en vrouwen al een tijdje, maar van gelijke kansen is in de praktijk vaak nog geen sprake. Vrouwen zijn economisch minder zelfstandig en de zorg voor het huishouden en de kinderen komt doorgaans grotendeels op hun schouders terecht.

De redenen voor deze ongelijke, onrechtvaardige situatie zijn inmiddels bekend: een te weinig flexibele arbeidsmarkt, ondermaatse of te dure kinderopvang, het 'glazen plafond' in het bedrijfsleven en ouderwetse opvattingen over de verhouding tussen man en vrouw, met name onder allochtonen. Maar één mogelijke oorzaak van de kloof tussen rechten en realiteit blijft structureel buiten beschouwing: de (westerse) opvatting van het huwelijk. In het Westen wordt het huwelijk sinds een jaar of veertig gezien als een 'kwestie van liefde en affectie, romantiek en lichamelijke aantrekking, gevoel en zorg', schrijft de feministische filosofe Pauline Kleingeld in haar essay *Just Love? Marriage and the Question of Justice* (1998). Het huwelijk is, zo luidt inmiddels de gangbare opvatting, primair een vrijwillige liefdesrelatie. Met elkaar trouwen om andere redenen dan dat je van elkaar houdt, is ongewoon, en vaak zelfs *not done*. Verstandshuwelijken worden als iets vreemds beschouwd, en uithuwelijking als iets moreel verwerpelijks.

Nu is er op het eerste gezicht weinig mis met deze westerse kijk op het huwelijk. Maar, stelt Kleingeld, die maakt het wel moeilijk om binnen het huwelijk principes van rechtvaardigheid te hanteren. Het toepassen van gelijke rechten en plichten binnen een liefdesrelatie wordt namelijk al snel als iets kwalijks gezien; als iets wat afbreuk doet aan de liefde en affectie die je voor elkaar voelt. Je doet dingen voor elkaar omdat je van elkaar houdt, niet omdat het zo hoort.

Deze 'antiprincipiële' kijk op het huwelijk, waarin vrijwillige affectie voorrang heeft op gedeelde rechten en plichten, verklaart voor een deel de kloof tussen rechten en realiteit die minister Plasterk constateert. Daardoor wordt het voor echtgenoten veel moeilijker om hun gelijke rechten te claimen. De huishoudelijke taken eerlijk verdelen omdat een vrouw daar recht op heeft, zou namelijk – romantisch als we zijn – worden opgevat als een motie van wantrouwen in de relatie; je doet iets als vanzelfsprekend, omdat je het voor elkaar overhebt. Niet omdat het eerlijk is of afgesproken. De filosoof Jeremy Waldrom merkt om die reden op dat het hanteren van principes in een liefdesrelatie de indruk wekt 'dat er iets mis is' met de verhouding.

Kleingeld illustreert dit probleem met het volgende voorbeeld. Een man gaat na een leven lang werken met pensioen. Zijn vrouw heeft altijd de zorg voor het huishouden en de kinderen gedragen, en zou graag willen dat haar man vanaf nu meer bijdraagt aan de taken thuis. Maar omdat een huwelijkse verhouding primair wordt beschouwd als een liefdesrelatie zal de vrouw deze wens niet gauw naar voren brengen als een kwestie van rechtvaardigheid. Waarschijnlijker is dat ze de kwestie benadert in termen van liefde. Dat biedt ruimte voor twee scenario's: ofwel ze maakt haar wens op een weinig dwingende manier kenbaar in termen van affectie ('ik zou het fijn vinden als je meer helpt'), ofwel ze zegt niks en hoopt dat haar man uit eigen beweging aan de afwas gaat ('als hij me liefheeft, voelt hij dat aan'). Maar een wens uiten omdat het gevraagde principieel juist is, is iets wat we liever op de werkvloer doen dan thuis in een huwelijk.

Het lijkt er zelfs op, stelt Kleingeld, dat de rechtvaardigheidsprincipes die we maatschappelijk gezien heel normaal vinden en wettelijk hebben vastgelegd, in liefdesrelaties helemaal zijn opgeschort. Dat je voor een product of dienst een passende prijs moet betalen, staat nergens ter discussie. Maar hetzelfde principe is in liefdesrelaties veel minder vanzelfsprekend. Want, zegt Kleingeld, handelen uit principe wordt gezien als iets wat tegengesteld is aan handelen uit liefde. Je hoort partners daarom vaak tegen elkaar zeggen: graag of niet. Het is de liefdevolle intentie die telt, niet het principe.

Daar komt bij dat met name vrouwen er moeite mee hebben om een (intieme) relationele verhouding te benaderen als een kwestie van rechtvaardigheid, omdat ze van nature minder principieel denken dan mannen. Zo zullen ze eerder geneigd zijn helemaal zelf het huishouden te doen en voor de kinderen te zorgen dan aanspraak te maken op een rechtvaardigere verdeling, omdat dat zou suggereren dat ze hun taken vervullen uit plichtsgevoel en niet uit liefde. Vrouwen zijn gevoeliger voor dat verwijt dan mannen, omdat voor hen de intenties – niet de principes – achter het handelen zwaarder wegen.

Ironisch genoeg lijkt juist onze vrijgevochten visie op het huwelijk dus ook een *belemmering* voor de verdere emancipatie van vrouwen. Pauline Kleingeld bepleit daarom dat het huwelijk niet slechts wordt gezien als een liefdesverbond, maar ook als een verhouding waarin het normaal is om dezelfde principes van rechtvaardigheid te hanteren als in het politieke, economische en publieke domein. Deze trend is overigens al begonnen: steeds meer stellen tekenen een voorhuwelijkse overeenkomst waarin bijvoorbeeld de eerlijke verdeling van eigendommen of de evenredige zorg voor de kinderen contractueel is vastgelegd.

Goed voor de emancipatie van vrouwen zal dat zeker zijn. Maar de romanticus in mij protesteert in stilte.

Waarom de Commissie Gelijke Behandeling nooit gelijk kan hebben

De Commissie Gelijke Behandeling (CGB) haalde de afgelopen twee jaar meerdere keren de krant. Twee opvallende uitspraken sprongen eruit: allereerst was er eind 2007 het opmerkelijke advies aan het feministische tijdschrift *Opzij* om ook mannen een kans te geven wanneer er op de redactie een vacature beschikbaar kwam. Het blad zocht destijds een nieuwe hoofdredacteur om Cisca Dresselhuys op te volgen – en de redactie mocht daarbij 'geen onderscheid maken op grond van geslacht door een functie als redacteur uitsluitend te reserveren voor vrouwen', aldus de CGB.

Niet veel later berichtte *nrc.next* over een uitspraak van de commissie in een conflict tussen een brillenwinkel en een moslima. Die had gesolliciteerd naar een stageplaats bij de opticien. Deze achtte haar weliswaar geschikt, maar weigerde haar aan te nemen vanwege haar hoofddoek. Het dragen van een sluier was in strijd met de kledingvoorschriften van de winkelketen; de werknemers moesten een 'mode- en merkbewuste uitstraling' hebben en een verkoper met een hoofddoek zou zo'n uitstraling 'onvoldoende vertegenwoordigen', aldus de winkel. De CGB achtte een 'modieus' kledingvoorschrift legitiem, maar oordeelde niettemin in het voordeel van de moslima. Een hoofddoek hoeft niet per definitie onmodieus te zijn, aldus de commissie. Het onderscheid dat de opticien had gemaakt, was daarom niet gerechtvaardigd.

De vraag is: zijn deze oordelen van de CGB juist? En rechtvaardig? De brillenwinkel heeft het advies in elk geval ter harte genomen en herziet nu zelfs zijn aannamebeleid. Dit onderstreept dat de uitspraken van de commissie een zeer breed draagvlak kennen. Bijna negen op de tien oordelen worden opgevolgd. In 70 procent van de gevallen volgen ook rechters de conclusies van de CGB. De laatste die zich wel kritisch over de commissie heeft uitgelaten, was Rita Verdonk. Zij stelde in november 2006 zelfs voor de CGB helemaal af te schaffen. Aanleiding was destijds het oordeel van de Commissie dat een vmbo-school niet van een islamitische docente had mogen eisen dat zij mannen een hand gaf.

Dat de commissie – uitzonderingen daargelaten – vrijwel onomstreden is, heeft uiteraard te maken met het feit dat gelijke behandeling een welhaast onbetwiste norm is in de westerse wereld. In Nederland is het gelijkheidsbeginsel zelfs het eerste artikel van de grondwet. Toch is deze opvatting nog niet heel lang gemeengoed. Tot de achttiende eeuw was een meerderheid van mening dat er 'natuurlijke ongelijkheid' tussen de mensen bestond en dat een zekere maatschappelijke hiërarchie daar het logische en onvermijdelijke gevolg van was. Aan die opvatting kwam pas goeddeels een einde door de Verlichting. Tegenover de natuurlijke ongelijkheid kwam het natuurlijke recht te staan, waarin gepostuleerd werd dat aan ieder mens van nature een gelijke mate van respect en waardigheid toekwam. Immanuel Kant verwoordde dit ideaal door te stellen dat een mens 'nooit als middel, maar altijd als doel op zich moet worden behandeld'.

Toch is gelijkheid altijd een hoogst omstreden principe gebleven. Het voornaamste probleem is namelijk dat de opvatting weliswaar uit de gratie raakte, maar natuurlijke ongelijkheid en de daarmee gepaard gaande hiërarchie onherroepelijk een feit is gebleven en ook zal blijven. Mensen verschillen nu eenmaal van elkaar – in capaciteit en ambitie en daarmee ook in macht, status en sociale positie.

Deze verschillen zouden alleen opgeheven kunnen worden als ook de *machtsverdeling zelf* werd opgeheven – hetgeen bijvoorbeeld Karl

Marx (1818-1883) beoogde met het communisme. Dat zijn ideaal echter schromelijk mislukte is niet verwonderlijk. Een samenleving kan niet zonder machtsverdeling: waar niemand de macht heeft, zal er altijd iemand zijn om haar te grijpen. Een recente illustratie daarvan is de oorlog in Irak. De omverwerping van het regime van Saddam Hoessein heeft een bittere (en onvermijdelijke) strijd om de macht veroorzaakt. De 'wil tot macht' werd door Friedrich Nietzsche niet voor niets als het meest wezenlijke kenmerk van de mens beschouwd.

De noodzakelijke aanwezigheid van een machtsverhouding en dus van een maatschappelijke hiërarchie heeft tot gevolg dat gelijkheid nooit als iets absoluuts kan worden begrepen. De Duitse hoogleraar praktische ethiek aan de Universiteit van Bremen Stefan Gosepath stelt terecht dat volledige gelijkheid een contradictio in terminis is. Want, zegt hij, 'een oordeel over gelijkheid veronderstelt noodzakelijkerwijs een verschil tussen de twee zaken die worden vergeleken'. Het gelijkheidsbeginsel is dan ook slechts relevant voor zover mensen *vergelijkbaar* en dus *verschillend* zijn – in capaciteit, macht en sociale positie.

Dit gegeven heeft veel filosofen ertoe gebracht om het streven naar sociale en maatschappelijke gelijkheid voor een deel of zelfs volledig op te geven. Dat wil niet zeggen dat zij ook het idee van menselijke gelijkwaardigheid verwierpen. Maar, stelt de Amerikaanse filosoof Douglas Rae enigszins retorisch, het voortbrengen van gelijkheid 'is verstoken van betekenis'. Wil gelijkheid betekenisvol zijn, dan zullen er altijd verschillen moeten zijn. Absolute gelijke behandeling is, vanuit het oogpunt van gelijkheid, dan ook nooit rechtvaardig: de verschillen worden er slechts door bekrachtigd. Als bijvoorbeeld iedereen precies evenveel belasting betaalde, dan zou dat het (onvermijdelijke) verschil tussen rijk en arm juist vergroten in plaats van verkleinen.

Dit probleem werd ook al beschreven door Aristoteles, die in zijn

Ethica Nicomachea onderscheid maakt tussen 'numerieke' en 'proportionele' gelijkheid. Numerieke gelijkheid is absolute gelijkheid: als waren mensen niet van elkaar te onderscheiden – een principe dat volgens Aristoteles niet altijd een rechtvaardig resultaat geeft. Proportionele gelijkheid beschouwt gelijkheid daarentegen als relatief – dat wil zeggen, door relevante verschillen te laten meewegen in het morele oordeel. Wil het principe van gelijke behandeling dus rechtvaardig zijn, dan kan het alleen *antiprincipieel* worden toegepast.

Dat gegeven laat zien dat er een interne paradox schuilt in de Commissie Gelijke Behandeling. Die doet namelijk precies het omgekeerde van wat haar naam doet vermoeden: ze behandelt iedere persoon *verschillend*. De CGB kan alleen een rechtvaardig oordeel vellen door ieder geval apart op zijn merites te beoordelen. Paradoxaal geformuleerd: de Commissie Gelijke Behandeling bewijst zelf dat gelijke behandeling onrechtvaardig is. Een absoluut rechtvaardig oordeel kan zij dus ook niet vellen. De commissie moet uiteindelijk altijd partij kiezen – de voorkeur geven aan een bepaald belang op grond van steeds weer verschillende, en dus antiprincipiële afwegingen.

Dat principieel oordelen tot een paradox leidt is zichtbaar in het advies aan het maandblad *Opzij*. De commissie ziet het als principieel onjuist om een verschil te maken op grond van geslacht – en dat doorkruist in feite de bestaansreden van het blad, namelijk de emancipatie van vrouwen. Het advies zou, in de ogen van *Opzij*, pas echt rechtvaardig zijn als het *onnodig* was – als mannen en vrouwen inderdaad gelijk behandeld zouden worden. Met het advies zegt de commissie in feite dat de emancipatie van vrouwen voltooid is – dat voortrekken van vrouwen om gelijkheid tussen mannen en vrouwen te bewerkstelligen niet langer nodig is. Maar daar zal de redactie van *Opzij* anders over denken: haar belang (vrouwenemancipatie) is tegengesteld aan wat de CGB adviseert.

Het is dan ook zinloos om van een juist of onjuist oordeel van de CGB te spreken. Rechtvaardigheid is altijd afhankelijk van welk belang men wil dienen. Dat Verdonk de commissie onmiddellijk wilde afschaffen, omdat een moslima van de CGB mannen geen hand hoefde te geven, toont dan ook iets aan wat we al van deze politica wisten: dat zij het begrip rechtvaardigheid niet begrijpt. Verdonk beziet gelijkheid in hetzelfde licht als regels: niet als relatief en contextgebonden, maar als absoluut en principieel. Daarmee gaat ze keer op keer voorbij aan het belang dat een regel of oordeel moet dienen. Je zou immers ook, in de context van de positie van de vrouw in de islam, kunnen stellen dat het feit dat een moslima überhaupt een man de hand *mag* weigeren een teken van emancipatie is.

Laten we dat eens voorleggen aan Cisca Dresselhuys.

Een beetje minder salaris voor Gerrit Zalm is de oplossing niet

De benoeming van Gerrit Zalm tot nieuwe bankdirecteur van ABN-Amro/Fortis, eind november 2008, viel niet bij iedereen in goede aarde. Dat wil zeggen, vooral het salaris van de oud-minister deed sommigen de wenkbrauwen fronsen. 'Onacceptabel' noemde SP-leider Agnes Kant de 750.000 euro per jaar exclusief bonussen die Zalm krijgt uitbetaald. Ook PvdA-fractievoorzitter Mariëtte Hamer vond dat het salaris 'wel wat lager had gekund'. Uit een peiling van Maurice de Hond bleek dat een meerderheid van de ondervraagde Nederlanders het met Kant en Hamer eens is: 51 procent noemde het salaris 'te hoog' of 'veel te hoog'. Onder PVV-stemmers was dit zelfs bijna 80 procent.

Ten grondslag aan deze onvrede ligt een opvatting die in de filosofie bekendstaat als *distributieve rechtvaardigheid:* het idee dat in een rechtvaardige samenleving de economische middelen in zekere mate evenredig over de bevolking verdeeld moeten zijn. Nu bedraagt het gemiddelde brutosalaris in ons land volgens het Centraal Bureau voor de Statistiek ongeveer 30.500 euro per jaar, bijna 25 keer minder dan het salaris van Zalm. Grofweg verdient de nieuwe bankdirecteur dus een modaal maandsalaris *per dag.* Die ongelijkheid wordt als onrechtvaardig ervaren: waarom zou Zalm zo veel meer moeten verdienen dan de gemiddelde Nederlander? Gevoelig ligt bovendien dat Zalm als minister van Financiën een uitgesproken voorstander was van de vrije markt: het economische systeem dat nu medeverantwoordelijk wordt gesteld voor deze excessieve inkomensongelijkheid. 'Zalm was groot pleitbezorger van het neoliberalisme, van meer markt en minder overheid. [...] Hij is daarmee niet de juiste man op de juiste plek, op het juiste moment, voor het juiste salaris', aldus Agnes Kant. Waar komt dit idee van distributieve rechtvaardigheid eigenlijk vandaan? De kiem ervan is terug te vinden in de filosofie van Aristoteles, die als eerste denker in de westerse traditie stelde dat gelijkheid een integraal onderdeel van het begrip rechtvaardigheid was. 'Behandel gelijke gevallen als gelijke', noteerde hij in zijn *Ethica Nichomachea*. Aristoteles doelde daarmee echter niet op economische gelijkheid, maar op morele gelijkheid: aan ieder mens kwam een gelijke mate van respect en waardigheid toe. Die opvatting werd in het christendom overgenomen middels de gedachte dat 'ieder mens gelijk was in het aangezicht van God' en werd uiteindelijk door Thomas Hobbes verheven tot een universeel geldend recht.

Maar tot de achttiende eeuw had dit recht op gelijkheid geen *economische* dimensie. Meer dan tweeduizend jaar lang werd de maatschappij in economisch opzicht als intrinsiek hiërarchisch beschouwd: de mens was van nature ongelijk, en daardoor was ook de verdeling van welvaart vanzelfsprekend onevenredig, luidde de gedachte. Ieder mens kwam in een door de 'natuur' bepaalde economische positie ter wereld en zou daar ook zijn hele leven blijven. De economische positie werd als een gegeven ervaren en daarom niet als onrechtvaardig beschouwd. Pas toen men onder aanvoering van Adam Smith begon in te zien dat de mate van morele waardigheid en respect die een mens toekwam grotendeels *afhankelijk* was van de economische positie die hij in de maatschappij bekleedde, werd gelijke verdeling van welvaart een waarde op zich, als onderdeel van het begrip rechtvaardigheid.

Het ironische is nu dat uitgerekend het concept van de *vrije markt* werd gezien als de manier waarop distributieve rechtvaardigheid kon worden bewerkstelligd. Het ideaal van de vrije markt, zoals geformuleerd door Smith, was bedoeld om de hiërarchische economische structuur van de samenleving te *doorbreken*. Mits goed functionerend zou een vrije markt gelijke kansen op economisch succes kunnen geven aan iedereen die bereid en in staat was om goederen te produceren of diensten te verlenen, onafhankelijk van iemands afkomst, geslacht of ras. Smith beschouwde de vrije markt dan ook expliciet als een middel om economische gelijkheid te creëren: 'In een volledig vrij systeem zal het geheel aan kosten en opbrengsten van de ontplooiing van de verschillende arbeidskrachten en productiemiddelen perfect gelijk zijn, of in ieder geval voortdurend neigen naar gelijkheid', aldus Smith in zijn boek *The Wealth of Nations* (1776).

De klacht van de SP dat aanhangers van de vrijemarktideologie willens en wetens economische ongelijkheid veroorzaken, is dus historisch gezien onjuist; de bedoeling was eerder het omgekeerde. De kritiek dat economische ongelijkheid het uiteindelijke *resultaat* is van de vrije markt, is daarentegen wel weer steekhoudend. Mensen verschillen in capaciteiten, talenten en ambities, waardoor hun economische succes niet hetzelfde zal zijn, ook al is de markt voor iedereen vrij toegankelijk. Bovendien versterkt het economische succes zichzelf van generatie op generatie: wie uit een welvarend nest komt, zal meer kans van slagen hebben dan iemand die in een minder bedeeld gezin geboren wordt.

De socioloog Anthony Giddens (1938) noemde een pure meritocratische vrijemarkteconomie zonder enige vorm van herverdeling dan ook zelfondermijnend, omdat 'de eerste generatie succesvolle individuen de kaste van de volgende generatie zal worden'. Met andere woorden, zonder distributieve rechtvaardigheid kunnen op den duur alleen nog de rijken het zich veroorloven om economisch succesvol te zijn, en is het systeem niet meritocratisch meer. Een treffend voorbeeld van dit zelfondermijnende effect deed zich vlak na de benoeming van Zalm tot bankdirecteur ook voor in de voetbalwereld, toen Ajax-spits Klaas-Jan Huntelaar voor 27 miljoen euro verkaste naar Real Madrid. Met de aankoop van Huntelaar heeft de Spaanse kampioen in twee jaar tijd voor ruim 136 miljoen euro aan Nederlandse spelers gekocht, meer dan de totale jaarbegroting van Ajax en PSV bij elkaar. Door deze ongelijkheid in economische macht neemt de kans op sportief en dus financieel succes voor de relatief kleine Nederlandse clubs alsmaar af en is er van een meritocratische competitie, waarin het succes afhankelijk is van talent en ambitie, nauwelijks sprake meer.

Overigens is een systeem van volledige economische gelijkheid eveneens zelfondermijnend: daardoor verdwijnt de prikkel om te presteren. Want waarom zou iemand hard werken als toch iedereen hetzelfde krijgt? Dit bracht de politiek filosoof John Rawls tot de conclusie dat een werkelijk rechtvaardige verdeling het midden houdt tussen evenredigheid en ongelijkheid. Hij formuleerde daartoe het beroemde *difference principle*, dat stelt dat ongelijkheid is toegestaan 'voor zover het in de grootste mate bijdraagt aan de welvaart van de minst bedeelden'. Rawls maakte het verschil in welvaart daarmee *relatief* aan de totale welvaart van iedereen – een principe waar het progressieve Nederlandse belastingstelsel nog altijd op gebaseerd is.

Niettemin kent het concept van distributieve rechtvaardigheid één wezenlijke tekortkoming: het definieert rechtvaardigheid uitsluitend in termen van zaken die meetbaar en dus *te verdelen* zijn, zoals geld, banen en sociale diensten. Daarmee miskent het het belang van andere, niet-meetbare onderdelen van rechtvaardigheid, aldus de Amerikaanse filosofe Iris Marion Young (1949-2006), zoals vrijheid, politieke macht, beslissingsbevoegdheid en zelfrespect. Rawls zelf onderkende dit probleem ook. Hij stelde daarom expliciet dat distributieve rechtvaardigheid slechts tot volle wasdom kon komen als ze was ingebed in een maatschappelijke structuur van gelijke burgerlijke vrijheden en rechten van ieder individu.

Dit gegeven verklaart deels waarom de onvrede over het salaris van Zalm vooral heerst onder PVV-stemmers: een groot deel van die groep voelt zich ook in *andere* dan alleen economische opzichten te- kortgedaan. Deze kiezers vinden dat het politieke establishment niet naar hen luistert (achterkamertjespolitiek), voelen zich meer dan anderen door de overheid in hun vrijheden beperkt (bijvoorbeeld door het rookverbod), beschouwen zichzelf als niet beslissingsbe- voegd (de elite deelt de baantjes uit) en hebben daardoor vaak een lager niveau van zelfrespect (wij doen er niet toe). Het salaris *an sich* is dus het probleem niet: burgers die zich qua vrijheid, inspraak en zelfrespect minder tekortgedaan voelen, hebben er minder moeite mee, al verdienen zij zelf misschien ook niet meer dan modaal. 'Een wat lager salaris', zoals Mariëtte Hamer wilde, zou het gevoel van onrecht onder sommige burgers dus niet wegnemen; daarvoor is eerder een niet-materiële versterking van hun maatschappelijke po- sitie vereist. Laat dat een wijze les van Rawls zijn voor de PvdA.

Over de universele geldigheid van mensenrechten

In de aanloop naar de Olympische Spelen in China barstte in Nederland een hevige discussie los over de mensenrechtenschendingen in dat land. De Tweede Kamer sloot een boycot van de openingsceremonie, waartoe onder andere Amnesty International had opgeroepen, lange tijd niet uit. Maar tegelijkertijd was het kabinet bang dat een boycot van de Spelen een averechts effect zou hebben op de politieke verhoudingen met dit steeds machtiger werelddeel. Uiteindelijk besloot het kabinet de Spelen in Peking niet te boycotten. Maar wat nu als er weer grootschalige mensenrechtenschendingen plaatsvinden in China? Moet Nederland dan krachtig stelling nemen voor de mensenrechten – en dus tegen China? Of getuigt dat slechts van een misplaatst gevoel van morele superioriteit?

Dit dilemma ervoer ook de voorzitter van het Internationaal Olympisch Comité, de Belg Jacques Rogge. Eind april 2008 riep hij het Westen nog op te stoppen met aanvallen op China. Want 'het IOC is niet de VN van de sport', stelde hij. Maar nog geen twee weken later wijzigde de voorzitter van koers en moest het IOC toch 'een standpunt aangaande de mensenrechten innemen'. Want 'neutraliteit over mensenrechten is niet meer van deze tijd', vond Rogge. Om daarna toch weer te twijfelen: 'Het IOC zit in een spagaat.'

Bij deze spagaat is de onderliggende vraag of mensenrechten universele morele principes zijn of niet. Daar zijn drie veelgehoorde antwoorden op. Het eerste is bevestigend: ja, mensenrechten zijn universeel en moeten daarom (al dan niet gedwongen) nageleefd worden door ieder land – ongeacht de verschillen in cultuur of traditie. Het tweede antwoord is cultuurrelativistisch: mensenrechten zijn niet universeel en mogen daarom niet worden opgedrongen aan landen met andere culturele normen. Het derde antwoord schippert daartussen: mensenrechten zijn weliswaar universeel, maar dat betekent niet automatisch dat ze aan andere culturen mogen worden opgelegd.

Nu is het mensenrechtenvraagstuk natuurlijk niet alleen een filosofisch dilemma, maar vooral een geopolitieke kwestie: een machtsspel tussen oude en nieuwe economische wereldmachten. De discussie beslechten is in die zin dan ook onmogelijk: het antwoord op de vraag of mensenrechten universeel zijn, hangt mede af van het politieke oogmerk dat men heeft. Zo klaagt het Westen wel doorlopend over de mensenrechtenschendingen in China, maar veel minder over die op Cuba – dat land is namelijk geen macht om rekening mee te houden. Toch is er wel een *theoretisch* antwoord op de vraag of mensenrechten universele geldigheid hebben of niet, en dat antwoord ligt in de ontstaansgeschiedenis ervan.

Het concept van mensenrechten vindt zijn oorsprong in de zogenoemde natuurwetdoctrine: het idee dat er onveranderlijke hogere wetten bestaan die zowel een natuurkundige als een morele dimensie hebben. Aan de ene kant bepalen ze hoe de natuur en het universum werken en aan de andere kant hoe de mens zich dient te gedragen. Sporen van deze doctrine zijn al te vinden in de Oudgriekse filosofie, de joods-christelijke overlevering en het Romeinse recht. In die perioden werden de natuurwetten meestal nog volledig toegeschreven aan de wil van God. Dat veranderde in de zeventiende eeuw, toen onder aanvoering van de Nederlandse filosoof en rechtsgeleerde Hugo de Groot (1583-1645) de natuurwetdoctrine werd geseculariseerd. De bron van absolute morele normen was niet God, stelde De Groot, maar de menselijke rede.

Daarmee was hij niet alleen de grote voorloper van het Verlichtingsdenken van Immanuel Kant, maar ook de grondlegger van het moderne recht. In *De iure belli ac pacis* schrijft De Groot: 'De natuurwetten zijn een gebod van de *recta ratio* [...] die voorschrijft of een handeling toegestaan is of verboden' – een opvatting die Kant later één op één zou overnemen. De term *recta ratio* zou men hier het beste kunnen vertalen als 'het recht van de rede'. Daarmee doelt Hugo de Groot enerzijds op het unieke vermogen van de mens om door middel van de ratio tot morele waarheden te komen; de rede verschaft het 'recht op' (of inzicht in) de waarheid over goed en kwaad. Anderzijds verwijst 'recht' ook naar de absolute waarheidswaarde van die morele inzichten: 'recht' betekent hier ook 'juist'.

Het is deze opvatting geweest die de basis heeft gelegd voor wat wij nu mensenrechten noemen. Het zijn morele waarheden die voortkomen uit de rede en daardoor gelden voor alle redelijke wezens – voor alle mensen dus. Onder mensenrechten werd in eerste aanleg niet iets 'juridisch' verstaan, alhoewel ze later wel die status kregen. Met mensenrechten werd eerder een eigenschap van de mens bedoeld: een inzicht in morele waarheden dat alleen mensen kunnen hebben, omdat het voortkomt uit de rede. En precies dat maakt mensenrechten per definitie universeel: ze gelden voor ieder redelijk wezen, zoals 1+1 ook voor ieder mens 2 is. De opvatting dat mensenrechten ondergeschikt zijn aan de cultuur, is dan ook onhoudbaar. Wie de term mensenrechten gebruikt, sluit moreel relativisme *automatisch uit*: het idee dat morele waarheden worden bepaald door een cultuur, is in tegenspraak met de strekking van de term mensenrechten zelf.

Dan blijft natuurlijk de vraag of mensenrechten wel of niet opgelegd mogen worden aan andere culturen. Bernard Williams merkt in zijn essay *Ethics and the Limits of Philosophy* (1985) scherp op dat cultuurrelativisme in ieder geval geen afdoende reden is om mensenrechten niet aan andere culturen op te dringen. Want, zegt hij, in de opvatting dat goed en kwaad relatief is aan de cultuur van een land en dat mensenrechten daarom niet mogen worden opgelegd, schuilt een 'fundamentele incoherentie'. Cultuurrelativisten hangen daarmee namelijk 'een niet-relatieve moraal van tolerantie en onthouding van inmenging' aan. Ze stellen eerst dat er geen universele moraal bestaat, en hanteren vervolgens als universele norm dat culturen elkaar *moeten respecteren* in elkaars cultureel bepaalde normen en waarden. Dat is met elkaar in tegenspraak.

Anders gezegd, cultuurrelativisme dringt mensenrechten weliswaar niet op, maar sluit bemoeienis evenmin uit. Sterker nog, zegt de Argentijnse filosoof en hoogleraar rechten Fernando Teson (1950) in zijn essay *International Human Rights and Cultural Relativism* (1985), wie het concept van mensenrechten accepteert, maar toch concludeert dat ze vanwege verschillende culturen niet overal geldig mogen worden verklaard, maakt zich schuldig aan 'verkapt elitisme'. Want, redeneert Teson, aan de ene kant hanteert men het concept van rechten met een universele strekking, terwijl aan de andere kant wordt gedaan alsof die rechten alleen opgaan in het Westen. Het resultaat is dat men 'in vage termen waarschuwt tegen etnocentrisme, terwijl dictators aan de macht worden gelaten en er onvoldoende wordt opgetreden tegen menselijk lijden'. De waarschuwing voor een westers superioriteitsgevoel is weliswaar goed bedoeld, zegt Teson, maar onbedoeld ook zeer elitair – 'alsof mensen in andere culturen minder "recht" hebben op mensenrechten dan wij'.

Mensenrechten moeten dus wel als universeel worden beschouwd – of wegens inconsistentie worden verworpen. Maar er is nog een middenpositie. Men zou kunnen stellen dat mensenrechten universele waarheden zijn, maar dat de *inhoud* en *toepassing* ervan relatief is aan de verschillende culturen op de wereld. Zo worden bijvoorbeeld het recht op vrijheid, zelfbeschikking en de rechtvaardige verdeling van welvaart gegarandeerd. Maar wat betekent dat? Dat hangt volledig af van de manier waarop men deze begrippen *definieert*. Getuigt het (mogen) dragen van een boerka van zelfbeschikking of juist niet? Is een progressief belastingstelsel rechtvaardig of juist niet? Wereldwijde consensus over dit soort dilemma's is er niet. Dat maakt niet de mensenrechten zelf, maar wel hun betekenis relatief – en het afdwingen ervan dus problematisch. Want wat moet er precies worden afgedwongen? Het Westen vindt dat de Chinese staat inbreuk pleegt op de mensenrechten door dissidenten te vervolgen die de staat beledigen. Maar geldt dan niet hetzelfde voor Nederland, dat in 2008 nog een cartoonist arresteerde wegens belediging?

Helaas garanderen mensenrechten ons niet het recht op een antwoord op dit soort vragen.

Hoe Confucius de mensenrechten in China belemmert

Tijdens de Olympische Spelen in Peking werden precies 958 me-
dailles uitgereikt, waarvan 16 aan Nederland. Maar volgens cabaretier Erik van Muiswinkel was men één medaille vergeten uit te
delen: goud voor het Grote Afschuiven. 'De sport heeft zich kritiek-
loos geleend voor het in de etalage zetten van een van de grootste
dictaturen ter wereld', schreef Van Muiswinkel in *de Volkskrant* van
23 augustus 2008. 'Zodra er op "het andere China" werd gewezen,
begon het Grote Afschuiven. De sporters naar het IOC, het IOC naar
de politiek, de politiek terug naar het IOC.'

Het siert Van Muiswinkel dat hij zo uitgesproken opkomt voor de
rechten van mensen duizenden kilometers hiervandaan. En je kunt
moeilijk veel bezwaren hebben tegen zijn oproep aan westerse politieke leiders, multinationals en sportkoepels om meer daadkracht
te tonen als het gaat om het aan de kaak stellen van de mensenrechtenschendingen in China. Maar zijn pleidooi raakt maar gedeelte-
lijk aan de kern van het probleem. Want druk van buitenaf is niet
afdoende; ook de Chinezen zelf moeten bereid zijn om op te komen voor hun rechten. En dat gebeurt opvallend weinig. De laatste
demonstranten die op het Tiananmen Plein in Peking werden gesignaleerd, waren afkomstig uit Duitsland, Canada en de Verenigde
Staten. En de kritische vragen die tijdens de Spelen aan Chinese
ministers en regeringswoordvoerders werden gesteld, kwamen van
westerse journalisten, niet van Chinezen.

De stilte aan Chinese zijde wordt natuurlijk grotendeels verklaard
door de erbarmelijke mensenrechtensituatie zelf: kritische geluiden

worden gecensureerd, demonstraties in de kiem gesmoord en dissidenten vervolgd en verbannen. Maar er ligt ook een diepere oorzaak aan ten grondslag: de filosofische geschiedenis van China. Voor ons is het volstrekt vanzelfsprekend om in termen van rechten te denken en te spreken, dat concept speelt al eeuwen een vooraanstaande rol in de westerse filosofie. Illustratief voor die vanzelfsprekendheid is de rechtszaak die voetballer Kenneth Perez in 2008 aanspande tegen zijn werkgever Ajax, omdat hij naar het B-elftal was verbannen. Perez vond dat hij recht had op een plek in de A-selectie en probeerde dit af te dwingen met een beroep op het 'recht op arbeid'. Een Chinese voetballer zou daar vermoedelijk nooit op gekomen zijn; hij denkt niet zo snel in termen van rechten als wij. Want in de dominante Chinese denktradities is dat concept veel minder prominent aanwezig, of zelfs helemaal afwezig – wat het claimen ervan ook moeilijker maakt. Rechten zijn immers niet slechts politieke entiteiten die bestaan bij de gratie van wetten en verdragen; ze veronderstellen ook een geestestoestand. Om rechten te kunnen uitoefenen moet een mens zich bewust zijn van wat het betekent om rechtendrager te zijn.

Dat bewustzijn is in China door de eeuwen heen onderontwikkeld gebleven: rechten, maar ook bijbehorende concepten als individuele vrijheid en autonomie, komen nauwelijks voor in het filosofische vocabulaire. Sterker, het Chinees kent niet eens een apart woord voor individu. Van de drie invloedrijkste filosofische stromingen – het taoïsme, het confucianisme en het legalisme – neigt alleen het taoïsme nog enigszins naar een individualistisch (en deels anarchistisch) wereldbeeld met een groot wantrouwen jegens autoriteiten. Maar het confucianisme en vooral het legalisme zijn ronduit anti-individualistisch: hiërarchie en gehoorzaamheid aan hogere rangen zijn daarin de meest essentiële concepten.

Daar is een historische verklaring voor. Het confucianisme, ontsproten aan de filosofie van de Chinese denker Confucius (551-479 v. Chr.), en het legalisme, ontwikkeld door de Chinese filosoof Han

Fei (280-233 v. Chr.), zijn beide ontstaan in een tijd dat China in een langdurige oorlog was gewikkeld – een tijd die bekendstaat als de Periode van de Strijdende Staten (tussen ca. 500 en 221 v. Chr.). Confucius wilde de orde in de samenleving herstellen en legde in zijn morele voorschriften daarom sterk de nadruk op bestuurlijke rang en kinderlijke gehoorzaamheid. Respect voor hogergeplaatsten – de keizer, de oudere, de ouders en de echtgenoot – was geboden. Voor individuele autonomie was binnen het denken van Confucius daarom slechts zeer beperkt ruimte. Prioriteit geven aan de belangen van het individu boven die van de groep werd ronduit verworpen. Confucius had namelijk een sterk communitaristische opvatting van de mens, vergelijkbaar met die van het CDA: hij achtte het individu volledig afhankelijk van de groep waartoe het behoorde. Ideeën over de rechten van het individu die de mens zouden moeten beschermen tegen de (conflicterende) belangen van anderen zijn in het confucianisme niet terug te vinden. Het is pas sinds kort dat filosofen individuele rechten met het gedachtegoed van Confucius pogen te verenigen, zoals Joseph Chan, hoogleraar aan de Universiteit van Hong Kong dat doet in zijn boek *A Confucian Perspective on Human Rights for Contemporary China* (1999).

De andere meest invloedrijke stroming – het legalisme – biedt nog minder ruimte voor individuele rechten. Deze denkrichting, die ontstond in de derde eeuw voor Christus en honderd jaar later tijdens de Qin-dynastie tot totalitaire ideologie werd verheven, heeft als kernprincipe dat het volk zich dient te onderwerpen aan de wetten (*leges*) van de leider. Het volk zelf had hierin geen enkele zeggenschap; de gewone man was niet in staat om juiste oordelen te vellen, vond geestelijk vader Han Fei. Het legalisme was dan ook expliciet tegen burgerrechten en individuele vrijheden gekant: die zouden slechts tot moreel verval en chaos leiden. Hoewel het hoogtepunt van het legalisme en confucianisme eeuwen geleden ligt, en beide denkwijzen ook een tijd sterk in diskrediet raakten, is hun invloed op het huidige China nog altijd groot. Critici verwijten de hedendaagse Chinese regering niet voor niets soms 'een confucianistische buitenkant met een legalistische kern'. En ook op gewone Chinezen is de invloed van het groepsdenken en de filosofie van de gehoorzaamheid nog altijd merkbaar.

Dat werd ooit prachtig geïllustreerd door twee experimenten van de Amerikaanse socioloog Robert Nisbet (1913-1996). Daarin liet hij aan Amerikanen en Chinezen een plaatje van een aquarium zien met de vraag: wat zie je? De Amerikanen beschreven daarop meestal de grootste vis en wat die aan het doen was; de Chinezen schetsten eerder de omgeving waarin de vissen zich bevonden. Nisbets conclusie was: Amerikanen zien *individuen*, Chinezen zien *context*. In het andere experiment toonde Nisbet drie plaatjes: van een koe, een kip en een baal hooi. De vraag luidde: welke twee horen bij elkaar? De Amerikanen koppelden in meerderheid de koe en de kip aan elkaar, want dat zijn beide dieren. De Chinezen kozen vaker voor de koe en het hooi – de koe is immers afhankelijk van het hooi. Conclusie: Amerikanen denken in *categorieën*, Chinezen in *relaties*.

Dit soort subtiele verschillen in denkpatroon bepaalt uiteindelijk mede of een maatschappij individualistisch is en georiënteerd op rechten, of collectivistisch ingesteld en gericht op plichten. Willen mensenrechten ooit wortel kunnen schieten in de Chinese maatschappij, dan is daar dus een fundamentele verandering in het denken voor nodig; vijfentwintig eeuwen filosofie laten zich niet zomaar tenietdoen. Maar daarin schuilt helaas ook de catch 22 van de Chinese mensenrechtensituatie. Want voor een verandering in de denkwereld is een vrije uitwisseling van meningen en informatie noodzakelijk – en juist aan die vrijheid ontbreekt het in China nog het meest. De *mindset* van de Chinees wordt zorgvuldig beheerst door de overheid. Daar verandert een goedbedoeld appèl van een westerse politicus of cabaretier helaas niets aan. Integendeel: onze kritiek wordt door veel Chinezen daardoor vaak als onterecht en beledigend opgevat.

De echte gedachterevolutie zal, zonder de zaken af te schuiven, toch van binnenuit moeten komen.

Hoe racisme een ideologie werd door Europees Verlichtingsdenken

Tijdens de afgelopen presidentsverkiezingen in Amerika is racisme, ondanks alle inspanningen van Barack Obama om het thema te vermijden, toch onderwerp van hevige discussie geworden. Aanleiding voor de controverse waren de racistische uitlatingen van de zwarte dominee Jeremiah Wright – de vroegere predikant van Obama. Wright hekelde de 'heerschappij van de rijke blanken' in zijn land en zette daarmee de sluimerende rassenscheiding in één klap weer op de politieke agenda. Obama nam onmiddellijk afstand van deze uitspraken, maar erkende niettemin dat er in de vs nog altijd 'grote spanningen' bestaan tussen zwarten en blanken.

De gemiddelde Europeaan zal zich hebben afgevraagd hoe het toch mogelijk is dat een moderne westerse democratie als Amerika nog altijd zo gebukt gaat onder het rassenvraagstuk. In Europa is van structureel racisme al zeker vijf decennia geen sprake meer, onder andere doordat racistisch gedachtegoed na de Tweede Wereldoorlog sterk in diskrediet raakte. Het lijkt in ieder geval ondenkbaar dat in Nederland anno nu de huidskleur van een Kamerlid of potentiële premier onderwerp van verhit debat zou zijn. Toch is de gedachte dat een bepaalde groep mensen op grond van niet-gekozen eigenschappen als huidskleur of etniciteit inferieur zou zijn aan een andere groep, al terug te vinden bij de oude Grieken. Het zou te kort door de bocht zijn om racisme van alle tijden te noemen – tienduizend jaar geleden bestonden er nog geen mensenrassen –, maar vooroordelen op basis van ras en afkomst zijn geen modern verschijnsel.

Lange tijd is dat in de academische wereld echter wel de consensus geweest. Volgens de meeste filosofen en historici deed racisme als gedachtegoed voor het eerst opgeld ten tijde van het Europese kolonialisme en de slavenhandel rond het einde van de negentiende eeuw. Maar de Zwitserse historicus Benjamin Isaac, auteur van *The Invention of Racism in Classical Antiquity* (2004), concludeerde na een uitgebreide studie dat die kijk op de geschiedenis een verkeerde voorstelling van zaken is. Zowel bij de Romeinen als de Grieken, stelt Isaac, zijn sporen te vinden van opvattingen die nu bekendstaan als klimatologisch racisme: discriminatie op grond van uiterlijke kenmerken die voortkomen uit verschillen in geografische en klimatologische omstandigheden.

Zo was Aristoteles van mening dat zijn eigen land een 'ideaal klimaat' had. De Grieken waren daarom het beste toegerust om over 'slaafse' Aziaten en Afrikanen te heersen, stelde hij. Zijn leermeester Plato was van mening dat het gematigde klimaat in Griekenland de oorzaak was van de wijsheid van het Griekse volk – hij noemde de Egyptenaren en Feniciërs (inwoners van het huidige Libanon) 'incompetent' vanwege de hitte en het gebrek aan water aldaar. Plato was bovendien de geestelijke voorvader van wat in de negentiende eeuw bekend kwam te staan als eugenetica: het fokken van een superieur mensenras. De Griekse wijsgeer stelde in zijn meesterwerk *De Republiek* namelijk als eerste voor om alleen 'de beste mannen en de beste vrouwen' seks met elkaar te laten hebben.

Toch was er in de Oudheid niet echt sprake van een *coherent* racistisch gedachtegoed. Het betrof meestal een bundeling van min of meer onsamenhangende vooroordelen in plaats van met argumenten omklede theorieën. Daar kwam tijdens de Europese Verlichting verandering in: met een beroep op de rede en aangejaagd door de ontwikkeling van de biologie kregen racistische vooroordelen voor het eerst een wetenschappelijke en ideologische dimensie. De Britse filosoof John Gray (1948) noemt racisme daarom ook een product van de Verlichting – racisme werd toen echt een 'isme'. Zo noemde Immanuel Kant het blanke ras het meest geschikt voor vooruitgang. Afrikanen waren in zijn ogen voorbestemd voor slavernij. Ook de Schot David Hume schreef destijds: 'Ik ben geneigd te denken dat negers inferieur zijn aan blanken.' John Stuart Mill, die onder de indruk was geraakt van de evolutietheorie van Charles Darwin (1809-1882), hield er over Aziaten een soortgelijke opvatting op na.

Racisme als ideologie kan dus een Europees verschijnsel worden genoemd, dat door middel van kolonisatie uiteindelijk over de wereld is verspreid en ook in de Verenigde Staten wortel heeft geschoten. De toen al vrij gangbare slavernij kon plots op rationele gronden worden gerechtvaardigd; er werden in Amerika uitgebreide studies verricht naar de genetische en psychologische eigenschappen van zwarte Afrikanen teneinde hun inferioriteit te 'bewijzen'. Bij onze verbazing over het rassenprobleem in de vs past dus wel enige bescheidenheid: Europeanen zijn in zekere zin medeverantwoordelijk voor deze immer voortslepende kwestie. De rationalisatie van de natuurlijke ongelijkheid tussen mensen door de Verlichtingsdenkers van weleer heeft het racisme een aura van wetenschappelijkheid verleend die het daarvoor nooit had. Vooral daardoor won het racisme enorm aan overtuigingskracht, met als dieptepunten de Jodenvervolging tijdens de Tweede Wereldoorlog en de apartheid in Zuid-Afrika.

Maar ook nu nog lijkt racisme niet geheel uit ons eigen (politieke) denken verdwenen, getuige de 1300 betogers die nog niet zo lang geleden op de Dam in Amsterdam demonstreerden tegen racisme in Nederland. De demonstratie was georganiseerd door het platform Nederland Bekent Kleur en was met name gericht tegen de anti-islamitische uitlatingen van Geert Wilders. De vraag is evenwel of Wilders wel van 'racisme' kan worden beticht. Twee gegevens spreken dat namelijk tegen. Allereerst gaat het bij racisme altijd om discriminatie op grond van niet-gekozen of onveranderlijke eigenschappen, zoals huidskleur of afkomst. Wilders lijkt echter geen onderscheid tussen mensen te maken op grond van niet-gekozen, onveranderlijke eigenschappen: religieuze overtuigingen zijn immers een keuze. Je kunt, volgens hem, besluiten om in de Koran te geloven of niet. Verder heeft Wilders herhaaldelijk benadrukt zich niet te richten tegen moslims, maar tegen de islam als ideologie. Hij is met andere woorden een criticus van de islam, en geen racist.

Toch is enige verwarring wel begrijpelijk. Wilders spreekt zichzelf namelijk op deze twee standpunten ook vaak tegen. Ten eerste heeft Wilders, zoals ik al schreef, een klassiek kantiaanse opvatting over identiteit; hij definieert de menselijke identiteit als de morele overtuigingen die een persoon heeft. Zo ziet Wilders de normen en waarden van de Verlichting – vrijheid, autonomie van het individu, tolerantie – als constitutief voor wat hij de Nederlandse identiteit noemt. Nederlander ben je volgens hem als je deze normen en waarden onderschrijft. In dezelfde lijn der gedachte is ook de islam constitutief voor de islamitische identiteit: je bent moslim als je de islamitische normen en waarden onderschrijft. Wilders' zelfverklaarde onderscheid tussen islam en moslim is pure retoriek. Volgens zijn eigen opvatting van identiteit zijn die twee zaken hetzelfde. Dat kan ook niet anders: zonder moslims zou er anders ook geen islam in Nederland zijn.

Ten tweede heeft Wilders meerdere malen gezegd dat hij de islam beschouwd als een onveranderlijke ideologie. 'De islam is de Koran', zei hij ooit in een interview – en de Koran is in vijftien eeuwen ongewijzigd gebleven. Logisch ook, want voor moslims betreft het het letterlijke woord van Allah. Dat is volgens Wilders dan ook precies het probleem met de islam: anders dan het christendom is de islam nooit aan emancipatie onderhevig geweest en zal hij dat ook nooit zijn. 'Als de islam al kan veranderen, dan duurt dat drieduizend jaar, en daar wil ik niet op wachten', stelde Wilders ooit in een debat met voormalig integratieminister Vogelaar.

Tel deze twee standpunten bij elkaar op en je begrijpt waarom het platform Nederland Bekent Kleur Geert Wilders van racisme beticht. Wie zijn redeneertrant volgt, komt namelijk tot de conclusie dat Wilders de islam beschouwt als een statische ideologie die constitutief is voor het 'moslim-zijn'. Met andere woorden, de islam is een *onveranderlijke eigenschap van moslims*. En als je daar dan als politicus aan toevoegt dat de islam bestreden en uitgebannen moet worden, is dat inderdaad te kwalificeren als discriminatie op grond van niet-gekozen eigenschappen – als racisme dus. Het zou dan ook een hoop verwarring en demonstraties schelen als Wilders hierover eens wat ondubbelzinniger kleur bekent.

Vrouw zijn is ook een verdienste

Vrouwen zijn inmiddels hoger opgeleid dan mannen, en toch wordt in Nederland nog geen 7 procent van de topfuncties bij de belangrijkste beursgenoteerde bedrijven door vrouwen bekleed – ruim 4 procent minder dan het Europese gemiddelde. Het aantal vrouwen in topfuncties bij de overheid is met 16 procent niet veel beter. Voor de wetenschap geldt hetzelfde: nog geen 10 procent van de hoogleraren en universitaire hoofddocenten is vrouw. Vrijblijvende maatregelen, zoals fiscale prikkels om meer te gaan werken, blijken vaak weinig effectief als het gaat om de doorstroom van vrouwen naar de hoogste treden van de maatschappelijke ladder. Daarom gaan er steeds vaker stemmen op voor het instellen van quota. De vakbond FNV en de Partij van de Arbeid vinden dat bedrijven wettelijk verplicht moeten worden om veertig procent van hun bestuursfuncties te vergeven aan vrouwen, zoals in Spanje, Noorwegen en Denemarken ook gebeurt. Volgens hen is zo'n voorkeursbeleid nodig om de bestaande 'mannencultuur' te veranderen.

Toch is de weerstand tegen quota in Nederland nog altijd (te) groot. Minister Piet Hein Donner (Sociale Zaken, CDA) heeft al gezegd niets te zien in een wettelijk quotum voor vrouwen in bestuursfuncties. En toen minister Guusje Ter Horst (Binnenlandse Zaken, PvdA) onlangs voorstelde een quotum voor vrouwen in de Nederlandse politietop in te stellen, brak er onmiddellijk grote onrust uit. Politiechef Ans Rietstra waarschuwde zelfs dat een quotum tot 'uitsluitingsmechanismen richting nieuwkomers' zou leiden. Het grote probleem is dat quota als 'onrechtvaardig' worden beschouwd.

Onrechtvaardig jegens mannen, die op grond van hun geslacht op een achterstand worden gezet; én onrechtvaardig jegens vrouwen, die op grond van hun geslacht opeens voorkeur genieten en dus niet langer worden beoordeeld op hun talenten en prestaties.

Dat gevoel van onrechtvaardigheid hebben we te danken aan het feit dat Nederland een *meritocratische* samenleving is, waarin de opvatting heerst dat iemands sociaaleconomische positie moet worden bepaald door zijn *verdiensten* (merites) en niet door afkomst, geslacht of ras. Die opvatting is te herleiden tot de Britse filosoof John Locke, die als een van de eerste westerse denkers stelde dat de verdeling van kapitaal en bezit zou moeten geschieden op basis van verrichte arbeid, en niet op basis van overerving (in de oosterse filosofie ging Confucius hem hierin voor).

De maatschappij was volgens Locke weliswaar noodzakelijkerwijs hiërarchisch, maar deze hiërarchie was te billijken als ze was gebaseerd op prestaties in plaats van – zoals tot dan toe gebruikelijk – (adellijke) afkomst. De meritocratische gedachte kreeg tijdens de Verlichting in de achttiende eeuw een extra impuls, toen een radicaal gelijkheidsdenken zijn intrede deed. Immanuel Kant en daarna vooral de neokantiaan John Rawls waren grote pleitbezorgers van een concept van rechtvaardigheid dat blind was voor niet-gekozen eigenschappen.

De aversie tegen quota is dus wel begrijpelijk. Vanuit meritocratisch oogpunt wordt met positieve discriminatie van vrouwen de onrechtvaardige situatie niet *verholpen*, maar slechts *verplaatst*: in plaats van vrouwen worden dan mannen op grond van oneerlijke criteria benadeeld. Toch is deze aversie onterecht, stelt de Amerikaanse denker Stanley Fish in zijn messcherpe essay *You can only fight discrimination with discrimination* (1994). Want de meritocratische opvatting van rechtvaardigheid klopt in theorie misschien wel, maar in de praktijk niet. Want, stelt Fish, 'discriminatie is geen probleem in de logica, maar in de geschiedenis'. Daarmee bedoelt hij:

een door discriminatie veroorzaakte onrechtvaardige situatie (zoals de achtergestelde positie van vrouwen) is niet op te lossen door *op te houden met discrimineren,* zoals de logica doet vermoeden. Integendeel, zegt Fish, door niet meer te discrimineren wordt de historisch gegroeide onrechtvaardigheid juist in stand gehouden. Vrouwen worden dan vanuit hun *achtergestelde* positie beoordeeld op hun prestaties. In de praktijk heeft dat een oneerlijk gevolg: omdat mannen door hun historische voorsprong meer (kunnen) werken, zijn hun prestaties hoger en blijft hun bevoordeelde positie bestaan. Vrouwen zitten vast in een selffulfilling prophecy: door hun historisch bepaalde positie werken ze minder, waardoor hun prestaties achterblijven, waardoor ze minder snel carrière maken. En omdat ze minder snel carrière maken wordt eerder van hen verwacht dat ze hun werk opgeven ten gunste van het gezin dan de man. Kortom, als vrouwen op dezelfde criteria – prestaties en ervaring – worden beoordeeld als mannen, blijft hun achtergestelde positie gehandhaafd.

Volgens Fish kan discriminatie, zoals de titel van zijn essay al verraadt, dan ook alleen worden tegengegaan door *te discrimineren.* Want, zegt hij, 'de hoeveelheid onrechtvaardigheid in de wereld kan nooit teniet worden gedaan of zelfs maar worden verminderd. Ze kan slechts worden herverdeeld.' Maar is het dan niet nog steeds rechtvaardiger om die herverdeling te baseren op verdiensten, zoals Locke betoogde, in plaats van geslacht (of etniciteit)? Nee, zegt Fish, want wie zegt dat geslacht (en etniciteit) niet ook onder verdiensten kunnen worden geschaard? Normaliter wordt met verdienste altijd impliciet gedoeld op niet-aangeboren eigenschappen, zoals opleidingsniveau, werkethos en ervaring. Maar verdienste is, net als rechtvaardigheid, een vloeibaar begrip, zegt Fish. Wat het precies inhoudt, is volledig afhankelijk van welk belang men ermee wil dienen.

Als vrouwen een baan krijgen op grond van hun geslacht wordt volgens Fish hun verdienste dan ook niet gecompromitteerd, maar slechts 'opnieuw gedefinieerd in relatie tot een andere maatstaf'.

Want je kunt ook redeneren, zegt Fish, dat 'de aanwezigheid van een vrouw op de werkvloer [of in de directie] verschil maakt [...] en als dat verschil van grote waarde wordt geacht, dan strookt dat evenzeer met de notie van verdienste als bijvoorbeeld het aantal publicaties dat iemand op zijn naam heeft'. Oftewel, ook het *vrouw-zijn zelf* kan worden gekwalificeerd als merite. Het is geen triviaal gegeven, maar een relevant criterium. Meer vrouwen in een bedrijf of directie betekent immers grotere diversiteit en betere representativiteit. Ze brengen andere visies, andere omgangsvormen en een andere sfeer met zich mee.

Wie quota per definitie oneerlijk vindt, beschouwt het vrouw-zijn niet als een op zichzelf te waarderen eigenschap. Maar het vreemde is dat de meeste tegenstanders van quota wel voorstander zijn van meer vrouwen in topfuncties. En waarom? Omdat het *vrouwen zijn*. Zo schreef NRC *Handelsblad* in augustus 2008 in een commentaar dat het ongewenst is dat 'zo een groot deel van de samenleving ondervertegenwoordigd is op invloedrijke posities'. Maar in datzelfde commentaar stond dat de indruk moest worden vermeden dat 'vrouwen hun benoeming meer te danken hebben aan hun sekse dan aan hun kunnen'. Hier is, volgens de redenering van Fish, in feite sprake van een innerlijke tegenspraak. Want aan de ene kant wordt het vrouw-zijn zelf als een *merite* beschouwd (omdat directies dan een betere afspiegeling zouden vormen van de samenleving), maar tegelijkertijd mag het vrouw-zijn geen selectiecriterium zijn, omdat vrouwen dan niet op hun *merites* zouden worden beoordeeld. Met andere woorden, meer vrouwen in topfuncties wordt omwille van het feit dat het vrouwen zijn, nastrevenswaardig gevonden, maar tegelijkertijd mag het geslacht niet als criterium gelden.

De emancipatiemaatregelen van het kabinet vertonen precies dezelfde dubbelzinnigheid: ze zijn bedoeld om meer *vrouwen* naar topfuncties te laten doorstromen, maar tegelijkertijd moet selectie op geslacht worden vermeden. Daardoor zijn de maatregelen weinig dwingend, en dus weinig effectief. Maar als het kabinet de vrouw echt als gelijke van de man beschouwt, zit er niks anders op dan haar een schaamteloze voorkeursbehandeling te geven.

Totdat mannen weer aan emancipatie toe zijn.

Het onvermijdelijke resultaat van ons economische systeem: crisis

De 700 miljard dollar die de regering-Bush eind 2008 injecteerde in de financiële sector om de kredietcrisis te temperen, leek in eerste instantie niet de rust te brengen waarop werd gehoopt. Integendeel, de paniek hield onverminderd aan en de beurzen bleven in rap tempo dalen. Ook het reddingsplan van 20 miljard euro dat minister Bos (Financiën, PvdA) een week later presenteerde, werd niet echt als reddingsplan ontvangen: de AEX ging na de bekendmaking alsnog met bijna 10 procent omlaag.

Hoe kan dat? Financieel analisten wezen terecht op het structurele gebrek aan vertrouwen dat bij beleggers heerste. Maar wie de economische theorieën van de Duitse filosoof Karl Marx erop naslaat, ontdekt dat het probleem nog wel iets fundamenteler kan zijn geweest. Marx stelde namelijk dat economische crises zoals deze inherent zijn aan het kapitalisme. Dat wil zeggen, ze vertegenwoordigen niet het *falen* van het kapitalistische systeem, maar het onvermijdelijke *resultaat* ervan. Financiële injecties in dat systeem helpen dan ook niet; de oorzaak van het probleem wordt dan juist in stand gehouden.

Om Marx' kritiek op het kapitalisme te begrijpen moeten we eerst de vraag stellen wat het kapitalisme eigenlijk is. Het antwoord daarop begint bij het basisidee van het kapitalistische systeem, namelijk dat de productiemiddelen – en het kapitaal dat ermee wordt gegenereerd – in het bezit zijn van *privépersonen*. Dat is het meest fundamentele onderscheid met andere economische systemen, zoals het socialisme en het communisme, waarin het kapitaal voor een deel of zelfs volledig in handen van de staat is. Puur kapitalisme bestaat dan ook niet: in ieder land wordt wel belasting geheven en zijn bepaalde productiemiddelen genationaliseerd (zoals gas of water). Maar voor het overige geldt dat in een kapitalistische economie het kapitaal grotendeels privébezit is.

De gedachte achter dit basisidee is simpel: eigen bezit van het kapitaal geeft individuen een *prikkel* om dat kapitaal in omvang te laten toenemen. Het individu profiteert daar namelijk van; het mag de winst (deels) zelf opstrijken. Dat klinkt egoïstisch, maar zo is het niet bedoeld: wanneer het individu zijn kapitaal laat groeien, wordt ook de totale welvaart groter – en daar profiteert iedereen van mee. Aldus luidt het basisprincipe van het kapitalisme, zoals een van de grondleggers, Adam Smith, het formuleerde: *Private vices yield public benefits* – persoonlijke zonden produceren gemeenschappelijke voordelen. Als ieder individu zijn eigen belang nastreeft, wordt de samenleving als geheel er uiteindelijk beter van.

Het basale doel van het kapitalistische systeem is dus *materiële groei*. Omdat iedereen zijn eigen deel van de koek probeert te vergroten, groeit de koek als geheel en daarmee de levensstandaard van de samenleving. Het succes van dit principe is de afgelopen eeuw meer dan gebleken: sinds het kapitalisme in het Westen is ingevoerd, is de welvaart in ongeëvenaard tempo gestegen. We weten inmiddels niet beter dan dat iedereen voldoende te eten en te drinken heeft, zich een dak boven het hoofd kan veroorloven en zelfs luxegoederen kan kopen, zoals televisies, auto's en verre vakanties. Nog geen tweehonderd jaar geleden was het ondenkbaar dat zulke luxe was weggelegd voor het merendeel van de bevolking.

De economische groei kan met recht een triomf van het kapitalisme worden genoemd. Maar diezelfde groei is tegelijkertijd de oorzaak van de grootste crises die de wereld op dit moment teisteren. Een van de slachtoffers van de alsmaar groeiende economie is onze voorraad natuurlijke hulpbronnen: door de toenemende energie-consumptie raakt de olie op en wordt energie langzaam maar zeker onbetaalbaar. Een energiecrisis dus. Een ander slachtoffer van de economische groei is het milieu: ontbossing, overbevissing, vervuiling en een te hoge CO_2-uitstoot hebben geleid tot bedreigde diersoorten, vervuilde luchten en zeeën en opwarming van de aarde. Een milieucrisis dus. En het derde slachtoffer, zoals Marx voorspelde, is de economie zelf geworden. De kredietcrisis, die net als in 1929 en 1987 is uitgemond in een recessie, is daar niet meer dan een symptoom van.

Nu is de grote vraag: hoe kan de groei van de economie ten koste gaan van de economie zelf? Die paradox wordt verklaard door wat Marx een intrinsieke fout van het kapitalisme noemde. Omdat het doel van het systeem economische groei is, proberen bedrijven hun winsten te maximaliseren. Dat kan door goedkoper te produceren en door meer te verkopen. Goedkopere productie kan het bedrijf bewerkstelligen door te investeren in zichzelf: kortere productieprocessen, betere machines, hogere productievolumes en goedkopere arbeidskrachten brengen de prijs van het product omlaag (en de verkoop omhoog). Meer efficiëntie komt het bedrijfsresultaat – en de aandeelhouders – ten goede. Maar het probleem is: efficiëntie gaat tegelijkertijd vaak *ten koste* van de werknemers. Hun loon wordt gematigd of ze worden op den duur misschien zelfs wegbezuinigd of weggeautomatiseerd. En hierin schuilt de problematische paradox: die werknemers zijn ook *de consumenten*.

Het kapitalisme zorgt er – extreem gesteld – dus voor dat mensen aan de ene kant (als werknemer) zo weinig mogelijk betaald krijgen omdat bedrijven zo efficiënt mogelijk moeten produceren, terwijl ze aan de andere kant (als consument) worden aangemoedigd om steeds meer te consumeren. Die tegenstelling leidt onherroepelijk tot een economische *boom and bust*. Als de overheid de koopkracht niet corrigeert, is het onvermijdelijke gevolg dat er uiteindelijk meer wordt geproduceerd dan er geconsumeerd kan worden. Daardoor lopen de bedrijfswinsten terug en worden er werknemers ontslagen. Dat dringt de consumptie op haar beurt nog verder terug. Zo raakt de economie in een recessie of – als het abrupt gebeurt – in een crisis. Marx: 'In deze crises breekt een maatschappelijke epidemie uit, die in alle vroegere tijdperken een absurditeit zou hebben geleken – de epidemie van de overproductie. De samenleving ziet zich dan plotseling in een toestand van tijdelijke barbaarsheid teruggebracht; [...] de industrie en de commercie lijken vernietigd. En waarom? Omdat zij [...] *te veel* industrie en *te veel* commercie bezit.'

Nu hebben de Verenigde Staten de afgelopen jaren een handig middel gevonden om de consumptie (kunstmatig) mee te laten groeien met de productie zonder de lonen significant te hoeven verhogen: geleend geld. De Amerikaanse overheid kon miljarden spenderen door leningen uit China, terwijl burgers konden blijven consumeren met creditcards, autoleningen en te dure hypotheken. Op deze manier werden recessies in de jaren zeventig en tachtig 'weggeleend' en kon de economie blijven groeien. Totdat de huizenmarkt barstte: door een *teveel* aan huizen daalde de huizenprijs, waardoor de rente steeg en de hypotheken onbetaalbaar werden. Andere leningen werden in de val meegezogen; de hypotheekcrisis werd een kredietcrisis. De rest is inmiddels geschiedenis.

En de ironie is nu: het geld dat de overheden beschikbaar stelden, was bedoeld om dat systeem van de ondergang te redden. Doordat de banken extra krediet kregen, konden bedrijven weer geld lenen om in zichzelf te investeren, en als de consument er zeker van kon zijn dat zijn spaargeld veilig was, kon hij weer met een gerust hart consumeren. De financiële injecties konden de crisis dus wel bezweren, maar de oorzaak ervan niet wegnemen. De crisis was immers op precies die manier tot stand gekomen: door overproductie en consumptie met geleend geld. Wat ooit een reddingplan was, zal straks onherroepelijk weer een recessie worden. Zouden beleggers op de beurs dat stiekem al door hebben gehad?

De geest van Marx waart weer door Europa.

Over de staat

Zijn regels wel regels?

Oud-partijleider Hans Wiegel haalde eind november 2007 fel uit naar de vvd. Hij pleitte toen voor opheffing van de partij en hekelde de gemakzuchtige manier waarop men Rita Verdonk uit de fractie had laten gaan. De vvd had 'meer moeten doen' om haar te behouden, stelde Wiegel. Want Verdonk geniet onder een grote groep kiezers een enorme populariteit – in de peilingen schommelt haar beweging Trots op Nederland (ToN) tussen de vijf en soms wel dertig zetels.

Die populariteit heeft Verdonk vooral te danken aan haar strenge imago. Rond haar ondubbelzinnige en soms simplistische manier van spreken hangt een aura van daadkracht en rechtvaardigheid: 'Ik ben niet links, ik ben niet rechts, ik ben rechtdoorzee.' Maar de leuze waaraan de oud-minister van Vreemdelingenzaken het imago van daadkracht en rechtvaardigheid nog wel het meest te danken heeft, is: Regels zijn regels. De regels die voor een willekeurige asielzoeker uit Marokko of Turkije gelden, zijn evenzeer van toepassing op een collega-Kamerlid uit Somalië – zo ondervond voormalig vvd-parlementariër Ayaan Hirsi Ali in 2006. Verdonk appelleert daarmee aan een diepgeworteld gevoel van rechtvaardigheid in de mens. Dat gevoel zegt: regels zijn er voor iedereen, gelden voor iedereen in dezelfde mate en worden in gelijke gevallen gelijk toegepast. 'Regels zijn regels' oogt, klinkt en voelt rechtvaardig.

Maar is het dat ook? De Franse filosoof Jacques Derrida (1930-2004) zou daar een ondubbelzinnig antwoord op hebben gegeven: nee. 'Regels zijn regels' heeft niets met rechtvaardigheid van doen.

Want rechtvaardigheid, zo zet Derrida uiteen in zijn essay *Kracht van wet – Het 'mystieke fundament van het gezag'* (1994), is bovenal, en eigenlijk uitsluitend, een kwestie van interpretatie – niet van regels op zich. 'Als de daad er eenvoudig in bestaat een regel toe te passen [...] zal men deze daad misschien legaal noemen, in overeenstemming met het recht, en misschien, met een metafoor, rechtvaardig, maar men zou ongelijk hebben te zeggen dat de beslissing rechtvaardig is geweest.'

Eigenlijk is de boodschap van Derrida uiterst simpel te illustreren. Iedere automobilist heeft het wel eens meegemaakt: op een zesbaans snelweg, midden in de nacht, terwijl er in de buurt niemand is te bekennen, wordt hij geflitst, omdat hij, zeg, acht of negen kilometer per uur te hard rijdt. Vloekend en tierend ontwaart hij de geheel automatisch verstuurde acceptgiro in de brievenbus. Schade: 30 euro. Zelden wordt een dergelijke boete als rechtvaardig ervaren. Want iedere vorm van interpretatie ontbreekt. De flitspaal houdt geen rekening met de omstandigheden, de computer van het Centraal Justitieel Incasso Bureau evenmin. Dus ook al is de weg leeg, de zon allang onder en de rest van Nederland naar bed: u gaat op de bon. Regels zijn regels.

Gelukkig kan iedere burger tegen dit soort boetes bezwaar aantekenen, in de hoop dat de rechter meer begrip kan opbrengen voor de situatie dan de flitspaal. En juist daarin schuilt, volgens Derrida, rechtvaardigheid: een regel toepassen 'alsof de rechter hem bij ieder geval zelf uitvond.' Dat regels niet meer dan regels zijn, klinkt dan misschien rechtvaardig, in werkelijkheid is het dat niet. Integendeel, het toepassen van regels 'als een rekenmachine' – zoals Derrida het zegt – zou de rechtvaardigheid zelfs volledig ondermijnen.

De vraag is waarom toch zo veel mensen het credo van Verdonk als rechtvaardig beschouwen. Eén verklaring zou kunnen zijn dat de meesten vooral anderen als potentiële regelovertreders zien en niet zichzelf. Het rechtvaardige van de leuze 'regels zijn regels' schuilt dan in het gevoel behoed te worden voor de (mogelijke) wandaden van anderen. Niet voor niets maakte Verdonk naam met immigratiebeleid: voor de meeste Nederlanders heeft het afschaffen van de dubbele nationaliteit of het instellen van strengere toelatingseisen voor nieuwkomers geen enkel effect. Die regels zijn regels voor anderen – en voeden zo al snel, net als strengere straffen voor misdadigers, een gevoel van rechtvaardigheid.

Dat gevoel stak eind 2007 wederom de kop op toen de actualiteitenrubriek *Zembla* had aangetoond dat er door rechters in Nederland voor zware vergrijpen meerdere malen 'slechts' een taakstraf werd opgelegd; 54 keer na een verkrachting en 225 keer na een aanranding. Fred Teeven, de justitiewoordvoerder van de vvd, eiste onmiddellijk een (hogere) minimumstraf voor dit soort vergrijpen en bereidt daartoe nu een wetsvoorstel voor. Begrijpelijk, omdat het bij de meesten van ons aan een gevoel van rechtvaardigheid appelleert – het betreft ons niet, maar zware criminelen. Maar het voorstel is ook problematisch: het beperkt rechters in hun interpretatieruimte en daarmee in hun mogelijkheden om rechtvaardig te oordelen.

Het is dus niet verwonderlijk – alhoewel het tegen haar imago indruist – dat Verdonk (uitgerekend als minister van Vreemdelingenzaken en Integratie) het principe 'regels zijn regels' zelden tot nooit toepaste. Ze verleende met enige regelmaat amnestie aan vluchtelingen – steeds weer op andere gronden. Regels moeten nu eenmaal geïnterpreteerd worden en ook Verdonk was daarin, anders dan haar bijnaam Iron Lady doet vermoeden, allesbehalve consistent. Bovendien geldt dat bijna geen enkele wetgeving meer van interpretatie afhankelijk is, dan de regels op het gebied van immigratie. In Europa is immigratiewetgeving namelijk goeddeels geregeld door middel van internationale verdragen; verdragen die allesbehalve eenduidig zijn. Dat kan bijna niet anders: probeer maar eens de juiste criteria te vinden. Een vluchteling die wegens zijn afkomst of levensbeschouwing in zijn land van herkomst dreigt te worden vervolgd, heeft recht op toelating tot de landen die bij het Vluchtelingenverdrag zijn aangesloten. Maar wanneer is dat het geval? Liegen tijdens de asielprocedure wordt niet getolereerd. Maar wat is liegen en hoe komt men daarachter?

Het gevolg is dat ieder land op grond van exact dezelfde verdragsregels volstrekt verschillende procedures hanteert Regels zijn dus geen regels, slechts interpretaties, hoe rechtlijnig de oud-minister daarin ook mocht lijken. Blijft over dat 'regels zijn regels' in ieder geval erg daadkrachtig is. Of klinkt.

Waarom een democratisch Irak nooit werkelijkheid had kunnen worden

Als het aan het kabinet-Balkenende IV had gelegen, was het er nooit gekomen: een onderzoek naar de besluitvorming rond de politieke steun van de Nederlandse regering aan de oorlog in Irak. Zelfs de PvdA, die tijdens de verkiezingscampagne in 2006 nog zwoer voor een dergelijk onderzoek te zijn, liet haar eis in de coalitiebesprekingen vallen. Maar de oppositiepartijen alsook de PvdA-fractie in de Eerste Kamer zagen hun wens begin 2009 alsnog in vervulling gaan toen premier Balkenende een Irak-onderzoek onder zware druk toezegde.

Premier Balkenende heeft altijd volgehouden dat er geen noodzaak was voor een dergelijk onderzoek. De premissen waarop de regering heeft besloten politieke steun te verlenen aan de inval van de VS zijn namelijk altijd duidelijk geweest, zei hij: Irak vormde een ernstige bedreiging voor het Westen – het zou massavernietigings-wapens hebben gehad en ook bereid zijn geweest die te gebruiken – en het regime van Saddam Hoessein was een tirannie waar de Irakezen van moesten worden bevrijd; een democratisch Irak zou voor alle partijen beter zijn. Van het eerste argument is al langer niks meer over: massavernietigingswapens zijn nooit gevonden in Irak. Daarom viel Balkenende steevast terug op de tweede reden: de wereld is zonder Saddam beter af, beweerde hij.

Maar ook dat argument was en is een drogreden, zegt John Gray, die ik in 2008 interviewde voor het programma *Tegenlicht*. Voor wie de aflevering niet heeft gezien, is het de moeite waard om Grays visie op de Irak-oorlog hier nog eens terug te lezen. Zijn oordeel over de noodzaak van de oorlog en de haalbaarheid van het democratiseringsproject werpt een verhelderend licht op de kwestie – een licht dat het belang van een onderzoek naar onze steun aan de inval onderstreept.

Volgens Gray, hoogleraar European Thought aan de London School of Economics, was het naar westerse snit democratiseren van Irak een utopie – niet alleen een hoogst onrealistisch, maar zelfs een volstrekt onhaalbaar ideaal. En wel om twee redenen. De eerste is dat Irak, als het een democratie zou zijn, onmiddellijk als democratie uiteen zou vallen. 'Een democratisch Irak zou uitmonden in een theocratie', stelt Gray. Hij verwijst hierbij naar de oprichtster van de moderne staat Irak, de Britse politicologe en schrijfster Gertrude Bell (1868-1926) – ook wel de ongekroonde koningin van Irak genoemd. Zij hielp in 1921, ten tijde van het Britse kolonialisme, de staat Irak vestigen en was ervoor verantwoordelijk dat de macht in handen kwam van een minderheid: de soennieten. 'Want', zo stelde ook Bell destijds, 'een meerderheidsregime zal leiden tot een theocratisch systeem.' Een onderliggend motief voor de Britten om Irak niet democratisch te maken was de olie: zouden de sjiieten evenzeer de macht krijgen, dan kwam de Britse controle over de olievelden in gevaar.

Nu was dit ruim tachtig jaar geleden, maar John Gray benadrukt dat het argument van Bell nog altijd geldt: 'Het regime van Saddam was namelijk despotisch, maar niettemin seculier. De grondslag van de wet was niet de islamitische sharia; het regime was gebaseerd op seculiere beginselen. Op het moment dat je dat regime weghaalt en vervangt door een democratie, dan is het risico op een theocratie evident.' Met andere woorden, de grote misvatting van de Verenigde Staten was niet zozeer van praktische – onderschatting van het aantal zelfmoordaanslagen, te weinig militaire troepen – als wel van theoretische aard – dat een democratie zichzelf langs democratische

234

weg kan opheffen, een gevaar waar Plato al voor waarschuwde. De regering-Bush ging er blind vanuit dat een meerderheidsregering in Irak in beginsel een democratische grondslag zou hebben – iets wat volgens Gray al jaren als feitelijk onjuist bekendstond. De meerderheid in Irak wordt gevormd door de sjiieten, die geen democratie, maar een islamitische theocratie ambiëren. Een democratisch Irak zou per definitie een ondemocratisch Irak tot gevolg hebben gehad. Ten tweede was het democratiseren van Irak ook op hoger geopolitiek niveau een utopie, aldus Gray. Want stel dat het land wel een succesvolle democratie was geworden. Dan nog was het zeer de vraag geweest of het een westerse democratie was geweest, 'die het Westen goedgezind zou zijn', zegt Gray. Een dergelijk op het Westen georiënteerd Irak was wel het uitgangspunt van de vs: viceminister van Defensie Paul Wolfowitz stelde voorafgaand aan de inval dat de oorlog zichzelf zou terugbetalen wanneer het regime van Saddam eenmaal omver was geworpen, omdat dan de olieproductie kon worden opgeschroefd en de olieprijs tot rond de 20 dollar per vat zou dalen. 'Maar waarom zou men ook maar in de verste verte aannemen dat zo'n nieuwe staat – al was die op westerse leest geschoeid – ook automatisch zou toestaan dat de vs de macht en controle over de oliebronnen zouden overnemen?', vraagt Gray retorisch.

Anders gezegd, ook de politieke strategie was utopisch, want als men de macht aan de Irakezen had gegeven, dan zouden zij hun olie juist uit Amerikaanse handen willen houden. En dat gebeurt nu ook: de gewelddadige strijd om de macht in het land 'draait voor 80 procent om de macht over de olievelden', berichtte The New York Times in 2008. De olieproductie is in de jaren na de inval gestaag gedaald en heeft nog altijd niet het vooroorlogse niveau bereikt – hetgeen mede de hoge olieprijs verklaart. Dezelfde krant schreef in 2007 nog dat de vs 'tussen de 100.000 en 300.000 vaten olie per dag mislopen door smokkelaars, corrupte officieren en rebellen'. En van de adoptie van westerse waarden is al helemaal niks terechtgekomen. 'De onderdrukking van bijvoorbeeld vrouwen is op dit moment nog erger dan ten tijde van Saddam', stelt Gray vast.

Nederlands deelname aan de oorlog op grond van de rechtvaardiging dat de Irakezen verlost moesten worden van het Saddamregime, kan in het licht van Grays observaties dus onmogelijk nog als legitiem worden beschouwd. Wie de machtsverdeling sinds de stichting van de staat in 1921 in ogenschouw had genomen, was onherroepelijk tot de conclusie gekomen dat omverwerping van het zittende regime tot een anarchie zou leiden, die waarschijnlijk zou uitmonden in een islamitische in plaats van een seculiere, en een vijandige in plaats van een westers gezinde dictatuur. Deze gegevens waren bovendien bekend bij de meeste inlichtingendiensten – waaronder de CIA, die in 2002 en 2003 nog ernstige vraagtekens bij een inval plaatste.

Grays analyse werpt dan ook de prangende vraag op in hoeverre de Nederlandse regering deze cruciale kennis van zaken had – of ze wel wist wat voor land de VS eigenmachtig, zonder toestemming van de VN, binnenvielen. Die vraag ligt in het verlengde van de vraag of Nederland door Amerika is voorgelogen: want dat voorliegen kon slechts gebeuren als de regering zelf nauwelijks een inschatting kon maken van de reële slagingskans van een democratisch Irak. 'Een klein beetje realisme had de oorlog in Irak kunnen voorkomen', stelt Gray dan ook vast. En dat is geen wijsheid achteraf: hij waarschuwde al voor de inval voor desastreuze gevolgen.

Voor Nederland is wijsheid achteraf nu wel gewenst: hoe geïnformeerd is de regering over de politieke en maatschappelijke structuren in het Midden-Oosten? Dat zou, Gray beluisterend, de voornaamste insteek van het Irak-onderzoek moeten zijn – zeker nu Nederland nog altijd actief helpt bouwen aan een 'democratischer' Afghanistan.

De favoriete filosoof van Obama én McCain

De verschillen tussen de Republikeinse presidentskandidaat John McCain (71) en de Democratische presidentskandidaat Barack Obama (47) waren op het eerste gezicht levensgroot. McCain voerde campagne voor het presidentschap als een ietwat houterig ogende, maar door de wol geverfde politicus met een glorieus verleden als oorlogsheld. Hij zat achttien jaar in de Amerikaanse Senaat en zou, als hij werd gekozen, de oudste president aller tijden zijn geweest. Obama presenteerde zich daarentegen als het omgekeerde van Mc-Cain: als een retorisch natuurtalent; charmant en welsprekend, maar ook relatief jong en onervaren. Hij zat pas sinds 2005 in de Senaat en had ook nooit in het leger gediend.

Inhoudelijk waren de kandidaten evenmin elkaars gelijke: Obama is voorstander van abortus, verplichte zorgverzekering voor kinderen en een belastingverhoging voor topinkomens, terwijl McCain altijd tegen abortus is geweest, de zorgverzekering wilde overlaten aan de vrije markt en de belasting over de gehele linie beloofde te verlagen. De verschillen waren nog groter op het gebied van buitenlands beleid, vooral wat betreft de oorlog in Irak: Obama was tegen de inval in 2003, tegen de *surge* in 2007 en heeft altijd beloofd de Amerikaanse troepen binnen zestien maanden na zijn aantreden als president te zullen terugtrekken. McCain was juist van meet af aan voorstander van zowel de inval als de *surge* en is nog altijd mordicus tegen terugtrekking.

Toch hebben deze twee zeer verschillende politici ook iets opvallends gemeen. Obama en McCain hebben dezelfde denker als grootste intellectuele inspiratiebron: de Amerikaanse theoloog en filosoof Reinhold Niebuhr (1892-1971). In zijn autobiografische pamflet *Hard Call* (2007) wijdt McCain bijna twintig pagina's aan Niebuhrs gedachtegoed. En Obama noemde hem in een interview met *The New York Times* in 2007 zelfs 'een van mijn favoriete filosofen'. Dat twee zulke verschillende politici bewondering hebben voor dezelfde filosoof, maakt het des te interessanter om eens te kijken wat voor soort denker Reinhold Niebuhr eigenlijk was.

Zo onbekend als Niebuhr in Europa is gebleven, zo invloedrijk is hij in de Verenigde Staten geweest. Zijn denkbeelden hebben een grote bijdrage geleverd aan de vorming van de Amerikaanse nationale identiteit na de Tweede Wereldoorlog. Dat is verrassend, want je zou Niebuhr eerder een Europese dan een Amerikaanse denker kunnen noemen. In veel van zijn boeken toont hij zich een zeer antipatriottisch criticus van zijn vaderland. In een van zijn bekendste werken, *The Irony of American History* (1952), geschreven tijdens de Koude Oorlog, hekelt hij vooral het utopisme en de overmoed die de Verenigde Staten aan de dag leggen in hun buitenlandse beleid. Amerika denkt al sinds het begin van zijn bestaan dat het 'door God is geroepen om een nieuwe mensheid te creëren', schrijft Niebuhr. Maar, waarschuwt hij: 'Geen enkele samenleving, zelfs geen democratische, is groot of goed genoeg om zichzelf als einddoel van de geschiedenis te mogen opwerpen'.

Zijn kritiek was destijds bedoeld als pleidooi voor terughoudendheid in de strijd tegen het communisme, maar leest in de huidige tijd evengoed als een politiek-filosofische afrekening met de unilaterale *war on terror* van de regering-Bush. Niebuhr waarschuwt ironisch genoeg zelfs expliciet voor 'de verleiding van preventieve oorlogen' – een verleiding die volgens hem vooral grote aantrekkingskracht heeft op politici 'voor wie de militaire verdediging van hun land de voornaamste zorg is en die denken er verstandig aan te doen een gunstig moment te kiezen voor de aanvang van wat zij "onvermijdelijke vijandelijkheid" noemen.' Niebuhr stelt dat alle burgers de plicht hebben om dergelijke oorlogszucht te bestrijden. Want, zegt hij, 'niets in de geschiedenis is onvermijdelijk, ook het waarschijnlijke niet. Zolang een oorlog niet is uitgebroken, kan hij worden vermeden.'

Dat zowel Obama als McCain geïnspireerd is door Niebuhr, leert ons in ieder geval dit: de nieuwe president zou dus hoe dan ook voor een veel diplomatiekere en minder agressieve houding jegens vijandelijke staten zijn dan de oude *commander in chief.* Obama zei zelfs letterlijk van Niebuhr te hebben geleerd 'dat er veel kwaad, pijn en lijden in de wereld is en dat we nederig en bescheiden moeten zijn in ons geloof dat we deze zaken kunnen verhelpen, zonder dat te gebruiken als een excuus voor cynisme en ledigheid.' En McCain pleitte voor een soortgelijke terughoudendheid toen hij Niebuhrs standpunt aanhaalde dat 'eigenbelang vermomd als moreel absolutisme uiteindelijk de rechtvaardigheid die we nastreven tenietdoet'.

Toch is met zijn bewondering voor Niebuhr allerminst gezegd dat president Obama zich als een soort Moeder Teresa zal opstellen in zijn buitenlandpolitiek. Want de pacifist Niebuhr heeft ook nog een heel andere kant. Naast een uitgesproken tegenstander van Amerikaans imperialisme was de protestantse theoloog – paradoxaal genoeg – ook een fervent pleitbezorger van het concept 'rechtvaardige oorlog'. De zogenoemde *just war theory,* waar Niebuhr aanhanger van was, schrijft voor dat een oorlog gerechtvaardigd kan zijn, wanneer er wordt voldaan aan vier criteria. Ten eerste moet er sprake zijn van grote, blijvende schade veroorzaakt door een agressor. Ten tweede mag het kwaad dat een oorlog zou aanrichten niet groter zijn dan het kwaad dat hij bestrijdt. Ten derde moeten alle andere mogelijkheden tot beslechting van het conflict zijn uitgeput. En ten vierde moet de kans op succes reëel zijn.

Niebuhr was dus niet per definitie tegen militair ingrijpen; hij beschouwde het naziregime van Adolf Hitler bijvoorbeeld als een rechtvaardiging voor oorlog. En ook John McCain beriep zich – vaak impliciet – op Niebuhrs *just war theory* wanneer hij een voortzetting van de oorlog in Irak verdedigde. De inval is weliswaar niet foutloos geweest, stelt McCain in *Hard Call*, maar heeft wel een 'uitzonderlijk kwaadaardige tirannie overwonnen'. Oftewel, het bestreden kwaad was groter dan het veroorzaakte kwaad. Met de oorlog heeft Amerika volgens McCain proberen te voldoen aan 'zijn verantwoordelijkheid om het goede tegen het kwade te verdedigen'. Toch was McCains toon hier nog altijd niebuhriaans terughoudend en geenszins zo stellig als die van Bush. 'Het beste waar we op kunnen hopen is de benadering van rechtvaardigheid', stelde hij.

De insinuatie dat een presidentschap van John McCain een regelrechte voortzetting van het tijdperk-Bush zou zijn geweest, zoals Barack Obama doorlopend heeft beweerd (hij kwalificeerde McCains programma consequent als 'Bush iii'), was dus, wat betreft het buitenlandse beleid, op zijn zachtst gezegd overdreven. McCain is bij lange na niet de hardliner die Bush de afgelopen acht jaar is geweest: hij steunde weliswaar de oorlog in Irak, maar toonde zich ook zeer kritisch over de manier waarop de oorlog gevoerd is en wilde in tegenstelling tot Bush de gevangenis op Guantánamo Bay sluiten. Niet voor niets vroeg nota bene de *Democratische* presidentskandidaat John Kerry McCain in 2004 als *running mate* – een aanbod dat McCain na enkele oriënterende gesprekken afwees.

En dat zou je in zekere zin met terugwerkende kracht de verdienste van Reinhold Niebuhr kunnen noemen. Zijn pleidooi voor bescheidenheid is na acht jaar hardvochtig beleid van de regering-Bush weer zo actueel en prangend geworden dat het de Republikeinse kandidaat en de Democratische kandidaat daarin heeft weten te verenigen. Misschien dat Niebuhr zelf nog wel de beste kandidaat was geweest om de 44ste president van de Verenigde Staten te worden. Maar Barack Obama is ook lang geen slechte keus.

Betuttelen doet de overheid per definitie

De tijd dat je in Nederland een bruin en rokerig café kon binnenlopen is voorbij. Sinds 1 juli 2008 is er een algemeen rookverbod in de horeca van kracht geworden. De invoering verliep in eerste instantie zonder al te veel weerstand; noemenswaardige protesten waren er nauwelijks. Alleen enkele kroegbazen en restauranthouders spanden een proefproces aan tegen de staat om het verbod alsnog (deels) ongedaan te krijgen. Hoogleraar geschiedenis Maarten van Rossem uitte in *NRC Handelsblad* zelfs zijn bezorgdheid over het gebrek aan maatschappelijke discussie over het rookverbod. Hij noemde de maatregel 'ongelofelijke betutteling' en vroeg zich af of 'thuis klussen' straks ook verboden gaat worden, aangezien dat jaarlijks ook vele slachtoffers eist. Columnist Ilja Leonard Pfeijffer verwoordde in *nrc.next* een soortgelijke kritiek door te stellen dat 'niemand de baas is over mijn longen'. De commentaren van Van Rossem en Pfeijffer hadden effect: enkele weken later laaide alsnog de maatschappelijke discussie over het rookverbod op. De PVV en ToN toonden zich zelfs voorstander van het volledig terugdraaien van het verbod; kroegen mogen toch zeker zelf wel bepalen of ze rookvrij willen zijn of niet, aldus Wilders en Verdonk.

Is het rookverbod inderdaad een paternalistische maatregel, zoals deze critici stellen? En zo ja, op grond waarvan dan precies? Om die vraag te kunnen beantwoorden moet eerst duidelijk zijn wat er precies met paternalisme wordt bedoeld. In de meest gangbare zin van het woord betekent paternalisme – afkomstig van het Latijnse *pater* (vader) – dat iemands vrijheid tegen zijn zin in wordt beperkt ten gunste van zijn eigen welzijn, zoals ook ouders bepalen wat goed is voor hun kinderen. Van staatspaternalisme is dus sprake wanneer de overheid in het belang van de burger diens autonomie beknot, ook al heeft hij daar niet om gevraagd.

Deze betekenis van paternalisme geeft direct een waardevol inzicht. Aangenomen dat burgers altijd verschillende belangen hebben, en nooit allemaal hetzelfde willen, is bij voorbaat al de conclusie gerechtvaardigd dat een staat per definitie paternalistisch is. De functie van de staat is immers behartiging van het 'collectieve belang' dat burgers delen. Maar aangezien dat collectieve belang nooit een optelsom is van alle individuele belangen – anders zou iedereen hetzelfde belang hebben en zou een staat niet nodig zijn –, is het onvermijdelijk dat de staat afwegingen maakt die niet in ieders belang zijn. Die afwegingen zijn door tegenstanders dus altijd paternalistisch te noemen. De kritiek dat de staat betuttelt, is in die zin dus leeg: dat doet de staat hoe dan ook.

De kwestie is dan ook niet *of* de staat mag bepalen wat goed is voor de burgers – aan die bevoegdheid ontleent de overheid haar bestaansrecht. Nee, de vraag is *in hoeverre* de staat die bevoegdheid toekomt. Het invloedrijkste en nog altijd door velen onderschreven antwoord op die vraag is het schadebeginsel van John Stuart Mill. In *On Liberty* formuleert hij dat beginsel als volgt: 'Het enige oogmerk dat de mensheid het recht geeft om individueel of collectief in te grijpen in de vrijheid van handelen van een van hen, is haar eigen bescherming; en de enige reden waarom men rechtmatig macht kan uitoefenen over enig lid van een beschaafde samenleving, tegen zijn zin in, is de zorg dat anderen geen schade wordt toegebracht.' De kracht van het schadebeginsel schuilt zonder twijfel in de eenvoud ervan: de vrijheid van de een houdt op als er schade aan een ander door ontstaat. Maar de eenvoud is ook de grootste zwakte ervan. Want wat betekent schade aan een ander precies?

Op die vraag is goedbeschouwd geen eenduidig antwoord te geven. Je zou bijvoorbeeld kunnen stellen dat zonder gordel rijden alleen risico voor de betrokkenen zelf meebrengt, en anderen verder geen schade berokkent. Op grond van Mills schadebeginsel zou de overheid het dragen van een autogordel dan niet mogen verplichten. Maar wie schade ruimer interpreteert, zou ook kunnen stellen dat mensen die geen gordel dragen bij een ongeluk zwaarder letsel oplopen, waardoor de zorgkosten sterk stijgen. En daar draait de samenleving als geheel voor op. Om nog niet te spreken van het leed dat nabestaanden wordt aangedaan wanneer iemand verongelukt. Omgekeerd zou men ook kunnen stellen dat gordeldragers langer leven en de samenleving daardoor weer meer kosten; het hangt er maar van af welke kosten je meetelt en welke niet.

Kortom, het begrip schade is zo nauw en zo breed te definiëren als je maar wilt. Niet voor niets constateert de Amerikaanse ethicus Hugh LaFollette in zijn essay *Paternalism and Risk* dat in een samenleving 'in principe alles wat we doen op de een of andere manier effect heeft op anderen [...] en ieder effect "schade" zou kunnen worden genoemd.' Dat geldt ook voor roken. Kosten rokers de samenleving meer omdat ze sneller ziek worden en meer zorg behoeven, of juist minder omdat ze eerder doodgaan en veel accijns betalen? Is de schade aan anderen door passief roken significant genoeg, en zo ja, zou autorijden dan ook moeten worden verboden vanwege de uitlaatgassen? Het schadebeginsel is weliswaar een duidelijk theoretisch uitgangspunt, maar geeft in de praktijk vaak maar weinig houvast.

Dat werpt alsnog de vraag op of, en zo ja, op grond waarvan de overheid zich wel mag mengen in het leven van burgers. De Amerikaanse anarchistische filosoof Albert J. Nock (1870/1872-1945) beantwoordt die vraag simpelweg met 'nee'. In zijn essay *Doing the Right Thing* (postuum verschenen in de bundel *Our Enemy the State*) stelt hij dat 'iedere vorm van dwang van buitenaf' het onmogelijk maakt om 'moreel te handelen'. Want, zegt Nock, dwang is onverenigbaar met vrijheid, en vrijheid is een noodzakelijke voorwaarde voor verantwoordelijkheid. Moreel verantwoordelijk handelen kan alleen, zegt Nock, 'wanneer de mens gehoorzaamt aan de wet die hij zichzelf oplegt'. Het stellen van regels en het afdwingen daarvan door een overheid ontneemt burgers hun verantwoordelijkheid – en daarmee de vrijheid om goed en slecht te doen. Nock concludeert daarom dat de enige rechtvaardige samenlevingsvorm een anarchistische is, waarin iedere burger autonoom beslist om goed te doen jegens zichzelf en anderen.

Dit klinkt als een onrealistisch vergezicht, maar is in essentie slechts een tot in de uiterste consequenties doorgevoerde variant op het bezwaar dat liberalen hebben tegen het rookverbod: mensen zijn het beste in staat zelf te bepalen wat goed is of niet. Daarom dragen zij de waarde autonomie altijd hoog in het vaandel. Maar dan is onmiddellijk de vraag waarom de individuele mens wel in staat wordt geacht om te bepalen wat goed is, maar de staat – als representant van een collectief individuen – niet? Zeker, het kan misleidend worden genoemd dat het rookverbod wordt gepresenteerd als een nieuw recht – het recht van de werknemer op een rookvrije werkplek. Want is er van een echt recht wel sprake, als je als kroegbaas of horecamedewerker geen afstand kan doen van dat recht? De rookvrije werkplek is eerder een plicht dan een recht. Maar wie geen anarchist is, en de staat als behartiger van een zeker 'collectief belang' accepteert, moet simpelweg aanvaarden dat de afwegingen die de staat uit naam van dat belang maakt, noodzakelijkerwijs ten koste gaan van de autonomie van het individu.

En is de afweging om een rookverbod in de horeca in te stellen dan een te grote inbreuk op die autonomie? Twee zaken spreken dat tegen. Ten eerste wordt roken niet verboden; het blijft gewoon toegestaan in niet-openbare ruimten en in de buitenlucht. En ten tweede is uit onderzoek gebleken dat meer dan 80 procent van de vier miljoen rokers in Nederland zelf wil stoppen met roken. In die zin bevordert de maatregel hun autonomie door hen te belemmeren hun verslaving voort te zetten. Misschien is dat ook de reden dat veel rokers niet echt protesteren.

Hoe de liefde voor onze kinderen overheidsbemoeienis in de hand werkt

De overheid bemoeit zich actief met de opvoeding van kinderen. In april 2008 stelde minister Hirsch Ballin zelfs voor om voor probleemkinderen tot 12 jaar een avondklok in te stellen. Want 'een jong kind hoort niet in de avonduren op straat', aldus de minister. Als ouders hun kinderen niet kunnen of willen corrigeren wordt sneller de Raad voor de Kinderbescherming ingeschakeld om maatregelen te nemen. En ook het in 2007 opgerichte ministerie van Jeugd en Gezin houdt nu een oogje in het zeil via zwangerschapsbegeleiding, opvoedcursussen en een elektronisch kinddossier.

Nog maar tien jaar geleden was zulke overheidsbemoeienis 'achter de voordeur' uit den boze. Maar sinds enkele jaren klinkt de roep om strenger optreden van de staat luider. Deels komt dat waarschijnlijk door zorgwekkende berichten in de media. Zo berichtten diverse kranten over een onderzoek waaruit bleek dat eenderde van de kinderen tussen 10 en 11 jaar wel eens strafbare feiten heeft gepleegd, variërend van ordinair kattekwaad tot diefstal en brandstichting. Verder is, vooral sinds 11 september 2001, het vertrouwen in de staat als handhavende macht sterk toegenomen: liever meer veiligheid dan meer privacy is de gedachte. De staat mag weer over ons waken.

Maar er ligt ook een fundamentelere oorzaak ten grondslag aan het feit dat de overheid zich in toenemende mate genoodzaakt ziet zich te bemoeien met de opvoeding van kinderen. Die heeft te maken met de manier waarop in de westerse wereld wordt aangekeken tegen de ouder-kindrelatie. De gangbare opvatting is dat ouders uitsluitend een morele en opvoedkundige verplichting hebben jegens hun eigen kinderen. Kinderen opvoeden is geen taak van een gemeenschap, of van de samenleving als geheel: de verantwoordelijkheid rust volledig op de schouders van de vader en moeder. Dat klinkt in eerste instantie tegenstrijdig: de opvatting dat de verantwoordelijkheid exclusief bij de ouders ligt, zou overheidsbemoeienis juist ongewenst maken. Maar het gevolg ervan is wel dat, wanneer de ouders hun verantwoordelijkheid verzaken – hetzij door onwil, hetzij door onvermogen – *alleen* de overheid overblijft als corrigerend alternatief. Het is *not done* om je als buurman, vriend of zelfs familielid, op te werpen als opvoeder van andermans kinderen. Ook in het dagelijkse maatschappelijke verkeer is interventie in het gedrag van kinderen door vreemden niet of nauwelijks geaccepteerd. 'Waar bemoeit u zich mee?' is dan al gauw de reactie. In samenlevingen waar opvoeden meer werd gezien als een collectieve taak, zoals in het zeventiende-eeuwse Engeland, was overheidsingrijpen dan ook minder aan de orde dan nu in Nederland.

Volgens de Amerikaanse filosoof James Rachels (1941-2003) wortelt deze westerse kijk op de opvoeding – 'bemoei jij je niet met mij, dan bemoei ik me niet met jou' – niet slechts in het individualistische mensbeeld dat wij hebben. Aan onze opvattingen over de ouder-kindrelatie ligt een diepere, morele aanname ten grondslag, namelijk dat moraliteit niet *onpartijdig* kan zijn. Wij geloven dat 'ouders een speciale verplichting hebben om te zorgen voor hun eigen kinderen', schrijft Rachels in het essay *Morality, Parents, and Children* (uit de bundel: *Ethics in practice* (1997)). En die speciale verplichting heeft tot gevolg dat we 'geloven dat we niet zulke verplichtingen hebben jegens vreemden'.

De gangbare gedachte is dus dat niet alle kinderen even belangrijk voor ons zijn. Het belang van het eigen kind gaat automatisch boven dat van anderen. Als het om de eigen kinderen gaat, is het zelfs moreel juist om partij te kiezen. Rachels: 'We zouden denken dat er iets behoorlijk mis is met een ouder die de belangen van zijn eigen kinderen niet boven die van alle andere kinderen zou stellen.' En juist dat uitgangspunt, zegt Rachels, maakt dat we ons niet of nauwelijks verantwoordelijk voelen voor het lot van andere kinderen. Want ons gevoel zegt dat dat afbreuk zou doen aan de speciale verplichting tegenover ons eigen kroost: als alle kinderen allemaal evenzeer onze morele inachtneming verdienen, zou dat betekenen dat ons eigen kind slechts even belangrijk is als ieder ander kind.

Rachels bestrijdt deze opvatting en komt met een voor westerse begrippen tamelijk onorthodox standpunt. Hij stelt dat het voor ons morele verantwoordelijkheidsgevoel niet zou moeten uitmaken 'of een kind van ons is of niet'. Hij baseert zich hierbij op de Chinese wijsgeer Mo Ti (471-391 v. Chr.), die als een van de eersten pleitte voor een 'alomvattend soort moraal die geen onderscheid maakt tussen vrienden, familie en de mensheid als geheel'. Rachels wil af van onze natuurlijke neiging om het belang van onze eigen kinderen voorop te stellen – we zouden ons verantwoordelijk moeten voelen voor alle kinderen, zegt hij.

Rachels beseft daarbij wel dat het idee dat de eigen kinderen een 'superieure claim' op de ouders hebben zeer diepgeworteld is. 'Kan dat idee überhaupt betwijfeld worden?' vraagt hij zich bescheiden af. Toch is zijn antwoord ja. Want, zegt hij, onze moraal houdt veel te weinig rekening met het concept van 'moreel geluk'. Daarmee bedoelt Rachels dat het puur toeval is of een kind terechtkomt in een liefhebbend, gelukkig en (financieel) welvarend gezin of niet. Sommige kinderen hebben geluk en worden in een welgesteld nest geboren, andere hebben pech en zitten vast aan een gebroken of arm gezin. En 'waarom zou dat vanuit moreel oogpunt moeten meetellen? [...] Waarom zouden wij moeten accepteren dat onze morele opvattingen juist zijn, als dat betekent dat sommige kinderen wel gevoed en verzorgd worden, en andere niet?' Met andere woorden:

dat een kind 'van iemand is', is helemaal niet zo moreel relevant als wij denken, stelt Rachels.

Uit zijn betoog kan worden opgemaakt dat er niks mis mee is als we ons actiever betrokken opstellen tegenover de kinderen van vreemden. Toch zullen de meeste mensen, onder wie ik, Rachels' opvatting hoogst utopisch vinden. De gedachte dat alle mensen zich evenzeer om andermans kinderen zouden kunnen bekommeren als om hun eigen kroost, is vergezocht. Ten eerste gaat onze opvatting van liefde onherroepelijk gepaard met exclusiviteit. Als alle mensen even belangrijk voor mij zijn, kan ik met niemand een speciale band opbouwen. In de gedachtegang van Rachels verdient een willekeurige vreemde in Afrika evenveel morele voorkeur als mijn beste vriend, iets wat haaks staat op het idee van vriendschap – en ook op de liefde voor mijn eigen kinderen.

Verder gaat Rachels veel te gemakkelijk voorbij aan het praktische bezwaar dat de ouders van een kind veel beter in staat zijn een kind op te voeden en te verzorgen dan een buitenstaander: zij kennen het kind beter en zijn dus ook beter op de hoogte van zijn karakter en behoeftes. Rachels benoemt die bedenkingen allemaal wel: zijn essay dient meer als gedachte-experiment dan als een realiseerbaar voorstel, zegt hij. En inderdaad, de vraagtekens die hij plaatst bij onze diepgewortelde opvatting dat een kind 'moreel bezit' is van alleen de ouders, biedt in ieder geval een origineel perspectief. Want mocht u ooit een vervelend kind in de trein of een groepje hangjongeren op straat aanspreken op ontoelaatbaar gedrag, en de ouders betichten u van onbehoorlijke bemoeienis, dan weet u zich vanaf nu gesterkt door James Rachels. U bent niet zozeer een bemoeial, als wel een bewonderenswaardig moreel persoon: u geeft er namelijk blijk van alle kinderen even belangrijk te vinden.

En zouden meer mensen dat vinden, dan was dat weer een zorg minder voor de overheid.

Hoe individualisme tot regelwoede leidt

Eind augustus 2008 ging de islamitische advocaat Mohammed Enait tijdens het EO-programma *Knevel en Van den Brink* in debat met Rita Verdonk (ToN) over de vraag of mannen in Nederland nu wel of niet verplicht moeten zijn om vrouwen een hand te geven. In de dagen daarop gingen de meeste columns en commentaren jammer genoeg vooral over het absurde taalgebruik van Enait ('bipolaire conceptualisaties', 'chef d'oeuvre'), en niet over die paar normale Nederlandse zinnen die hij tijdens de uitzending ook te berde bracht. Die waren namelijk veel interessanter, omdat ze treffend illustreerden wat precies de filosofische oorsprong is van het conflict dat Enait en Verdonk die avond uitvochten – een conflict dat draait om de vraag: waar houdt de (religieuze) vrijheid van het individu op en begint de (afdwingbare) sociale norm van het collectief?

Het antwoord van Enait was glashelder. Hij vindt dat de vrijheid van het individu voorrang heeft op de toevallige sociale conventies van een land. 'Ik wil invulling geven aan mijn leven zoals ik dat wil', zei hij en beriep zich daarbij op artikel 6 van de Nederlandse Grondwet – de vrijheid van godsdienst. Die vrijheid, redeneerde Enait, biedt hem wettelijk de ruimte om op grond van zijn religieuze overtuigingen vrouwen geen hand te geven en niet op te staan voor rechters in een rechtszaal. Dat de sociale norm in Nederland anders van hem verlangt, deert hem niet: we hebben hier geen 'wetboek van fatsoensnormen', aldus Enait.

Dat laatste is, zeker voor een advocaat, een uiterst vreemde, maar ook veelzeggende opmerking. Het wetboek bestaat namelijk uit *niets anders* dan fatsoensnormen – onder andere dat het niet hoort om iemand te vermoorden, te verkrachten of te bestelen – en Enait bedoelde natuurlijk niet dat Nederland geen wetboek heeft. Wat hij wilde zeggen was dat niet iedere fatsoensnorm ook automatisch een wet is; sommige normen zijn slechts conventies – en aan die conventies heeft Enait geen boodschap. Hij voelt zich niet gehouden aan regels die niet officieel geschreven staan.

Die opvatting verraadt iets cruciaals over Enaits denkwijze, namelijk dat hij twee morele autoriteiten erkent: *zichzelf en de wet.* Als het gaat om de invulling van zijn leven gehoorzaamt hij uitsluitend aan zijn eigen morele opvattingen, die hij ontleent aan de islam. Sociale normen zijn daaraan ondergeschikt, tenzij het om wettelijke normen gaat, zoals de grondwet of de uitspraken van de rechter. Daaraan voelt hij zich wel gebonden. Dat zal deels te maken hebben met zijn achtergrond als advocaat, maar is ook een typisch westerse manier van denken. De meeste westerlingen redeneren precies zoals hij: als iets geen geschreven regel of wet is, is niemand ertoe verplicht.

Wie denkt dat Enait een onaangepaste, slecht geïntegreerde niet-westerse allochtoon is, heeft het volgens mij dan ook helemaal mis. Enait is eerder het omgekeerde: een prototypische westerse individualist. In een fundamentalistisch moslimjasje weliswaar, met een gebrek aan respect voor niet-islamitisch gezag dat eerder neigt naar aandachttrekkerij dan naar oprechte overtuigdheid, maar voor het overige is zijn houding exemplarisch voor het soort mens dat in het Westen gemeengoed werd door de opkomst van het Verlichtingsdenken van Immanuel Kant en het liberalisme van John Stuart Mill.

Zowel Kant als Mill stond een samenleving voor waarin de mens bevrijd zou zijn van alle traditionele morele autoriteiten die tot dan toe de dienst hadden uitgemaakt: de zuil, de familie, de priester, de leraar, de overheid en van alle bijbehorende conventies. Beide denkers propageerden als tegenhanger een radicaal individualisme, waarin de enige legitieme morele autoriteit het individu zelf was. Bij Kant resulteerde dit in het credo 'Durf te denken': de mens moest niet luisteren naar de toevallig heersende opvattingen, maar naar zijn eigen verstand. Bij Mill resulteerde het in een verregaand idee van vrijheid: de mens was vrij om te doen en laten wat hij wilde, zolang hij anderen daarbij maar geen schade berokkende.

Dit individualisme leidde in de afgelopen twee eeuwen niet alleen tot gezagsverlies van traditionele autoriteiten, maar had ook een onvoorzien bijeffect: bureaucratisering. Want de mens was weliswaar een individualist geworden, maar hij leefde natuurlijk niet opeens in afzondering. Nog altijd bevond hij zich in een sociale context waarin een morele autoriteit nodig was om conflictsituaties te beslechten. En aangezien de sociale conventies hun gezag hadden verloren, moest er een alternatieve bron van normativiteit worden gezocht. Die bron werd *de wet*. Het gebrek aan een morele autoriteit leidde ertoe dat voor ieder (potentieel) conflict een nieuwe geschreven regel werd geïntroduceerd. De sociale omgangsvormen raakten binnen enkele tientallen jaren zelfs zozeer gebureaucratiseerd dat alle partijen in de Tweede Kamer nu unaniem voorstander zijn van het terugdringen van de regeldruk.

De ironie is dus dat het individualisme dat de mens moest bevrijden van de staat juist het omgekeerde heeft opgeleverd: een steeds bemoeizuchtigere en machtigere overheid. In zijn onlangs vertaalde boek *Leve het vooroordeel!* (2008) constateert de Britse psycholoog Theodore Dalrymple zelfs dat het moderne individualisme heeft geleid tot een autoritair systeem, waarin 'ieder moreel gezag dat intervenieert tussen de individuele menselijke wil en de macht van de overheid is vernietigd'. Waar de mens zich vroeger nog als vanzelfsprekend aanpaste aan de sociale conventies, moet nu iedere aanpassing wettelijk worden afgedwongen: het autonome individu erkent immers geen andere autoriteit. Daardoor, zegt Dalrymple, 'is de wet, en dus de wetgever, de morele scheidsrechter van de samenleving geworden'. Mohammed Enait lijkt zich totaal niet bewust van zijn eigen bijdrage aan dit paradoxale proces. Hij verwijt Rita Verdonk dat zij hem de Nederlandse normen op wil leggen, maar beseft niet dat zijn eigen recalcitrantie ten aanzien van die normen daar een drijvende kracht achter is. Zijn doorgeschoten claim om zijn leven in te vullen zoals hij dat zelf wil, zonder daarbij enige rekenschap af te leggen aan normale omgangsvormen en gezagsverhoudingen, veroorzaakt precies die tegenreactie waar Enait (terecht) zo kwaad over spreekt: dat de overheid op het absurde af iedere sociale conventie tot wettelijke verplichting verheft. Minister Hirsch Ballin (Justitie, CDA) heeft al verklaard het opstaan voor de rechter wettelijk te willen afdwingen en Rita Verdonk heeft zich reeds uitgesproken voor een wet waarin het handen schudden wordt vastgelegd.

Dat laatste is dubbel ironisch. Uitgerekend Trots op Nederland, de partij die het hevigst gekant is tegen de bureaucratie ('weg met de Haagse regeltjes'), pleit het sterkst voor de steeds verdere bureaucratisering van onze omgangsvormen. Dat bewijst dat ook Verdonk haar eigen rol in dit proces niet begrijpt. Juist haar doorgeslagen drang om alles met regels en wetten af te dwingen, wekt bij orthodoxe individualisten als Enait precies die recalcitrantie op waar zij zo tegen is. Pragmatischer zou het zijn om hem, zoals rechter Peter Ingelse destijds in *nrc.next* betoogde, gewoon 'lekker te laten zitten' als de rechter binnenkomt. Niet om – uit naam van een slap moraalrelativisme – zomaar toe te staan dat iedereen naar zijn eigen normen leeft, maar om te voorkomen dat *niemand* nog naar zijn eigen normen kan leven. Want zoals Verdonk zelf ook al constateerde: Enait is een uitzondering.

Laat hem dan ook niet de regels bepalen.

Waar ligt de moraal: in de daad of in de gevolgen?

De affaire rond oud-Kamerlid Wijnand Duyvendak (GroenLinks), die in augustus 2008 bekende dat hij in de jaren tachtig betrokken was geweest bij een inbraak in het ministerie van Economische Zaken, deed een hevige discussie oplaaien over de vraag of, en zo ja, in hoeverre, burgerlijke ongehoorzaamheid acceptabel is. Is wetsovertreding per definitie uit den boze, of kunnen er redenen zijn die bijvoorbeeld een inbraak rechtvaardigen? Of in filosofischer termen geformuleerd: heiligt het doel soms de middelen?

De meeste politici, onder wie Duyvendak zelf, lijken tamelijk eensgezind in hun oordeel: zij stellen de wet boven alles. Sommige commentatoren, zoals columniste Elsbeth Etty, vinden dit soort rechtschapenheid daarentegen weer te ver gaan. 'Duyvendak zat in 1985 fout, maar nu zit hij samen met Femke Halsema fouter: nu noemen zij de gehoorzaamheid aan de wet onvoorwaardelijk', schreef Etty daags na de bekentenis van Duyvendak in *NRC Handelsblad*. Volgens haar bestaat er soms 'een noodzaak tot zinvol en ernstig verzet tegen onrecht, als doel en middelen proportioneel zijn, zelfs als de wetgever dat illegaal verklaart'. De discussie is met name interessant, omdat het antwoord op de vraag of de wet absoluut moet worden genomen of juist niet, veel verraadt over iemands morele denkwijze. Want aan de verschillende opvattingen ligt een verschillende locus van rechtvaardigheid ten grondslag. Dat wil zeggen, men verschilt op fundamenteel niveau van mening over waar de morele waarde van een daad gelokaliseerd is: in de daad zelf of in de gevolgen ervan?

Wie vindt dat het doel de middelen heiligt, is een zogenoemd ethisch *consequentialist*: wat een daad goed maakt, is wat de consequenties ervan zijn. Het consequentialisme is een filosofische afgeleide van het utilitarisme – een stroming waarin het begrip 'goed' wordt gedefinieerd in termen van nut (van het Latijnse *utilis*). Een van de eerste invloedrijke pleitbezorgers van het ethisch consequentialisme was dan ook de utilist Jeremy Bentham, die stelde dat een daad moreel gerechtvaardigd is wanneer deze bijdraagt aan het grootste geluk van het grootste aantal mensen – ook wel het 'grootste geluk principe' genoemd.

Precies dat principe speelde een rol in de rechtvaardiging van het radicale milieuactivisme in de jaren tachtig. Er werden weliswaar wetten overtreden, maar daar was een groter goed mee gediend, vonden de activisten. Van bijvoorbeeld het stelen en openbaar maken van geheime ministeriële stukken zouden meer mensen profijt hebben dan er mensen schade van ondervonden, zo luidde hun utilistische rekensom – het zou bijdragen aan het welzijn van het grootste aantal mensen. De invloed van het ethisch consequentialisme reikte overigens verder dan alleen de rechtvaardiging van burgerlijke ongehoorzaamheid: ook de morele acceptatie van euthanasie en abortus, die in de jaren negentig opgeld deed, is er aan te danken. Euthanasie en abortus werden gerechtvaardigd op grond van de gevolgen, namelijk dat er lijden mee voorkomen werd.

Een van de meest prangende problemen met de consequentialistische definitie van goed is echter dat ze zichzelf veronderstelt. Want wat moet worden verstaan onder *goede* gevolgen? Als tien sloebers uit ernstige financiële nood kunnen geraken door één miljonair te beroven, is dat dan gerechtvaardigd? Robin Hood zal zeggen van wel, Dagobert Duck zeker niet. Wat iemand onder als goede gevolgen ziet, is volledig afhankelijk van zijn perspectief en belang. En dat perspectief en belang zijn weer afhankelijk van de situatie: achteraf gezien zijn de radicale protesten tegen kernenergie misschien niet zo goed meer te noemen als destijds, omdat we ons ondertussen bewust zijn geworden van het klimaatprobleem. Het consequentialisme kan dan ook nooit zonder voorbehoud zeggen of iets goed is of niet, omdat de gevolgen – en het perspectief op de gevolgen – aan blijvende verandering onderhevig zijn.

Op grond hiervan worden consequentialistische politici zoals Wouter Bos (PvdA), Alexander Pechtold (D66), maar ook de nieuwe Amerikaanse president Barack Obama vaak van flipfloppen beschuldigd. Hun morele opvattingen staan nooit vast, maar bewegen mee met wat zij op dat moment beschouwen als de goede of slechte gevolgen van een handeling. Deze filosofische tekortkoming zorgde ervoor dat Immanuel Kant radicaal afstand nam van het utilisme en een van de meest invloedrijke protagonisten in Europa werd van een ethiek die er haaks op stond: de *deontologie* (of plichtenethiek, van het Griekse woord *deon*, dat 'plicht' betekent).

Kant stelde dat het onmogelijk was om de rechtvaardiging van een daad te ontlenen aan de gevolgen ervan, omdat het verband tussen daad en gevolg niet vaststaat. Uit een goede daad kan onbedoeld iets slechts voortkomen en uit een slechte daad onbedoeld iets goeds. Dat een oud vrouwtje wordt aangereden op het moment dat een voorbijganger haar helpt met oversteken, maakt zijn daad niet met terugwerkende kracht moreel verwerpelijk. En als iemand door de moord op zijn vrouw opeens de liefde van zijn leven vindt, wordt die moord niet alsnog acceptabel. De rechtvaardiging van een daad moet *in de daad zelf* liggen, stelde Kant. Sommige handelingen zijn intrinsiek goed, andere zijn intrinsiek slecht, zoals liegen, stelen en moorden. De deontoloog verheft morele opvattingen daarmee tot *wet* – en moreel handelen bestaat dan uit de *plicht* om aan die wet te gehoorzamen.

De deontologische ethiek treffen we in Den Haag vooral rechts in het politieke spectrum, bij het CDA en de ChristenUnie, maar met name ook bij Verdonk en Wilders. Verdonk heeft haar deontologie zelfs vervat in de politieke slogan 'regels zijn regels', waar zij zich als Vreemdelingenminister graag mee onderscheidde. Zo weigerde zij rekening te houden met de consequenties (een politieke crisis) en de omstandigheden (het betrof een Kamerlid) toen ze Ayaan Hirsi Ali het Nederlanderschap ontzegde, nadat was gebleken dat Ayaan gelogen had bij haar asielaanvraag. Verdonks standpunt was kantiaans: liegen mag onder geen beding. En Wilders gaf na de affaire-Duyvendak wederom blijk van een deontologische moraal toen hij een motie van wantrouwen indiende tegen minister Cramer (Milieu, PvdA) vanwege haar vermeende steun aan het radicale krakersblad *Bluf!*. De omstandigheden (had ze toestemming gegeven?) en de consequenties (haar huidige functioneren) deden er voor Wilders niet toe: het ging om het principe.

De evidente moeilijkheid van deze kantiaanse moraal is dat ze volledig losstaat van de praktische werkelijkheid. Wat nu als er een Jood bij jou thuis zit ondergedoken, en er komt een nazi aan de deur om dat te controleren? Is liegen dan nog steeds moreel verwerpelijk? Volgens Kant wel, maar de meeste mensen zullen daar een andere morele intuïtie over hebben. Daarom worden deontologische politici rechtdoorzee, maar ook orthodox of zelfs intolerant genoemd: de werkelijkheid is minder eenduidig dan hun morele opvattingen.

Maar echt problematisch wordt het pas wanneer politici zowel consequentialistisch als deontologisch redeneren. Dat deed Wijnand Duyvendak. Hij toonde zich eerst een bekeerd deontoloog door afstand te nemen van zijn verleden en gehoorzaamheid aan de wet boven alles te stellen, maar bleek later toch weer een consequentialist: hij verliet de Tweede Kamer pas toen de gevolgen voor GroenLinks te schadelijk bleken. Dat gaf zijn boetedoening een onoprechte bijsmaak. Want wie naar believen switcht tussen principieel (het goede staat vast) en pragmatisch (het goede hangt van de situatie af), noemen we: een opportunist.

De wonderlijke morele draai van Rita Verdonk

Nu eens geen drukbezochte presentatie in de Passenger Terminal van Amsterdam, maar een onaangekondigde publicatie op internet: daarmee maakte Rita Verdonk eind december 2008 haar 'Visie van Trots op Nederland' wereldkundig. Een voorlopige visie althans, want aan concrete voorstellen werd nog gewerkt, aldus Verdonk destijds. En dat was hard nodig ook, want het gepresenteerde stuk was nog voornamelijk een verzameling kolossale platitudes: Nederland moest volgens ToN weer een land worden waar 'echte problemen ook echt worden opgelost', waar 'rechters moeten straffen', waar 'de dader, en niet het slachtoffer, terechtstaat', waar 'onnodige bestuurslagen worden afgeschaft', waar 'het kabinet krachtig zal corrigeren indien er geld wordt verspild', waar 'de gezondheidszorg de patiënt centraal stelt' en waar 'het onderwijs aansluit bij de talenten van leerlingen'. De visie van Verdonk was zelfs zo algemeen geformuleerd, dat *nrc.next* er lichtelijk in verwarring door raakte: 'Recht door welke zee?' kopte de krant een dag na de publicatie.

Maar die verwarring kon ook een dieperliggende oorzaak hebben. Uit de nieuwe visie is namelijk op te maken dat Rita Verdonk 180 graden is gedraaid in haar morele wereldbeeld. Het soort ethiek waarvan Verdonk zich tot nu toe altijd een aanhanger heeft getoond, is de *deontologische* ethiek. Het uitgangspunt daarvan is, zoals al eerder uiteengezet, dat een handeling niet moreel gerechtvaardigd wordt door het *doel* dat ermee wordt nagestreefd (zoals teleologen stellen), of door het *gevolg* dat ze teweegbrengt (zoals consequentialisten stellen), of door het *nut* dat ze heeft (zoals utilitaristen stellen), maar door de aard van de handeling zelf. Zo stelde Immanuel Kant, de invloedrijkste protagonist van de deontologische ethiek, dat moorden, liegen en stelen intrinsiek verwerpelijke handelingen zijn, die nooit gerechtvaardigd kunnen worden – ook niet als het doel, het gevolg of het nut ervan wel nastrevenswaardig is. Het belangrijkste kenmerk van de moraal is, volgens Kant, dan ook dat ze *universeel geldig* is: morele wetten gaan voor ieder mens in iedere situatie evenzeer op. Ze zijn 'intrinsiek waar' en niet afhankelijk van externe factoren.

Deze deontologische opvatting komt bij Verdonk het duidelijkst tot uitdrukking in haar leuze 'regels zijn regels'. Daarmee bedoelt de politica: de regels en wetten waar onze morele opvattingen in zijn vervat, gelden voor iedereen in gelijke mate, omdat ze 'juist' zijn; het doel, de consequenties of het nut ervan zijn irrelevant. Ook in Verdonks kritiek op het Nederlandse gedoogbeleid komt haar deontologische wereldbeeld goed naar voren: dat handhaving van bijvoorbeeld een verbod op softdrugs het doel voorbij zou schieten (drugsgebruik neemt niet af), onwenselijke effecten zou sorteren (criminaliteit neemt toe) en bovendien geen nut zou hebben (meer kosten dan baten), dat alles deert Verdonk niet, want: regels zijn regels.

Maar in haar nieuwe visie lijkt de politica volledig van de deontologie te zijn afgestapt. Ze herhaalt weliswaar haar standpunt dat 'de wetten die er zijn normaal [moeten] worden gehandhaafd voor iedereen', maar geeft vervolgens op bijna alle fronten blijk van een omgekeerde moraal. Zo wil Trots op Nederland 'op landelijk en lokaal niveau wetten en regels toetsen: hebben we deze regels echt nodig? Indien niet, dan schaffen we niet alleen de regels af, maar ook de instanties die deze bedenken, onderhouden en controleren', aldus Verdonk. Het toverwoord is hier de term 'nodig': de maatstaf voor het behoud van een regel is niet de juistheid, maar het *nut* ervan. Daarbij tekent Verdonk aan: 'Het maatschappelijk belang wordt het meest zwaarwegend.'

Dat is een utilitaristische opvatting van regels, die volstrekt ongewoon is voor Verdonk. Nog dubbelzinniger wordt het dan ook wanneer de politica schrijft dat 'bestuurders moeten kunnen afwijken van regels als het maatschappelijk belang dat vereist'. Meer in tegenspraak met zichzelf kan de voorvrouw van ToN niet zijn: dat is nu juist de ratio achter het gedoogbeleid – een beleid dat Verdonk in hetzelfde stuk expliciet verwerpt. Nu moet hierbij worden opgemerkt dat Verdonk hier schrijft onder het kopje 'milieubeleid'. Volgens haar moeten regels die tot 'krankzinnige situaties leiden', zoals Nederlandse fijnstofnormen die bouwprojecten belemmeren, kunnen worden opgeschort. Maar waarom dit gedogen wel mag als het gaat om milieuregels, en niet als het gaat om zaken als softdrugs, maakt de politica nergens duidelijk. Daardoor is haar pleidooi voor afschaffing van overbodige regels nogal loos: politiek bedrijven gaat immers nergens anders over dan regels bedenken, veranderen en waar nodig afschaffen. Haar visie is in deze vorm niets meer dan een beschrijving van haar beroep als politica.

Overigens blijkt Verdonk ook op andere gebieden veel utilitaristischer dan haar principiële imago doet vermoeden. Zo schrijft ze onder het kopje 'Nederland slimmer': 'De samenleving hoeft niet onbeperkt onderwijs te bieden in onderwerpen die een beperkt maatschappelijk nut voor de samenleving hebben.' Dat betekent dat onderwijs volgens Verdonk dus niet als een goed op zichzelf moet worden beschouwd, ter bevordering van iemands zelfontplooiing – een opvatting die in Nederland juist gemeengoed is – maar als een *utiliteit*: levert een studie de maatschappij genoeg (economisch) voordeel op? Dit criterium staat dan ook op gespannen voet met Verdonks uitgangspunt dat 'iedereen recht heeft op voldoende kansen tot het ontplooien van zijn talenten'. Want wat nu als er naar iemands talenten weinig maatschappelijke vraag blijkt te zijn? Valt onder 'voldoende kansen' ook de mogelijkheid tot het studeren van Keltische talen of Oudgrieks? Of is het nut daarvan te gering?

Dat Verdonk vindt dat het recht op voldoende kansen tot het ontplooien van talenten voor iedereen opgaat, 'ongeacht zijn of haar achtergrond', is overigens wel weer een deontologische opvatting – Immanuel Kant beschouwde zelfontplooiing ook als een universeel recht van de mens. Maar bij Verdonk blijkt 'iedereen' toch een beperktere connotatie te hebben dan bij Kant: economische gelukzoekers vallen er niet onder. Volgens ToN moet Nederland 'voorkomen dat steeds meer kansarmen ons land binnenkomen'. Nu valt voor beperking van de immigratie veel te zeggen; Nederland kan niet alle kansarmen van de wereld herbergen. Maar het laat wel zien hoe Verdonk in haar taalgebruik van twee walletjes probeert te eten: eerst spreekt ze in zeer principiële en universalistische termen over kansen ('iedereen heeft recht op'), om dit recht vervolgens te beperken tot alleen Nederlanders en immigranten die reeds hoog opgeleid zijn. Zo meet Verdonk zich een uiterst principieel voorkomen aan, terwijl ze in werkelijkheid eerder antiprincipieel is. Uitgerekend voor hen die de kans op zelfontplooiing het meest ontberen, gaat het universele recht niet op. Dat verklaart misschien ook waarom Trots op Nederland de Nederlandse ontwikkelingshulp met tweederde wil terugbrengen. Maar wat hebben de woorden 'ongeacht zijn of haar achtergrond' dan nog voor waarde, behalve dat ze Verdonk aan een buitengewoon rechtvaardig imago helpen?

Of het nu uit de context was getrokken of niet: Kay van de Linde krijgt, met zijn constatering dat Trots op Nederland vooral uit 'gebakken lucht' bestaat, steeds meer gelijk.

Power to the people? Vergeet het maar!

Een feest der democratie! Zo worden de presidentsverkiezingen in de Verenigde Staten vaak genoemd. En ook in 2008 hebben honderdduizenden vrijwilligers – jong en oud – weer van deur tot deur campagne gevoerd voor hun favoriete kandidaat. Nog eens een paar miljoen Amerikanen stortten zelfs voor meer dan achthonderd miljoen dollar aan donaties in de Republikeinse of Democratische campagnekas. En tot driemaal toe volgden er meer dan vijftig miljoen televisiekijkers het presidentiële debat tussen John McCain en Barack Obama. Als de democratie ergens floreert, dan wel in Amerika, toch?

Ja, zo lijkt het. Maar wie door de ogen van de filosoof en Amerika's grootste politieke dissident Noam Chomsky (1928) kijkt, ziet een veel minder florissant plaatje. Volgens Chomsky zijn de presidentsverkiezingen in de vs een façade die moet verhullen dat Amerika geen democratie is, maar een polyarchie: een staat waarin de macht bijna volledig toebehoort aan een select groepje kapitaalkrachtigen, ook wel de *wealth of the nation* genoemd. Deze machtsconcentratie, zegt Chomsky, is geen onbedoelde uitwas van het kapitalisme, maar een bewust gekozen staatsvorm, vastgelegd in de Amerikaanse grondwet. James Madison (1751-1831), een van de grondleggers van het land, stelde bij het schrijven van de Grondwet dat het de primaire bestaansreden van de overheid was om 'de minderheid tegen de meerderheid te beschermen'. Met 'minderheid' doelde Madison echter niet op een etnische of culturele minderheid, zoals nu vaak gebeurt, maar op de *financiële* elite – de 'rijkdom der natie'. 'Mensen zonder eigendom of zonder hoop om eigendom te verwerven kunnen niet genoeg begrip opbrengen voor de rechten van de bezitters', zei Madison, 'en daarom mogen ze geen macht over hen hebben.' Hoewel er in de twee eeuwen na Madison in de vs veel verbeteringen in de grondwet zijn vastgelegd, zoals de afschaffing van de slavernij en het kiesrecht voor vrouwen en zwarten, is er volgens Chomsky constitutioneel en in de praktijk weinig veranderd aan de macht van de elite. 'In feite', zegt Chomsky, 'is Amerika een eenpartijstaat, waarin de regering – of ze nu Democratisch of Republikeins is – voornamelijk de belangen behartigt van de multinationals en de grote industrieën, zoals de wapenindustrie en de farmaceutische sector.' Dat de mening van de bevolking er niet zoveel toe doet, blijkt volgens de filosoof uit de enorme kloof tussen de publieke opinie en het beleid van de regering in de afgelopen veertig jaar. Uit grootschalige onderzoeken van onder andere het National Opinion Research Center, het pew Research Center en Gallup Poll blijkt dat een meerderheid van de Amerikanen al jaren – zo niet decennia – fundamenteel met de gekozen regering van mening verschilt over bijna alle grote politieke kwesties, op zowel binnenlands als buitenlands gebied.

Zo wil bijna 80 procent van de Amerikanen een gesocialiseerd gezondheidszorg- en onderwijsstelsel. Tweederde wil een substantieel lager defensiebudget en een vertienvoudiging van de investeringen in duurzame energie. Meer dan de helft van de bevolking is voorstander van diplomatieke betrekkingen met vijandelijke staten als Cuba en Iran, sluiting van het gevangenenkamp Guantánamo Bay en erkenning van het Internationaal Strafhof in Den Haag. Ook wil een meerderheid dat Amerika het Kyoto-protocol ratificeert. En bijna driekwart van Amerika is voorstander van een hoger belastingtarief voor jaarinkomens boven de 250.000 dollar. Geen van deze standpunten werd door de regering-Bush, noch door de meeste administraties ervoor, onderschreven. Logisch, zegt Chomsky: sociale gezondheidszorg, een lager defensiebudget, meer diplomatie en hogere belastingen werken allemaal in het nadeel van 's lands grootste industrieën. Machtige lobbyisten – tienduizenden in getal – voorkomen al jaren dat de wil van het volk wordt gehonoreerd.

De grote vraag is dan natuurlijk: als de politieke partijen meestal toch niet doen wat de kiezers willen, waarom stemmen ze er dan nog op? De helft van het antwoord is: dat doen ze niet. Dat wil zeggen, bijna 50 procent van de kiesgerechtigde Amerikanen stemt nooit. In 2004 was de opkomst 56 procent, de *hoogste* uitslag in meer dan dertig jaar, totdat het record in 2008 werd verbroken met een opkomst van iets meer dan 60 procent. Daarmee kent Amerika een van de laagste verkiezingsopkomsten in de geïndustrialiseerde wereld, nog lager dan een ontwikkelingsland als India. De redenen om niet te stemmen variëren, maar een onderzoek van Harvard University in 2002 vermeldde 'een gevoel van machteloosheid' als een van de meest genoemde.

Toch zijn er nog altijd ruim honderd miljoen Amerikanen die wel iedere vier jaar naar de stembus gaan. Als de kloof tussen burger en politiek echt zo groot is als Chomsky dat doet voorkomen, stemmen deze kiezers dan niet tegen hun eigen opvattingen in? In feite wel, zegt Chomsky, en de verklaring daarvoor is dat – op een klein conservatief deel van het electoraat na – de meeste mensen hun stem niet uitbrengen op basis van politieke standpunten, maar op basis van persoonlijkheidskenmerken als karakter en levensloop. Uit een peiling van Gallup Poll in 2004 bleek dat slechts *10 procent* van de kiezers zich bij hun keuze op George W. Bush of John Kerry had gebaseerd op 'de agenda, de ideeën, het politieke programma of de doelstellingen van de kandidaat'. De meeste Amerikanen konden zelfs niet meer dan drie concrete standpunten van de politici opnoemen.

Die onwetendheid wordt volgens Chomsky niet veroorzaakt door desinteresse of domheid, maar door misleiding: de standpunten komen tijdens verkiezingscampagnes nooit echt aan de orde. Amerikaanse verkiezingen zijn volgens hem namelijk een zorgvuldig door de pr-industrie en de media in scène gezette 'klucht' met twee politici in de hoofdrol, hoofdzakelijk bedoeld om te vermaken (zodat het gebeuren veel kijkers trekt) en om de aandacht af te leiden van echte politieke kwesties. De verkiezingen zijn net als reclame, zegt Chomsky: niet bedoeld om inhoudelijke informatie te verschaffen, maar om 'noodzakelijke illusies' te scheppen over het product in kwestie – in dit geval de twee kandidaten. Kwantitatief onderzoek geeft Chomsky daarin gelijk. Uit grootschalige metingen is gebleken dat maar liefst 77 procent van alle media-aandacht is opgegaan aan zogenoemde *horse race coverage:* verslaggeving die zich, als ging het om een paardenrace, uitsluitend richt op controverses, intriges en karaktereigenschappen van de kandidaten in plaats van op hun politieke agenda. Driekwart van de zendtijd (inclusief campagnefilmpjes) is besteed aan trivialiteiten en insinuaties. Is Obama bevriend met terroristen? Weet John McCain wel hoeveel huizen hij bezit? Haat Obama's vroegere dominee Amerika? Is McCain wel *in touch* met de gewone Amerikaan? Is Obama stiekem een Arabische moslim? Heeft McCain zijn 'woede' in de hand? Is Obama patriottisch genoeg? Gebruikt Joe Biden botox? Leest Sarah Palin genoeg kranten? Concrete plannen kwamen, buiten de vier debatten van negentig minuten om, nauwelijks aan de orde.

Het is dus niet vreemd dat een groot deel van de Amerikanen stemt op politici die hun overtuigingen niet vertegenwoordigen; ze weten nauwelijks wat van ze af. Ook over de race van 2008 was Chomsky somber: de populariteit van Obama toonde volgens hem vooral 'hoe vervreemd de burgers zijn geraakt van de politieke instituties'. De drie kernwoorden van Obama's campagne – hoop, verandering en eenheid – hadden effect, omdat ze de indruk wekten dat de Democraat eindelijk de politieke status-quo in het land zou gaan doorbreken. Maar volgens Chomsky was er geen enkele *con-*

crete aanleiding om te denken dat Obama dat ook echt zou gaan doen. Hoop, verandering en eenheid waren slechts holle frasen die hoorden bij het imago dat zijn campagneteam heeft gefabriceerd, aldus de filosoof.

Het is de vraag of Chomsky op dit punt niet iets te ver is doorgeschoten in zijn cynisme. Want wie de standpunten van Obama erop naslaat, ontdekt dat hij voorstander is van bijna alle beleidsprogramma's waarvan Chomsky beweert dat ze de Amerikaanse bevolking al jaren worden ontzegd. Obama wil bijna universele gezondheidszorg, een socialistischer onderwijsstelsel, diplomatieke betrekkingen met Cuba en Iran, hogere belastingen boven de 250.000 dollar, beëindiging van de oorlog in Irak, sluiting van Guantánamo Bay, erkenning van het Internationaal Strafhof, ratificatie van het Kyoto-protocol en zes keer zoveel investeringen in duurzame energie. Of Amerikanen dat ook allemaal beseffen, is inderdaad de vraag. Maar de overtuigende overwinning die Obama op 4 november 2008 boekte, is een hoopvol teken. Zou het dan toch de democratie zijn geweest die op die dag zegevierde?

Met Obama gaan we terug naar de Grote Verhalen

De verkiezing van Barack Obama tot president van de Verenigde Staten is over de hele wereld door journalisten en analisten 'historisch' genoemd, omdat ze in meerdere opzichten een breuk met het verleden markeert. Het nieuwe leiderschap wordt bovenal beschouwd als een breuk met het slavernijverleden van Amerika: met een zwarte president heeft het land het tijdperk van rassenongelijkheid definitief achter zich gelaten, aldus commentatoren. 'En zo gebeurde het dat op 4 november 2008, vlak na elf uur 's avonds, de Amerikaanse Burgeroorlog ten einde kwam', schreef columnist Thomas Friedman van *The New York Times* een dag na de verkiezingen, verwijzend naar de bloedige strijd tussen 1861 en 1865 die resulteerde in de afschaffing van de slavernij. 'We zijn vanochtend wakker geworden in een ander land', aldus Friedman.

Daarnaast wordt het presidentschap van Obama natuurlijk gezien als een breuk met het recente politieke verleden: de Democraat symboliseert het einde van acht jaar neoconservatief beleid van George W. Bush. Naast eerder gedane beloften van terugtrekking uit Irak en van diplomatieke betrekkingen met vijandelijke staten als Iran maakte Obama na zijn verkiezing bekend dat hij onmiddellijk na zijn aantreden nog eens tweehonderd besluiten van de regering-Bush zal terugdraaien, onder andere op het gebied van klimaatbeleid, olieboringen en abortus. *Change has come to America* vatte de nieuwe president zijn voornemens samen in zijn overwinningsspeech.

Maar in filosofisch opzicht is de overwinning van Obama eerder een *terugkeer* naar het verleden, want zijn campagne heeft een enorme opleving teweeggebracht van begrippen uit de moderniteit – een periode in de filosofie die haar hoogtepunt kende tussen grofweg het begin van de Franse Revolutie in 1789 en het begin van de Tweede Wereldoorlog in 1940. Kenmerkend voor die periode is vooral het geloof in de *menselijke vooruitgang* op sociaal en technologisch gebied. Door de opkomst van de natuurwetenschappen – beginnend bij de rationalist René Descartes (1596-1650) en voortgestuwd door de natuurkundige Isaac Newton (1643-1727) – kreeg de filosofie een steeds idealistischer karakter: de wereld werd meer en meer als maakbaar beschouwd.

Dit toenemende geloof in het vermogen van de mens om de wereld naar zijn hand te zetten, mondde eind achttiende eeuw uit in de Verlichting. Traditie en behoudzucht werden opgegeven ten gunste van een continu streven naar verandering en vernieuwing (*change*) en religie en bijgeloof werden ingewisseld voor rationaliteit en technologie. De industriële revolutie die in dezelfde tijd plaatsvond, bevestigde nog eens de ongekende potentie van de mens om een ander soort samenleving te scheppen. De hoop op verlossing van het lijden in het hiernamaals, zoals die door de westerse mens vanaf de oude Grieken (derde eeuw v. Chr.) tot aan de late Middeleeuwen (zestiende eeuw) was gekoesterd, maakte plaats voor de hoop op een betere wereld hier op aarde. De moderne tijd was, zoals de Duitse filosoof Hans Blumenberg (1920-1996) het ooit treffend samenvatte, 'een tijd waarin hoop op onsterfelijkheid werd vervangen door hoop voor het nageslacht'.

De slogan *yes we can* geeft uitdrukking aan precies die moderne hoop. Obama spiegelt ons daarmee voor dat er een eerlijkere en rechtvaardigere wereld mogelijk is – en dat we het streven naar zo'n wereld aan ons nageslacht verplicht zijn. *Yes we can repair this world*, zei hij in zijn beroemde – door rapper Will.i.am op muziek gezette

– speech tijdens de voorverkiezingen; een boodschap die zo uit Immanuel Kants pamflet *Naar de eeuwige vrede* (1795) had kunnen komen, waarin de filosoof uiteenzet hoe wereldvrede mogelijk is door het instellen van een wereldregering. Het vertrouwen van Obama in transnationale instituties als de Verenigde Naties en het Internationaal Strafhof (dat hij, anders dan Bush, wel wil erkennen) kan dus eveneens typisch modern worden genoemd.

Modern is ook de grote rol die Obama in zijn politiek toekent aan de technologie: hij gebruikt het internet om de overheid transparanter te maken en *online communities* te creëren, hij wil miljarden investeren in de ontwikkeling van duurzame energie en heeft al toegezegd de door Bush stopgezette financiering van stamcelonderzoek te hervatten om een ziekte als alzheimer te kunnen bestrijden. Het idealisme van de nieuwe president verschilt dus vooral in *methodisch* opzicht van dat van de huidige president: waar Bush een betere wereld propageerde door middel van het premoderne (christelijke) begrip verlossing (zoals: verlossing van onderdrukkende dictators), pleit Obama voor een geleidelijker totstandkoming van een betere wereld via het moderne begrip vooruitgang.

Dat er vooral in West-Europa en Amerika een enorme behoefte blijkt te zijn aan het idealisme van Obama, is niet verwonderlijk; er bestaat in het Westen al een tijdje een prangend gebrek aan idealen. De moderniteit ligt alweer meer dan zestig jaar achter ons. Het geloof in vooruitgang – door John Gray nog altijd een 'moderne mythe' genoemd – brokkelde in het begin van de twintigste eeuw snel af en raakte definitief uit de gratie door de Tweede Wereldoorlog: geloof in een betere wereld bleek opeens een gevaarlijke illusie. De idealen van de Verlichting waren uitgelopen op een ramp. Zelfs de wetenschap werd door de oorlog verdacht: Hitler had met behulp van wetenschappelijke methoden proberen aan te tonen dat Joden inferieur waren aan het arische ras, om zo hun uitroeiing te rechtvaardigen. Dit bewoog veel filosofen ertoe het tijdperk van de

Verlichtingsidealen definitief achterhaald te verklaren: het postmodernisme was een feit.

De Franse filosoof Jean-François Lyotard (1924-1998) typeerde de postmoderne tijd in zijn beroemde essay *Het postmoderne weten* (1979) dan ook als 'het einde van de Grote Verhalen'. De mens had het geloof in metatheorieën, zoals de gedachte dat de geschiedenis naar een einddoel toe beweegt, dat de wetenschap tot alomvattende kennis zal leiden en dat absolute vrijheid mogelijk is, verloren. Het idee dat een goede wereld mogelijk was, werd als onrealistisch bestempeld: de geschiedenis zou altijd een strijd om macht blijven. Een gezamenlijk doel had de mensheid dan ook niet meer. 'Ieder werd weer naar zichzelf terugverwezen', aldus Lyotard. Zelfs het begrip hoop kreeg een negatieve connotatie, ontleend aan de oervader van het postmodernisme Friedrich Nietzsche, die hoop het kwaadste der kwaden noemde, 'omdat ze het enige is wat het lijden verlengt'. Met andere woorden, hoop was niet langer een bewonderenswaardig geloof in een betere wereld, maar een naïef vastklampen aan de *illusie* van een betere wereld, die slechts bevestigde hoe wreed en onrechtvaardig het leven in werkelijkheid was.

De Republikeinse presidentskandidaat John McCain probeerde tijdens de campagne nog munt te slaan uit dat postmoderne cynisme door Obama steeds als naïef en onervaren af te schilderen. Hij zou de gevaren in de wereld niet onder ogen zien. Maar Obama heeft met zijn bevlogen retoriek de hoop weer tot iets bewonderenswaardigs weten te maken. Miljoenen (vooral jonge) mensen geloven door hem dat de wereld toch iets beter kan worden. Daarmee is zijn verkiezing als president dus niet alleen een breuk met het verleden, maar vooral een breuk met het *heden*: het postmoderne cynisme lijkt – tenminste tijdelijk – op zijn retour. Door Obama durven we weer te dromen van Grote Verhalen. Nu maar hopen dat het niet weer uitdraait op een deceptie, zoals de eerste keer.

Hoe Plato en Machiavelli hielpen de oorlog in Irak te rechtvaardigen

Op 21 juli 2003 publiceerde *Time Magazine* een artikel onder de kop: '*Untruth and its consequences*'. In dat artikel zette het tijdschrift uiteen hoe de regering-Bush met bewust verdraaide feiten en overdrijvingen een rechtvaardiging voor de oorlog in Irak had weten te construeren. Binnen de Republikeinse Partij bestond het voornemen om het regime van Saddam Hoessein omver te werpen al veel langer, al voor de verkiezing van George W. Bush als president. In een nota van de Republikeinen uit 2000, getiteld 'Renewing America's Purpose. Together', staat beschreven hoe een eventuele Republikeinse regering 'geduldig zal werken aan het opbouwen van een internationale coalitie tegen Saddam Hoessein [...] ter implementatie van de *Iraq Liberation Act,* die moet worden beschouwd als het startpunt van een uitgebreide procedure om Saddam uit de macht te verwijderen'. En warempel, tien dagen na zijn inauguratie als president, in januari 2001, instrueerde Bush zijn staf al om zich voor te bereiden op een inval, in een memo met de nietsverhullende naam 'Plan for Post-Saddam Iraq'.

Wat destijds echter nog ontbrak, was een directe aanleiding om het voornemen ten uitvoer te brengen. Die aanleiding vond de regering-Bush uiteindelijk negen maanden later in de aanslagen op onder andere het WTC in New York. Bush suggereerde na 9/11 herhaaldelijk, zij het nooit expliciet, dat er een verband bestond tussen de aanslagen en het regime van Saddam. Onterecht, zo bleek later. Ook werd Irak ervan beschuldigd in het bezit te zijn van massavernietigingswapens – een beschuldiging die destijds al openlijk werd betwijfeld door George Tenet, het hoofd van de CIA. Tenet had daar alle reden toe: geen van zijn inlichtingen bewees de aanwezigheid van dergelijke wapens. De wapeninspecteurs van de Verenigde Naties kwamen in januari 2003 – twee maanden voordat de oorlog begon – tot dezelfde conclusie: Irak had geen massavernietigingswapens en geen actief programma om die te verkrijgen. Uiteindelijk werd in een rapport van de Senaat, dat in juli 2004 verscheen, officieel bevestigd dat alle cruciale oordelen over het wapenarsenaal van Saddam door de regering-Bush 'waren overdreven, of in ieder geval niet door de inlichtingen werden ondersteund'.

Je kunt dus veilig stellen dat Bush de wereld heeft voorgelogen, of op z'n minst heeft misleid over de redenen die een oorlog tegen Irak zouden rechtvaardigen. En toch lijken weinigen zich daar nog echt om te bekommeren. Bush is weliswaar een van de meest impopulaire presidenten uit de Amerikaanse geschiedenis, en de Republikeinen leden tijdens de laatste verkiezingen een gevoelige nederlaag, maar de regering en de president zijn nooit publiekelijk ter verantwoording geroepen. Het contrast met de vorige president kan eigenlijk niet schriller zijn: Bill Clinton werd bijna afgezet omdat hij had gelogen over zijn affaire met Monica Lewinsky. Maandenlang moest hij een journalistieke guerrilla ondergaan. Maar over het bedrog van Bush, waarvan de gevolgen toch een stuk verstrekkender mogen worden genoemd, halen de meesten de schouders op. Zelfs in Nederland is Irak enkele jaren geen noemenswaardig onderwerp van discussie geweest; het kabinet-Balkenende IV verklaarde de Nederlandse steun aan de oorlog tot no-go-area, en daarmee was de kous lange tijd af. Slechts één volhardend Eerste Kamerlid van de PvdA, Klaas de Vries, probeerde actief de waarheid over onze politieke steun boven tafel te krijgen, maar echt veel aandacht voor zijn eenmansmissie was er in de landelijke media al die tijd niet.

Vanwaar deze desinteresse? In zijn boek *The Ethics of the Lie* (2007) geeft de Frans-Amerikaanse filosoof Jean-Michel Rabaté een mogelijke reden voor de apathie: de aanloop naar de oorlog in Irak wordt door de meeste mensen nog steeds gezien als 'een vergissing in plaats van een leugen' – een beeld dat de president zelf in december 2008 nog eens bekrachtigde door te stellen dat hij het meest spijt had van de 'foutieve inlichtingen inzake Irak'. Met andere woorden, het bedrog was onopzettelijk – men wist gewoon niet beter.

Dat beeld van een vergissing, zegt Rabaté, is echter bewust door de regering-Bush geconstrueerd, om zo geen verantwoordelijkheid voor de consequenties te hoeven dragen. Daarbij heeft de regering gebruikgemaakt van twee politieke strategieën die volgens Rabaté te herleiden zijn tot de Griek Plato en de Italiaanse staatkundige Niccolò Machiavelli (1469-1527).

De eerste strategie, zegt Rabaté, was om George W. Bush af te schilderen als 'te dom om te liegen'. Deze strategie is volgens Rabaté geïnspireerd op Plato, die ooit stelde dat het geloofwaardig vertellen van een leugen een hoger dan gemiddelde intelligentie vereist, omdat de leugenaar twee waarheden in zijn hoofd moet houden – de waarheid die hij moet verbergen en de leugen die hij als waar moet doen voorkomen. Kleine kinderen bijvoorbeeld missen nog een zekere mate van bewustzijn en abstractievermogen, en kunnen daarom slecht liegen. En ook de dorpsgek wordt eerder als onkundig dan als leugenachtig beschouwd, wanneer hij onwaarheden verkondigt. Wie als intellectueel onvermogend te boek staat, wordt minder snel verdacht van bedrog.

Daarom, zegt Rabaté, deed president Bush zich stelselmatig voor als een simpele, intellectueel beperkte cowboy uit Texas die graag benadrukte hoever hij in het leven was gekomen 'ondanks de zesjes die hij haalde op school'. Ook zijn speeches waren vaak doorspekt met versprekingen en domme opmerkingen als: 'Een groeiend deel van onze import komt uit het buitenland'. Maar wie de speeches van

Bush als gouverneur van Texas bekijkt, gelooft zijn ogen niet: Bush was vroeger een buitengewoon getalenteerd en eloquent spreker. Het verschil is zelfs zo groot dat verscheidene psychologen zich hebben afgevraagd of de president misschien leed aan vervroegde dementie – anders kon het verschil volgens hen niet worden verklaard. Maar het is allemaal opzettelijke marketing, zegt Rabaté. Toen Bush na zijn overwinning op Al Gore in 2000 door een journalist werd gevraagd of hij door iedereen was onderschat, antwoordde de nieuwe president dan ook: 'Ik hoop het. Leg de lat voor mij maar zo laag mogelijk, jongens!'

Het effect van zijn dommige imago is geweest dat het verschil tussen bedrog en vergissing voor het grote publiek vervaagde, aldus Rabaté. Bush zegt foutief te zijn ingelicht over Irak en komt ermee weg, omdat de meeste mensen denken dat hij ook echt niet veel beter kon weten – een strategie die volgens Rabaté nooit had kunnen werken voor zijn voorganger Clinton, omdat hij een veel intellectueler imago had. Clinton werd aan het einde van zijn ambtstermijn dan ook genadeloos door de pers bekritiseerd dat hij Osama bin Laden niet had opgepakt, toen hij daar eind jaren negentig de kans toe had, terwijl hetzelfde verwijt aan het adres van Bush zelden te beluisteren valt.

De tweede strategie die de regering-Bush ontplooide om kritiek achteraf te smoren, was om de oorlog consequent voor te stellen als een groot succes. Volgens Rabaté is deze tactiek terug te voeren op de politieke theorie van Machiavelli, die ooit schreef dat politiek en militair succes de geschiedenis doet vergeten. Of anders gezegd, als een oorlog gewonnen wordt, doet het er niet meer zoveel toe hoe hij ooit begonnen is. Daarom verklaarde Bush daags na de inval, staande op een vliegdekschip met een *mission accomplished*-spandoek op de achtergrond, dat 'de Verenigde Staten hebben gezegevierd in Irak', terwijl de echte oorlog toen in feite nog moest beginnen. Ook kreeg de wereld juichende Irakezen te zien, werden er 'verkiezingen' gehouden en benadrukte de president in zijn speeches doorlopend dat de wereld nu beter af was zonder dictator Saddam. Toen de werkelijkheid grimmiger bleek, en de vs gedwongen werden om meer troepen te sturen, werd de realiteit wederom omgedraaid: de troepenvermeerdering was geen teken van mislukking, maar juist een tactisch slimme zet, aldus de regering. Zelfs Barack Obama, die altijd tegen de oorlog was geweest, gaf op een gegeven moment toe dat de *surge* een succes was gebleken. Zo verdween de vraag of de oorlog überhaupt wel gerechtvaardigd was naar de achtergrond; het resultaat heiligde de middelen.

Rabatés analyse werpt de vraag op of Bush inderdaad zo dom en onwetend was als hij zich de afgelopen jaren heeft voorgedaan, of dat zijn imago onderdeel was van een uitgekookte strategie om de wereld te winnen voor een oorlogszuchtige Republikeinse agenda. En voor onze eigen premier rest dan nog de vraag wat erger is: misleid worden of erover zwijgen?

De drugsparadox

Het debat over het Nederlandse drugsbeleid barstte in november 2008 weer in alle hevigheid los. Het CDA maakte opeens kenbaar te willen stoppen met het gedogen van softdrugs. 'Op naar nul coffeeshops', zei fractievoorzitter Pieter van Geel in zijn toespraak voor het CDA-congres op 8 november – een wens die vooral lijkt ingegeven door de toenemende overlast van drugstoeristen. Maar de burgemeesters van 33 gemeenten maakten al gauw duidelijk niets te zien in die wens: op een wiettop in Almere kwamen zij juist tot de conclusie dat het beter is het gedoogbeleid uit te breiden. Eindhoven en Tilburg stelden zelfs voor om zelf hennep te gaan telen en zo ook de aanvoer van wiet naar coffeeshops te kunnen reguleren; een plan waar de PvdA zich onmiddellijk voorstander van toonde.

Als de meningen in een debat zo verdeeld zijn – de een wil drugs verbannen, terwijl de ander het juist zelf wil gaan produceren – is het handig om eerst een fundamentelere vraag te stellen: wat zijn drugs eigenlijk? Die vraag is relevant, zegt ook Jacques Derrida, omdat in het woord drugs al een politiek discours besloten zit. 'Het concept van drugs is een niet-wetenschappelijk, niet-neutraal concept', zegt Derrida in een uitgeschreven interview getiteld *De retoriek van drugs* (1992). 'Het is reeds gebaseerd op een morele en politieke evaluatie; de term zelf is al een norm [...] meestal een afwijzende, verbiedende norm.' Volgens Derrida zijn er strikt genomen dan ook geen drugs in de natuur, want hoewel veel drugssoorten in de natuur voorkomen (hennep, coca, paddenstoelen), worden ze pas als drugs gekwalificeerd in een sociale, culturele en politieke context.

Of zoals Derrida zegt: 'Drugs is een geïnstitutionaliseerd begrip.'

Die politieke lading van het concept drugs (of preciezer gezegd, narcotica) komt het duidelijkst naar voren in het onderscheid tussen 'gewone' genotsmiddelen en drugs. Nicotine, alcohol en cafeïne worden geen drugs genoemd – en vallen ook niet onder het drugsbeleid – terwijl het puur wetenschappelijk gezien om dezelfde *soort* stoffen gaat. Politiek en strafrechtelijk hebben deze stoffen echter een andere status: ze worden weliswaar net als drugs ontmoedigd of soms zelfs uit de publieke sfeer verbannen, maar het simpele gebruik ervan wordt, anders dan bij de meeste drugs, *op zichzelf* niet strafbaar geacht. 'Zelfs als alcohol en tabak op een bepaalde manier "slecht" worden genoemd, bijvoorbeeld voor de gezondheid of de verkeersveiligheid, dan nog kennen ze niet het morele stigma van "drugs"', aldus Derrida.

De grote vraag is natuurlijk: op grond waarvan krijgen sommige middelen wel het morele stigma van drugs en andere niet? Het voor de hand liggende antwoord is: op grond van hoe schadelijk, verslavend of gevaarlijk een bepaald genotsmiddel is. Maar volgens Derrida is dat *niet* het onderscheidende criterium. Zo zijn alcohol en sigaretten aantoonbaar verslavender en schadelijker voor de gezondheid dan bijvoorbeeld GHB, xtc, lsd en cannabis en bijna even verslavend als cocaïne en amfetamine. Op hun beurt zijn GHB, xtc en lsd weer minder verslavend en bijna even schadelijk als cannabis, terwijl de eerste drie harddrugs worden genoemd en de laatste niet. En cocaïne is weer minder gevaarlijk in het verkeer of bij het besturen van machines dan alcohol.

Volgens Derrida berust het drugsstigma dan ook op iets anders, namelijk op de vraag in hoeverre de gebruiker ervan zich ermee *terugtrekt uit de realiteit.* 'Wat de tegenstanders van drugs tegen een drugsgebruiker hebben, is dat hij zich afsluit van de wereld [...] en uit de objectieve realiteit wegvlucht in een fictie, een simulatie', aldus Derrida. Dat terugtrekken uit de realiteit gebeurt op twee niveaus. Ten eerste op individueel niveau: de geestestoestand van het individu verandert. Zo versterken wiet, cocaïne en xtc – in veel hogere mate dan bijvoorbeeld cafeïne en nicotine – de gevoelens en zintuigen van de gebruiker. En lsd kan de gevoelens en zintuigen zelfs volledig verstoren, terwijl heroïne doorgaans een volstrekt irreëel gevoel van euforie oproept. Met andere woorden, de perceptie en ervaring van de werkelijkheid worden vervormd – bij gewone genotsmiddelen het minst en het minst snel, en bij soft- en harddrugs in toenemende mate.

Ten tweede vindt het terugtrekken uit de realiteit ook plaats op maatschappelijk niveau: het stigma op drugs neemt in grote lijnen toe, naarmate ze een normaal functioneren in de maatschappelijke werkelijkheid meer bemoeilijken. Sigaretten, alcohol en cafeïne belemmeren het functioneren niet of nauwelijks, cannabis en paddo's al iets meer, terwijl heroïne een normaal maatschappelijk bestaan al vrij snel onmogelijk maakt. De term 'drugs' en het stigma dat eraan gekoppeld is, houdt volgens Derrida dan ook sterk verband met *sociale en economische productiviteit*. De morele afkeuring die een drugsgebruiker ontmoet, is grotendeels gebaseerd op het feit dat hij in de ogen van de samenleving niks produceert, althans niets 'echts' of 'werkelijks', aldus Derrida.

Het interessante is dat voorstanders van drugs eveneens het criterium van productiviteit hanteren. Schrijvers, musici en kunstenaars stellen vaak dat het gebruik van bepaalde drugs hun creativiteit vergroot en tot nieuwe, originelere inzichten kan leiden. Hun productie als schrijver, musicus of kunstenaar wordt er als het ware door bevorderd. Sporters legitimeren (voor zichzelf) op soortgelijke wijze het gebruik van doping: hun sportprestaties nemen er immers door toe. Op maatschappelijk niveau geldt dan ook volgens Derrida dat drugsgebruik in bepaalde gevallen, heimelijk of expliciet, door de samenleving wordt gebillijkt voor zover het bijdraagt aan de creatie of productie van 'een goed'. Maar wanneer iemands sociale en economische bijdrage aan de samenleving door drugs afneemt, wordt ook de afkeuring groter. De vraag of, en zo ja, in hoeverre drugsgebruik een plaats in de samenleving verdient, is in zekere zin dus een *paradox*. De kwestie is immers hoe en in welke mate de maatschappij moet accepteren dat mensen zich – op individueel niveau, en bij langduriger gebruik: op collectief niveau – aan de maatschappelijke realiteit *onttrekken*. Daarom is de term 'drugs', zoals Derrida opmerkte, ook per definitie gepolitiseerd: want politiek gaat erover hoe men in een maatschappij moet *samen*leven. En daarom lopen de meningen over de kwestie ook zo uiteen. Partijen met een communitaristische inslag, zoals het CDA en de ChristenUnie, zijn eerder gekant tegen drugs, omdat ze er een bedreiging van de gemeenschap in zien. Partijen met een meer individualistische inslag, zoals D66 en GroenLinks, beschouwen drugs eerder als een kwestie van autonomie: de gemeenschap heeft helemaal geen zeggenschap over de geestestoestand en levensinvulling van het individu.

Laten we de kwestie daarom nog iets scherper stellen: heeft een mens er *recht* op om zijn eigen realiteit te creëren? Pleitbezorgers van de zogenoemde 'cognitieve vrijheid' vinden van wel. Zij beschouwen het met drugs beïnvloeden van de gemoedstoestand zelfs als een fundamenteel burgerrecht, omdat de mens volgens hen meester is over zijn bewustzijn, zoals hij ook baas is over zijn lichaam. Onder deze pleitbezorgers was ook de beroemde drugsgoeroe en schrijver Timothy Leary, die zich op grond van deze cognitieve vrijheid uitsprak voor legalisatie van alle drugs. Politiek is een dergelijke absolute zelfbeschikking uiteraard onhaalbaar, omdat verandering in zijn geestestoestand meestal niet beperkt blijft tot de gebruiker zelf: afhankelijk van het middel en de hoeveelheid die hij ervan neemt, kan hij agressief, ziek of zelfs volledig ontoerekeningsvatbaar worden – met alle kosten voor de samenleving van dien.

Maar juist daarom is het *gedogen* van drugs zo'n goed compromis:

het houdt precies het midden tussen de vrijheid van het individu om te experimenteren met bewustzijnsverruimende middelen, en het recht van de gemeenschap om er paal en perk aan te stellen als het de sociale orde te veel verstoort. Gedogen is dus niet alleen een praktische, maar vooral ook een filosofische oplossing, die recht doet aan de paradox die drugsgebruik voor een samenleving vormt: het geeft drugs een plaats *in* de maatschappij en houdt ze er tegelijkertijd *buiten*. Het zou zonde zijn als een paar overlastgevende toeristen ons die typisch Nederlandse verworvenheid zouden ontnemen.

BIBLIOGRAFIE

Aristoteles, *Ethica Nicomachea*. Amsterdam 2005
Berlin, Isaiah, *Two Concepts of Liberty*. Londen 1958
McCain, John S., *Hard Call*. New York 2007
Chomsky, Noam, *Mislukte staten*. Berchem 2008
Dalrymple, Theodore, *Leve het vooroordeel!* Amsterdam 2007
Dawkins, Richard, *The God Delusion*. New York 2006
Derrida, Jacques, *Points... Interviews 1974-1994*. Stanford 1995
Descartes, René, *Meditationes de prima philosophia. (Descartes: Selected Philosophical Writings*. New York 1988)
Fish, Stanley, *There's No Such Thing as Free Speech... And It's a Good Thing Too*. New York 1994
Fotion, Nicholas e.a., *Terrorism. The New World Disorder*. New York 2007
Foucault, Michel, *The History of Sexuality*. Londen 1998
Frankfurt, Harry G., *The Reasons of Love*, Princeton 2004
Frankfurt, Harry G., *On Bullshit*. Princeton 2005
Frankfurt, Harry G., *On Truth*. New York 2006
Friedman, Thomas L., *Hot, Flat, and Crowded*. New York 2008
Fromm, Erich, *Liefhebben, een kunst, een kunde*. Utrecht 2003
Fukuyama, Francis, *Trust*. New York 1995
Furedi, Frank, *Therapy Culture – Cultivating Vulnerability in an Uncertain Age*. Londen 2003
Gilligan, Carol, *In a Different Voice*. Cambridge 1993
Gray John, *Zwarte mis*. Amsterdam 2007
Griffin, James, *On Human Rights*. Oxford 2008

Halsema, Femke, *Geluk! Voorbij de hyperconsumptie, haast en hufte-righeid.* Amsterdam 2008

Hayden, Patrick, *The Philosophy of Human Rights.* St. Paul 2001

Hegel, G.W.F., *Fenomenologie van de geest.* Amsterdam 2003

Herman, Edward S. & Chomsky, Noam, *Manufacturing Consent.* New York 1988

Hobbes, Thomas, *Leviathan.* Cambridge 1996

Hoogstraten, M. en Jinek, E, *Het maakbare nieuws.* Amsterdam 2008

Hume, David, *A Treatise of Human Nature.* Oxford 2000

Hunter, Richard, *Plato's Symposium.* New York 2004

Husak, Douglas N., *Drugs and Rights.* Cambridge 1992

Isaac, Benjamin, *The Invention of Racism in Classical Antiquity.* Princeton 2004

Jong, Sjoerd de, *Een wereld van verschil.* Amsterdam 2008

Kant, Immanuel, *Kritiek van de zuivere rede.* Amsterdam 2004

Kant, Immanuel, *Naar de eeuwige vrede.* Amsterdam 2004

Kant, Immanuel, *Fundering voor de metafysica van de zeden.* Amsterdam 1997

Katz Rothman, Barbara, *Recreating Motherhood.* New York 1989

Kenny, Mike, *The Politics of Identity.* Cambridge 2004

Korsgaard, Christine M., *The Sources of Normativity.* New York 1996

Kymlicka, Will, *Contemporary Political Philosophy.* New York 2002

LaFollette, Hugh, *Ethics in Practice.* Oxford 2007

Leezenberg, Michiel en Vries, G. de, *Wetenschapsfilosofie voor gees-teswetenschappen.* Amsterdam 2001

Luyendijk, Joris, *Het zijn net mensen.* Amsterdam 2006

Lyotard, Jean-François, *Dit is Lyotard.* Kampen 2003

Marx, Karl, *Het Communistisch Manifest.* Amsterdam 1998

Mill, John Stuart, *On Liberty,* New York 1974

Neiman, Susan, *Morele helderheid.* Amsterdam 2008

Neu, Jerome, *Sticks and Stones. The Philosophy of Insult*. New York 2008

Niebuhr, Reinhold, *The Irony of American History*. Chicago 1952

Nietzsche, Friedrich, *Waarheid en cultuur*. Amsterdam 2003

Nietzsche, Friedrich, *Voorbij goed en kwaad*. Amsterdam 1999

Nietzsche, Friedrich, *De genealogie van de moraal*. Amsterdam 2000

Nietzsche, Friedrich, *De antichrist*. Amsterdam 1997

Ostenfield, E.N. (red.), *Essays on Plato's Republic*. Aarhus 1998

Pape, Robert A., *Dying to Win. The Strategic Logic of Suicide Terrorism*. New York 2005

Rabaté, Jean-Michel, *The Ethics of the Lie*. New York 2007

Rachels, James, *The Elements of Moral Philosophy*. New York 1986

Rawls, John, *A Theory of Justice*. Cambridge 1971

Rawls, John, *Justice as Fairness*. New York 2001

Rorty, Richard, *Contingentie, ironie en solidariteit*. Amsterdam 2007

Sanders, Luk en Devos, Carl, *Politieke ideologieën in Vlaanderen*. Antwerpen 2008

Singer, Peter, *One world*. New Haven 2004

Smith, Adam, *The Wealth of Nations*. New York 1994

Stearns, Peter N., *Consumerism in World History*. New York 2001

Stokhof, Martin, *Taal en betekenis*. Amsterdam 2000

Wijnberg, Rob, *In dubio*. Amsterdam 2007

Williams, Bernard, *Ethics and the Limits of Philosophy*. Cambridge 1985

Wittgenstein, Ludwig, *Tractatus Logico-Philosophicus*. Londen 1961

WOORD VAN DANK

Mijn speciale dank gaat uit naar:
Wil Hansen (redacteur), voor zijn ongebreidelde aandacht
Ellis van Midden en Jan van der Bijl (correctoren), voor hun onge-
evenaarde precisie
Robbert Ammerlaan (uitgever), voor zijn durf
Arend Hosman (marketingcoördinator), voor zijn kritische blik
Bart Heijdeman (vormgever), voor zijn creativiteit
Hans Nijenhuis (hoofdredacteur *nrc.next*), voor zijn inspirerende
vertrouwen
Margot Poll (redacteur *nrc.next*), voor haar Zin
Ward Wijndelts (redacteur *nrc.next*), voor zijn niet-opgevolgde
adviezen
Sjoerd de Jong (adjunct-hoofdredacteur *NRC Handelsblad*), voor
zijn filosofische commentaar
Paul Sebes, Willem Bisseling (literair agent), voor hun zakelijke
instinct
Jeffrey en Tatiana Wijnberg (ouders), voor hun liefdevolle steun
Rob Niessen (vriend), voor zijn cynische kanttekeningen
Gijs Euverman (vriend), voor zijn kattenbak
Raoul Heertje (vriend), voor zijn ongelimiteerde gespreksstof
Martijn Halie (vriend), voor zijn altijd klaarstaan
Carmen Buitenhuis (geliefde), voor haar zijn